어차피 '이방인'인 우리에게야 바울의 정체성이 별로 중요하지 않아 보인다. '우리 예수님이 유대인일 리 없어' 했다는 어느 백인 할머니처럼, 그냥 우리 입장에서 편하게 생각하면 되기 때문이다. 문제는 바울이 활동하던 시대가, 그래서 그가 남긴 글들이 인종적, 신앙적 정체성 이야기로 가득하다는 사실이다. '새 관점'은 바울 복음의 이런 다문화적 정황을 더 뚜렷이 보도록 해 주었다. 소위 '유대교 내의 바울'로 불리는 최근의 흐름은 더 세밀한 자리매김이 필요하다고 말한다. 나사렛 출신의 예수를 약속하신 메시아로 믿었고, 더욱이 하나님이 그를 죽은 자 가운데서 살리셨다고 믿었던 한 유대인 바울. 또 하나님이 이 예수를 통해 비유대인을 하나님의 백성으로 영접하신다고 믿으며 '이방인의 사도'로 자기 인생을 바쳤던 바울. 우리는 이 사람이 전해주는 하나님 이야기와 예수 이야기를 어떤 맥락에서 이해해야 할까? 이 책에서 저자는 끝까지 신실한 유대인으로 살았던 바울의 모습에 방점을 찍는다. 당연히 그의 글들도 경건한 유대인이 할 법한 이야기로 읽어야 한다. 당시의 사회적, 문화적, 사상적 흐름 속에서 바울의 언어를 새롭게 읽으면서 '유대인' 바울의 면모를 새롭게 보도록 돕는다. 하지만 저자는 '두 백성 두 언약'을 주장하는 이들과는 달리 기독교 복음의 경계를 허물지는 않는다. 오히려 그는 신약성서에서 만나는 바울의 모습, 곧 우리가 사도행전에서 만나는 바울이 바로 바울 서신의 그 바울이라고 말한다. 사도행전의 바울이 신학적으로 '뽀샵'된 것이 아니라, 바울 서신의 바울이 너무 '비유대적인' 것으로 오해되었다는 것이다. 벽돌 책은 아니지만 신선한 도발이 적지 않다. 동의하든 않든, 쉽게 무시할 수 있는 이야기는 아니다. 특히 예수의 부활이 바울 복음의 중심에 있다는 그의 주장은 깊은 숙고를 요구한다. 책장이 쉽게 넘어가지는 않겠지만, 많은 것을 생각하게 하는, 그래서 우리 생각의 지평을 넓혀주는 좋은 배움이 될 것이다.

권연경 숭실대학교 신약학 교수

바울신학은 기독교 신학에서 왕좌를 차지해왔다. 아우구스티누스, 루터, 칼뱅, 바르트는 자신이 이해하는 바울신학에 입각해서 각자의 신학을 구성했다. 20세기 중후반부터 바울신학 해석이 요동쳤다. 바울 당시 유대교의 특징을 율법주의로 볼 것인지, 아니면 언약적 신율주의로 볼 것인지 논쟁이 계속되고 있다. 한 걸음 더 나아가, 바울이 유대인으로서 유대교를 부정하지 않으면서 기독교 신앙을 설파했다는 것도 최근의 바울신학 해석의 한 트렌드다. 바울은 유대인으로 유대교에 입각해서 복음을 설파했다는 것이다. 루터식 바울 읽기와 이른바 '새 관점' 읽기에 익숙한 독자들에게, 본서는 바울이 유대인의 정체성과 신학을 유지하면서 자신의 신학을 펼쳤다는 새로운 관점을 제공해줄 것이다.

이 새로운 관점이, 어떤 독자에게는 의문과 부담으로, 또 다른 독자에게는 신선함으로 다가올 것이다. 짧은 분량으로 본서는 유대인 바울의 신학을 일목요연하게 잘 보여주고 있다.

김동수 평택대학교 신학과 신약학 교수

1세기 유대교 바리새파 출신의 사도 바울. 이른바 다메섹 도상의 회심 경험 이후 그는 유대교에 대해 어떤 태도를 보였는가? 그는 유대교 흔적을 지닌 크리스천인가? 아니면 유대교와 완전히 결별한 기독교인인가? 유대교 율법에 대한 바울의 엇갈린 듯한 입장 때문에 바울 학계는 여태껏 열띤 논쟁을 계속하고 있다. 율법과 복음의 대칭 구도로 바울을 이해하려는 전통적인 "루터교 관점", 1세기 유대교의 율법 이해를 따져봐야 바울을 제대로 알 수 있다는 "새 관점", 바울 메시지의 참신성과 유대교와의 급진적 불연속성을 강조하는 "묵시론적 관점" 등이 있다. 최근에 "새로운 새 관점"이란 학풍이 대두되었다. 즉 1세기 바울의 유대인 됨에 초점을 두고 "유대교 내의 바울"을 긍정적으로 연구하는 흐름이다.

 탁월한 바울 신학자 매튜 티센은 폭넓고 다양한 스펙트럼을 지닌 1세기 유대교 안에 바울을 위치시키며 바울의 사상을 추적한다. 달리 말해 바울은 유대교를 배척했거나 유대인의 율법을 거부하지 않았다는 것이다. 한 걸음 더 나아가 바울은 이스라엘이 기대한 메시아가 이방인을 포함한 온 세상을 죄와 죽음에서 구출할 마지막 날들에 자신이 지금 살고 있다고 믿었고, 자신이 온 세상에 구원의 복음을 전하는 특사로 부르심을 받았다고 생각했다는 것이다. 이 책에서 매튜 티센은 바울을 이스라엘의 하나님과 이스라엘의 율법에 진심으로 신실하게 살려는 유대 세계 안에서 사고하고 행동한 유대인으로 규정하며 그 초기 증거로 바울 서신이 아니라 누가의 사도행전을 지명한다.

 이 책의 장점은 바울신학에 관한, 특별히 바울과 유대교의 관계에 관한 학계의 열띤 논쟁과 다양한 의견들을 깔끔하게 분석 정리해 독자의 이해를 업그레이드해준다는 것이다. 최근의 바울신학 흐름 전반에 관해 알고 싶은 독자들에겐 더할 나위 없는 선물이다. 탁월한 전망대를 세워주기 때문이다. 일반 목회자들과 설교자들, 특히 바울 서신을 읽거나 설교하면서 율법과 복음 이해에 있어서 편향된 입장(?) 한 가지만을 고수하는 분들에게 이 책을 강력하게 권한다. 다시 한번 생각해보라고.

류호준 백석대학교 신학대학원 은퇴 교수

본서는 바울을 '반-율법주의'를 표방하는 루터식의 전통적인 읽기가 아니라 '신실한 유대인'이라는 현대 바울신학의 새로운 관점에서 밀도 있게 파악한다. 저자는 '이방인의 구원'이라는 당면 과제를 해결해야 하는 바울이 유대교 사상과 어떻게 긴밀한 관계를 유지하고 계승했는지 심층 분석하며, 유대교의 핵심 사상이 기독교 신학을 형성하는 데 광범위하게 끼친 영향을 당시의 지적 맥락에서 탐구한다. 1세기 유대교의 배경에서 바울 서신을 역사적으로 조명함으로써, 본서는 바울이 '이방인의 구원'을 위한 신학적 경계선을 설정한 방식을 적절히 해부하여 독자를 놀라게 한다. 또한, 바울의 신학적 전개가 1세기 지중해 사회와 긴밀하게 상호작용하며 발전했다고 확인하고, 특히 기독교 신학 형성에 유대교가 미친 영향을 논증함으로써 21세기 독자를 매료시킨다.

윤철원 서울신학대학교 신학전문대학원 신약학 교수

캐나다 맥매스터 대학교의 매튜 티센 교수는 『유대인 신학자 바울』에서 바울에 대한 구 관점, 새 관점, 묵시론적 관점을 비판하고 '유대교 내 바울'(Paul within Judaism) 학파를 따라간다. 바울은 유대교를 반대하지 않았고, 유대교 내에서 이방인들을 위한 대사로서 활동했다고 제안하면서 기독론, 교회론, 종말론으로 그의 신학을 확장한다. 20세기 후반부터 신약학계에는 '유대교 내'(within Judaism)에서 신약성경을 해석하려는 거대한 흐름이 있다. 역사적 예수 연구에서 '예수 연구 르네상스' 시대를 이끌었던 게자 버메쉬의 『유대인 예수』(Jesus the Jew, 1973)와 제임스 찰스워즈의 『유대교 내의 예수』(Jesus within Judaism, 1988)를 비롯하여 기독교의 기원, 신약 기독론, 연구 방법론, 배경연구, 바울신학, 요한신학, 누가신학 등에 이르기까지 거의 모든 신학 분야에서 '유대교 내의 읽기'를 시도하고 있다. 역사적 바울, 바울신학, 그리고 기독교의 기원에 대한 유대교 내의 읽기를 이해하기 쉽게 정리한 이 책은 신학생, 목회자, 학자들에게 현재 '바울 연구 르네상스' 시대의 바울신학과 신약학의 흐름을 따라가는 데 큰 유익을 줄 것이다.

이상일 총신대학교 신약학 교수

바울이 어떤 유대인과 갈등했는지, 그들의 어떤 생각과 무슨 주장에 반대했는지는 20세기 후반부터 21세기 지금까지 바울 해석자들 사이의 커다란 논쟁거리이다. 본서는 바울의 유대인 정체성이 이런 논쟁에 어떤 점을 시사하며, 그 논쟁의 성격과 방향을 어떻게 변화시킬 수 있는지를 도드라지게 보여준다. 저자 티센은 개신교의 전통적인 관점이나 새 관점을 넘어서서 바울을 철저하게 유대인으로 보는 시각에 더욱 침잠해야 한다고 항변한다. 바울을 21세기 기독교인의 전형으로 보지 말고, 하나님의 약속이 메시아 예수로 말미

앎아 실현된 사실을 분명히 깨닫고 전파하던 1세기 유대인으로 보아야 한다고 강조하면서, 이런 시각이 가져다주는 의미심장한 함의를 여러 방면에서 새롭게 제시한다. 그의 판단과 결론에 모두 동의할 필요는 없겠지만, 바울을 1세기 유대인으로 보아야 한다는 간단해 보이는 논제가 바울 서신을 얼마나 다르게 보게 하는지를 이 책은 잘 보여준다.

이진섭 에스라성경대학원대학교 신약학 교수

『죽음의 세력과 싸우는 예수』라는 책을 통해 유대교의 제의신학적 맥락에서 유대인 예수의 초상을 참신하게 그려낸 매튜 티센이 이번에는 역사적 바울을 당대 유대교의 자장 안에서 신선하게 재조명한다. 바울을 1세기 유대교의 맥락에서 해석하려는 시도는 이미 오래되었지만 이 책은 '역사적 고생물학'이란 접근법으로 바울신학을 기발한 관점에서 다시 철저하게 해부한다. 요컨대 바울은 당시 유대교와 율법에 대해 어떤 결함도 문제점도 발견하지 못했으며 다만 이방인이 유대교와 관계 맺는 방식에 대해 당대 유대교의 폭넓은 반경 속에서 전통적 자료를 참조하여 여러 신학적 가능성을 모색했을 뿐이라는 게 핵심 논지다. 이를 위해 저자는 바울 서신의 문제적 구절과 주제에 초점을 맞추어 사도행전의 바울 행적에 잇대어 논증하되, 결론적으로 유대교에 대한 바울의 관점이 반율법주의적이지도 않았고 반민족중심적이지도 않았다는 논지를 제시한다. 이와 같이 루터주의적 관점에 입각한 개신교 전통의 바울 해석과 이른바 신관점 바울신학의 흐름을 넘어서 유대교와 율법에 대한 이 책의 해석적 관점은 철저하게 유대교적이다. 그런데 그 유대교는 종래의 협소한 반경에 고착된 파편적 유대교가 아니라 바울이 고심한 이방인의 할례와 구원 문제, 프뉴마의 강림, 메시아의 부활 등에 대한 당대 쟁점까지 포괄하는 광범위한 유대교이다. 쏠쏠한 배움의 즐거움을 제공하는 이 유익한 책의 일독을 권한다.

차정식 한일장신대학교 신학과 교수

유대교에 대한 공정한 평가를 철저하게 유지하고 유대교에 대한 기독교의 악의적인 왜곡을 바로잡는 데 아주 유익한 이 가독성 좋고 매력적인 작은 책은 이방인의 사도를 본인이 그 안에서 자랐을 뿐만 아니라 스스로 단 한 번도 완전히 떠났다고 생각한 적이 없는 유대교 안에 배치하는 데 대대적인 성공을 거둔다. 그리스도인과 유대인은 모두 한결같이 이 책을 읽고 나서 많은 것을 배울 것이다. 강력히 추천한다!

존 D. 레벤슨 Jon D. Levenson 하버드 대학교 유대교학 교수

20세기 중반부터 학계에서는 바울과 유대교의 관계에 대한 논쟁이 치열하게 벌어졌다. 그러나 이 논쟁은 대중에게 거의 알려지지 않았다. 매튜 티센은 이 책에서 이러한 상황을 개선하고자 노력하며, 명쾌하고 논리적인 산문으로 자신의 목적을 탁월하게 달성한다. 그러나 이 책은 단순히 바울과 유대교에 관한 논쟁을 소개하는 데 그치지 않는다. 티센은 다양한 학자들의 입장을 그저 중립적으로만 다루지 않는다. 그는 바울은 태어나서 죽을 때까지 유대교 안에 온전히, 그리고 확고하게 머물러 있었다는 강력한 주장을 펼친다. 이러한 주장을 티센이 처음으로 제기한 것은 아니지만, 그는 역사적 바울을 이해하기에 가장 좋은 틀은 누가-행전의 저자가 우리에게 물려준 초상화에 있다고 주장하며 주목할 만한 반전을 꾀한다. 이 책은 노련한 학자들의 관심을 끌어냄과 동시에 초보 독자들을 위한 명쾌한 입문서로서도 손색이 없는 설득력 있는 논증을 제공한다.

파멜라 아이젠바움 Pamela Eisenbaum 일리프 신학교

E. P. 샌더스의 선구적인 연구 이래로 유대교의 역할은 바울 서신 연구에서 매우 중요한 주제로 자리 잡았다. 가독성이 뛰어난 이 책에서 티센은 바울을 유대인으로 진지하게 받아들이는 해석을 독자들에게 제공한다. 그가 이 책에서 다루는 많은 문제에 대한 논쟁이 아직 종결되지 않았지만, 티센은 앞으로 모든 학자들이 고려해야 할 방향을 제시한다.

개리 A. 앤더슨 Gary A. Anderson 노터데임 대학교 가톨릭 사상 교수

매튜 티센에게 하나님의 축복이 임하기를! 사도 바울에 대해 역사적으로 설득력 있는 설명을 제공함과 동시에 성경을 읽는 독자들에게 유익하고, 무엇보다도 가독성이 뛰어난 저서를 쓴다는 것은 무척 어려운 작업이다. 나도 시도해봤기 때문에 그것이 얼마나 어려운지 잘 알고 있다. 하지만 나는 이제 이 훌륭한 책을 사람들에게 추천하는 것만으로도 매우 기쁘다.

매튜 V. 노벤슨 Matthew V. Novenson 에든버러 대학교

사도 바울은 사실 달리 소개가 필요 없다. 다소 출신 바울만큼 우리에게 널리 알려진 사람은 (아마도 예수를 제외하고는) 없을 것이다. 사실 바울은 너무 잘 알려져 있고 그의 굳건한 명성 때문에 우리는 역사적으로나 신학적으로 그를 명확히 보지 못할 수도 있다. 매튜 티센은 이스라엘의 메시아를 비유대 민족에게 전파한 유대인 바울에 대해 혁신적이면서도 접근성이 뛰어난 입문서를 학생과 학자 모두에게 선물한다.

라파엘 로드리게스 Rafael Rodríguez 존슨 대학교 신약학 교수

이 책은 바울에 관한 훌륭한 입문서이며, 간결하고 명확하며 미묘한 의미의 차이를 탁월하게 전달한다. 학자, 학생, 관심 있는 독자들에게 진정한 향연이 될 것이다. 이 책은 다양한 환경(신학교, 종교 연구 프로그램, 성경 공부 등)에서 사용할 수 있다. 나는 유대인과 그리스도인 간의 중요하고 진지한 대화를 위한 책으로 티센의 『유대인 신학자 바울』을 강력히 추천하지 않을 수 없다.

로널드 찰스 Ronald Charles 토론토 대학교 종교학 부교수

매튜 티센은 『유대인 신학자 바울』을 통해 참으로 신선하고 매우 자극적이며 접근성이 뛰어난 바울 입문서를 우리에게 제공한다. 티센은 자신이 바울 연구에 공헌한 중요한 내용과 새로운 자료를 바탕으로 바울의 1세기 유대 사상가로서의 정체성을 인정하지 않는 오랜 해석에 도전하며 매우 도발적인 독법을 제시한다. 초보자든 학자든 바울 서신을 공부하는 학생이라면 누구나 이 책의 흥미로운 내용에 푹 빠져들 것이다.

마이클 패트릭 바버 Michael Patrick Barber 아우구스티누스 신학대학원 신학·성경 교수

자신의 분야에서 최첨단을 달리고 그 연구사에 정통한 학자도(바울 연구에서 티센의 경우처럼) 때로는 외부인들에게 자신의 분야를 제대로 소개하지 못하는 경우가 종종 있다. 그러나 이 책은 정말로 예외다. 이 책은 탁월하면서도 가독성이 뛰어나다. 그래서 정말 다행이다. 왜냐하면 그리스도인과 신약학자들이 유대인들의 삶을 폭력의 위험 속으로 계속 몰아넣는 바울에 대한 심각한 오독에서 탈피하려면 바울의 메시지보다 더 중요한 것이 없기 때문이다.

사라 팍스 Sara Parks 세인트 프란시스 자비에 대학교 종교학 조교수

A Jewish Paul

The Messiah's Herald to the Gentiles

Matthew Thiessen

© 2023 by Matthew Thiessen
Originally published in English under the title
A Jewish Paul by Baker Academic,
A division of Baker Publishing Group
P.O. Box 6287, Grand Rapids, MI 49516, U. S. A.
All rights reserved.

Used and translated by the permission of Baker Publishing Group
through rMaeng2, Seoul, Republic of Korea.

This Korean edition © 2025 by Holy Wave Plus Publishing Company, Seoul, Republic of Korea

이 한국어판의 저작권은 알맹2를 통하여 미국 Baker Publishing Group과 독점 계약한 새물결플러스에 있습니다. 신저작권법에 의하여 한국 내에서 보호받는 저작물이므로 무단 전재와 무단 복제를 금합니다.

유대인 신학자 바울

이방인에게 보냄을 받은 메시아의 사자

A JEWISH PAUL

매튜 티센 지음
이형일 옮김

새물결플러스

솔로몬과 매기를 위하여

목차

감사의 말 *15*

서론 *17*

1장	바울을 다시 이상한 사람으로 만들기	*33*
2장	완전히 새로운 바울 읽기인가, 아니면 오랫동안 잊혔던 바울 읽기인가?	*53*
3장	유대교는 아무것도 믿지 않는다	*75*
4장	종말의 유대인 바울	*93*
5장	이방인 문제	*109*
6장	메시아 예수	*127*
7장	이방인 문제와 성형 수술	*147*
8장	프뉴마의 유전자 치료	*177*
9장	메시아의 몸들	*197*
10장	부활의 삶을 살기	*215*
11장	메시아의 재림의 절정으로서의 부활	*231*
12장	메시아와 유대인들	*257*

결론 *273*

참고문헌 *277*

감사의 말

2020년 겨울 나는 학기가 끝나는 4월 초를 간절히 기다렸다. 내가 학수고대했던 것은 봄과 여름의 긴 연구, 하이킹, 캠핑뿐만 아니라 새로운 집필 계획을 실행에 옮기기 위한 나의 가을 연구 휴가였다. 하지만 일은 계획대로 진행되지 않았다.

　전 세계적으로 팬데믹이 발생했고, 내가 몸담은 대학교는 온라인 강의로 전환하고, 도서관 문은 닫혔으며, 우리 아이들은 집에서 학업을 진행해야 했다. 하지만 코로나19로 사망한 수백만 명과 사랑하는 가족을 잃은(그리고 지금도 계속되는) 수많은 사람, 코로나19의 장기적인 영향으로 고통받는 사람, 재정적으로 큰 손실을 보거나 심지어 파산한 사람에 비하면 이것은 정말 사소한 불편함에 불과했다. 물론 사소한 일이긴 하지만 이러한 불편함을 겪으면서 나는 내 연구 및 집필 목표가 바뀌어야 한다는 것을 금방 깨달았다.

　새로운 연구 영역에 뛰어드는 대신 나는 대부분의 바울 서신 해석에서 흔히 볼 수 있는 반유대주의적 편견 없이 바울을 쉽게 이해할 수 있는 바울 입문서를 쓰기로 결심했다. 이 짧은 책은 최근에 바울에 대한 더 그럴듯한 역사적 설명을 제공함으로써 많은 인기를 끌고 있는 바울 읽기와 특히 유대교와 기독교, 유대인과 그리스도인 간의 관계와 관련하여 신학적으로 더 실속 있는 바울 읽기를 보다 다양한 독자층에 소개하려는 나의 노력의 산물이다.

나는 이 책이 세상에 나올 수 있도록 도움을 준 편집자 브라이언 다이어와 부편집자 제니퍼 코네스, 멜리사 블록을 비롯한 베이커 아카데믹의 모든 직원에게 감사의 뜻을 표하고 싶다. 이 책의 대부분은 나와 내 배우자가 두 자녀의 재택학습과 온라인교육, 배우자의 요리 사업, 나의 교육 및 연구를 병행해야 하는 어려움 속에서 틈틈이 쓴 것이다. 나는 하이킹하기를 꺼리고 호기심이 많으며 쉴 새 없이 말썽을 부리는 나의 애들, 솔로몬과 매기에게 이 책을 바친다. 나는 내 몸의 모든 세포를 다해 너희 둘을 사랑한다!

서론

바울 서신에 대한 가장 초기의 기록은 바울의 편지를 다음과 같이 묘사한다. "그 안에는 이해하기 어려운 것들이 더러 있는데, 무지하고 불안정한 사람들은 그것을 왜곡하여 스스로 멸망에 이른다"(벧후 3:16 NRSV). 이것은 특히 바울의 글을 경전으로 읽는 사람들에게는 불편한 진실일 수 있다. 바울과 거의 동시대를 살며 바울의 문화적 가정을 많이 공유한 사람이 바울을 이해하기 어렵다고 생각했다면 우리 현대 독자들이 바울을 제대로 이해할 가능성은 과연 얼마나 될까? 이 주장은 또 다른 이유에서 문제의 소지가 있다. 즉 이것은 일부 그리스도인들이 성경의 "명료성 교리"(일반 영어로는 "명확성")라고 부르는 것과 모순이 된다는 것이다. 예를 들어 개신교 종교개혁의 대표적인 인물 중 한 명인 마르틴 루터가 성경의 명료한 메시지에 대해 한 말을 생각해 보라. "많은 사람들에게 많은 부분이 여전히 난해한 것은 사실이지만, 이것은 성경의 모호함 때문이 아니라 가장 분명한 진리를 살펴보려는 수고를 하지 않는 사람들의 무지와 나태함 때문이다."[1]

　루터는 여기서 성경을 해석할 때 독자들이 겪는 어려움에 대한

1　Luther, *Bondage of the Will*, 166.

책임을 독자에게 돌린다. 그것은 독자의 잘못이며, 인간의 신성모독과 변태성에서 나온 것이지, 성경의 잘못이 아니라는 것이다. 그러나 루터와 달리 베드로후서 저자는 바울의 편지 자체가 (적어도 부분적으로는) 모호하기 때문에 해석하기 어렵다고 (분명하게) 말한다. 그리고 바울 서신이 오용되고 왜곡되는 것은 바로 그 모호함 때문이다. 바울 서신에 대한 베드로후서의 이러한 평가는 나중에 신약성경 안에 보존되었고, 결과적으로 **그리스도인들에게는** 바울 서신의 일부가 얼마나 모호한지에 대한 정경의 판단으로 자리 잡게 되었다. 따라서 바울의 편지가 난해하다는 것을 인정하고 이를 바탕으로 그의 편지에 대한 일반적인 해석이 과연 올바른지 질문하는 것은 정당할 뿐만 아니라 전적으로 성경적이다. 그러므로 바울 서신이 말하려는 바가 명료하다거나 서신의 내용을 전부 이해한다고 주장하는 사람을 조심하라.

바울이 편지를 쓴 지 거의 2천 년이 지난 지금 바울 학계의 연구 현황은 그의 생각에 대한 초기의 평가가 얼마나 적절했는지를 보여준다. 바울 서신을 읽는 현대 독자들은 1세기 지중해 세계에 살고 있지 않고, 전 세계에 흩어져 21세기를 살고 있다. 바울의 세계, 문화(들), 언어는 우리의 것들과 다르다. 그가 최초기 독자 및 청자와 공유했던 사고와 지식은 우리의 것들과 같지 않다. 우리는 고생물학자처럼 바울의 정황을 다른 고대 문헌이나 고고학적 유물을 통해 파악할 순 있지만,² 앞으로 그의 세계와 그의 사고의 많은 부분은 영원히 사라지거나 모호해질 것이다.

마찬가지로 **우리의** 추론, **우리의** 문화, **우리의** 지식 또한 바울의 것과 다르다. 현대인으로서 바울 서신을 읽을 때 우리 자신도 모르게 갖게 되는 선입견은 아마도 우리를 놀라게 할 것이다. 바울 서신을 읽을 때 이 모든 선입견을 인식하는 것만큼이나 그것을 배제하는 것도 사실 불가능하다. 우리는 지난 2천 년의 역사가 어떻게 전개되었는지 알고 있으며, 그 지식에 비추어 글을 읽고 쓰며 살아간다. 우리는 바울이 세우고 편지를 보냈던 작은 모임이 현재 우리가 **교회와 기독교**라고 부르는 것으로 성장했다는 것을 잘 알고 있다. 그리고 우리는 교회와 기독교가 유대교와 구별된다는 것도 잘 알고 있다.³ 우리는 또한 얼마 지나지 않아 기독교가 예수와 이스라엘의 하나님 사이의 명확한 관계와 신약성경(과 구약성경)으로 불리게 될 내용을 두고 논쟁을 벌였다는 것도 잘 알고 있다. 하지만 바울은 이 사실을 전혀 알지 못했다. 왜냐하면 폴라 프레드릭슨(Paula Fredriksen)이 지적했듯이 그는 "우리 모두의 삶이 그러하듯이 미래에 대해 무지한 채 살았기" 때문이다.⁴ 바울의 최초기 독자 중 일부가 그의 편지를 해석하기 어렵다고 느꼈

---

2 예컨대 Nasrallah, *Archaeology and the Letters of Paul*과 같은 놀라운 저서를 보라.
3 이 진술은 문제를 지나치게 단순화하는데, 이는 예수를 따르고 예배하며 율법을 준수하는 유대인으로 사는 데 아무런 모순도 느끼지 못하는 메시아닉 유대인을 간과하기 때문이다.
4 Fredriksen, *Paul*, xii.

다는 점을 고려할 때 바울의 생각을 많이 공유하지도 않을뿐더러 바울과 그의 초기 독자들이 널리 공유한 "백과사전적" 정보를 접할 수도 없는 현대 독자들은 과연 어떻게 해야 할까? 우리는 이제 고대 유물처럼 그 의미를 잃어버린 바울의 편지를 포기해야 할까? 아니면 바울의 편지를 이해할 수 있는 길이 아직도 남아 있는 것일까?

대다수 사람들은 (심지어 상당수의 기독교 성직자들조차도) 바울을 연구하고 글을 쓰는 학자들이 바울의 말에 대체로 동의하지 않는다는 사실을 모를 것이다.[5] 심지어 우리 가운데는 바울을 연구하고 글을 쓰는 데 자신의 경력 일부 또는 전부를 바친 사람들조차도 바울의 여러 편지를 이해하고 상황적인 편지에 담긴 그의 생각을 일관성 있게 (그리고 불가피하지만 불완전하게라도) 설명하는 데 어려움을 겪는다. 최근 수십 년에 걸쳐 우리는 바울의 사상을 점점 더 길고 장황하게 개괄하는 책들을 접했다. 책은 길수록 더 좋다고 생각하는 이러한 주석적(그리고 신학적) "과다 경쟁"에 대해 알고 싶다면 다음 세 가지 사례를 보라. 제임스 던은 1997년에 『사도 바울의 신학』(*The Theology of Paul the Apostle*, 844쪽)을 출간했고, 더글러스 캠벨은 2009년에 『하나님의 구원』(*The Deliverance of God*, 1,248쪽)을, N. T. 라이트는 2013년에 『바울과 하나님의 신실하심』(*Paul and the Faithfulness of God*, 1,700쪽)을 각각 출간

---

5   이러한 해석 중 일부를 대화에 끌어들이려는 최근의 시도에 대해서는 다음을 보라. McKnight and Oropeza, *Perspectives on Paul*.

했다. 나는 바울 신학을 이보다 더 길게 다룬 책이 존재하지 않는다고 생각하지만, 이러한 추세를 고려하면 바울에 관한 차기 대작은 적어도 2,100쪽 이상은 되어야 할 것이다.

나는 이 작은 책에서 모든 것을 다루려고 하지 않는다. 나는 바울 서신의 모든 구절이나 모든 주제를 다루지 않을 것이다. 대신 나는 독자들에게 특별히 까다로운 질문 하나를 소개하고자 한다. 과연 바울은 당대 유대교(또는 더 나은 의미에서 유대교**들**)와 어떤 관계를 맺고 있었을까? 이것은 물론 역사적인 질문이지만, 현대 그리스도인(과 관심 있는 유대인)에게는 신학적으로나 에큐메니컬 운동의 측면에서 매우 중요한 역사적인 질문이다. 바울은 과연 유대교를 정죄하고 포기했나? 그는 유대교를 열등하거나 적어도 예수 이후에는 구시대적인 것으로 보았나? 그렇다면 오늘날 그리스도인들은 유대교를 어떻게 생각하고 유대인과 어떤 관계를 맺어야 할까? 지난 2천 년을 돌이켜보면 대다수 그리스도인들이 유대교를 열등하거나 심지어 해롭고 뒤처지고 죽은 종교로 여겨왔음을 알 수 있다.[6] 그 결과 많은 그리스도인들은 유대인 개인과 공동체를 경멸과 혐오와 증오와 폭력으로 대했다. 바울 서신은 자주 기독교의 반유대주의를 성경적으로 지지하는 역할을 해왔다.

유대교를 폄하하지 않고도 바울 서신을 읽을 수 있는 방법은 없

---

6   Newman, "Death of Judaism."

을까? 바울과 유대교의 관계에 대한 질문은 지난 수십 년 동안 바울 학계를 지배해왔으며, 그 결과 학자들은 유대교와 관련된 바울의 글을 이해하기 위해 (최소한) 네 가지 방법을 제안했다. 이 네 가지 방법은 일반적으로 "루터교 관점", "새 관점", "묵시론적 관점", "급진적 새 관점"(또는 "유대교 내의 바울")으로 불린다. 이러한 "학파" 중 일부는 다른 학파보다 독자들에게 더 익숙할 수도 있다. 하지만 익숙하다고 해서 반드시 옳은 것은 아님을 기억하라.

가장 잘 알려져 있으며 많은 독자들이 바울을 이해하는 유일한 방법이라고 생각하는 해석은 바로 루터교 관점이다. 이 책을 읽는 대다수 독자들은 아마도 설교나 주일학교에서 바울에 대한 **루터교** 관점이라는 말을 접한 적이 없을 것이므로 이 명칭은 그리 유용하지 않을 것이다. 대신 나는 바울의 사상을 "루터교" 관점에서 요약하거나 일목요연하게 설명할 때 사용하는 언어를 그대로 사용하는 것이 더 좋다고 생각한다. 따라서 나는 이 지배적인 바울 읽기를 반율법주의적 바울 읽기 또는 행위 의(works righteousness)에 반대하는 바울 읽기라고 부른다. 한마디로 말하자면 이 바울 읽기는 고대 유대교가 행위 의와 율법주의를 따르는 종교였다고 주장(또는 가정)한다. 유대인들은 하나님의 구원을 얻으려면 충분한 선행을 해야 한다고 믿었고, 이 때문에 유대 율법을 지키는 데 모든 노력을 아끼지 않았다. 이 견해에 따르면 바울도 한때는 이러한 신념을 가지고 있었지만, 모든 사람이 죄를 지었다는 사실을 나중에 깨닫게 되었다는 것이다. "모든 사람이 죄를 범하였으매 하나님의 영광에 이르지 못하더니"(롬 3:23)라고 말한 것처럼 말이다. 따라서 그는 스스로 하나님의 구원을 얻을 사람은 아무도 없다고 결론지었다. 바울의 말을 추가로 인용하자면 다음과 같다. "이제는 아무도 율법으로는 하나님 앞에서 의롭다 하심을 얻지 못할 것이 분명하니"(갈 3:11). "모든 육체가 율법의 행위로 의롭다 하심을 얻을 수 없나니"(갈 2:16). "그러므로 율법의 행위로 '모든 육체가 그 앞에 의롭다 하심을 얻을 수 없나니'"(롬 3:20). 바울은 여기서 "주의 종에게 심판을 행하지 마소서. 주님 앞에서 의롭다 함을 얻을 인생[그리스어, *pas zōn*]이 하나도 없나이다"라는 시편 143:2(142:2 70인역) 말씀을 인용한다. 따라서 인간의 곤궁한 상태에 대한 바울의 평가는 매우 암울했다.

그러나 그는 하나님은 인간의 행위와는 상관없이 예수에 대한 믿음만으로 사람을 구원하신다는 깨달음에서 인간의 곤궁한 상태에 대한 해결책을 발견했다. "사람이 의롭게 되는 것은 율법의 행위로 말미암음이 아니요, 오직 예수 그리스도를 믿음으로 말미암는 줄 알므로"(갈 2:16). "사람이 의롭게 되는 것은 율법의 행위에 있지 않고 믿음(신실함)으로 되는 줄 우리가 인정하노라"(롬 3:28). 하나님은 사람이 하나님의 축복과 선물을 받기 위해 할 수 없는 것을 메시아를 통해 성취하셨다.[7] 그렇다면 반율법주의적 바울 읽기는 대체로 유대인들은

---

7   나는 이 일반적인 입장에 대한 가장 신중한 논증은 Westerholm, *Perspectives Old and*

선행을 통해 구원을 얻어야 하고, 또 얻을 수 있다고 믿었다고 가정한다. 바울은 유대인의 이러한 관점을 하나님이 싫어하시는 율법주의와 행위 의라고 비난했다. 유대인의 율법주의와는 대조적으로 바울은 예수가 십자가에서 속죄의 죽음을 통해 사람들을 구원했다는 사실만 믿으면 된다고 주장했다.

그러나 1977년에 E. P. 샌더스는 바울에 대한 이러한 일반적인 견해에 근본적인 문제가 있다고 주장했다. 즉 이러한 견해는 역사적으로도 부정확하고 신학적으로도 근거가 없는 고대 유대교의 설명에 의존하고 있다는 것이다. 많은 유대교 본문은 적어도 일부 유대인들은 사람들이 그저 하나님의 구원을 받거나 누구나 죄 없는 삶을 살 수 있다고 생각하지 않았음을 보여준다.[8] 예를 들어 역대기 저자는 "주께 범죄하지 아니하는 사람이 없사오니"(대하 6:36)라고 말한다. 코헬렛(또는 전도서)도 이같이 음울한 주장을 한다. "선을 행하고 전혀 죄를 범하지 아니하는 의인은 세상에 없기 때문이로다"(7:20). 또한 기원전 2세기에 「천체 운행서」의 저자는 다음과 같이 단언한다. "육체로는 누구도 주님 앞에 의로울 수 없다"(에녹1서 81.5). 이 후자의 진술은 하나님 앞에서는 의롭다 하심을 얻을 **육체**가 없다는 바울의 반복된 주장과 매우 유사하다(롬 3:20; 갈 2:16). 나는 이러한 예로 여러 페이지를

---

*New on Paul*이라고 생각한다.

8   Sanders, *Paul and Palestinian Judaism*.

채울 수 있지만, 이 짧은 세 가지 진술은 적어도 일부 유대인들이 **모든** **인간이 죄를 지었다고** 믿었음을 보여준다.[9] 「므낫세의 기도」의 저자와 같은 다른 유대인들은 의인이 소수 있지만, 대다수는 죄인이며 하나님의 값없는 은혜와 자비가 절실히 필요했다고 믿었다.

> 주님, 당신의 크신 선하심에 따라
> 회개와 용서를 약속하셨습니다.
> 당신께 죄를 지은 자들에게
> 그리고 당신의 무수한 자비로
> 죄인들을 위한 회개를 제정하셨습니다.
> 그들이 구원받을 수 있도록(므낫세의 기도 7).

샌더스는 이런저런 이유로 초기 유대교는 율법주의도 아니고, 행위 의의 종교도 아니며, 다만 언약적 율법주의로 설명할 수 있다고 주장했다. 즉 유대인들은 자신들의 선행과는 별개로 하나님이 이스라엘을 은혜롭게 선택하셨다고 믿었다. 하나님의 선택에 대한 이스라엘의 언약적 응답은 신실함과 감사함으로 율법을 준수하는 것이었다. 샌더스에 따르면 유대교는 율법 준수가 이스라엘을 선택하신 하나님의 은혜

---

[9] 죄와 악에 대한 고대 유대인의 다양한 사고에 대한 풍부한 설명은 다음을 보라. Brand, *Evil Within and Without*.

에 대한 올바른 응답이라고 강조했다. 하지만 심지어 이러한 하나님의 은혜에 대한 응답조차도 완벽하리라고 기대하지 않았다. 많은 유대인의 삶의 중심이었던 광야의 성막 제도(와 후대의 성전) 및 그 의식과 제사는 죄와 허물이 주기적으로 발생할 것을 암시한다. 이러한 이유로 하나님은 이스라엘 백성에게 광야의 성막과 성전, 특히 대속죄일과 관련한 종교적 관습을 통해 이러한 죄를 처리할 수 있는 자비로운 수단을 제공해주셨다.

그러나 샌더스의 말이 옳다면 우리는 율법의 행위에 대한 바울의 부정적인 진술을 어떻게 이해해야 할까? 율법주의와 하나님의 호의를 얻으려는 헛된 시도가 아니었다면 바울은 도대체 무엇과 싸웠단 말인가? 제임스 D. G. 던과 N. T. 라이트 등 몇몇 저명한 해석자들은 바울이 유대교가 민족 중심적이라는 점을 유대교의 문제로 제기했다고 주장했으며, 이를 바울에 대한 "새 관점"이라고 불렀다.[10] 이 독법에 따르면 바울이 율법의 행위를 공격한 이유는 유대인의 일반적인 선행 때문이 아니라 **유대** 율법에 대한 지나친 의존 때문이었다. 이 두 학자에게 있어 **율법의 행위**라는 표현은 특히 할례 의식, 안식일 준수, 유대인의 음식 규정 등 유대인의 정체성을 나타내는 율법의 여러 측면을 가리킨다. 던과 라이트에 따르면 유대인은 율법을 민족적 자부심의 근거로 삼고 이방인을 하나님의 구원에서 배제하기 위한 수단으

---

10   Dunn, *New Perspective on Paul*; Wright, *Paul and the Faithfulness of God*.

로 잘못 사용했다. 두 학자는 이방인이 구원을 얻으려면 유대교로 개종할 뿐만 아니라 유대인의 관습을 따라야 했음을 강조한 것이 바로 유대 민족 중심주의였다고 주장했다. 바울에게는 이 문제가 특별히 심각했는데, 이는 예수를 따르는 유대인들이 예수를 따르는 비유대인들도 할례를 받고 모세의 율법을 따라야 한다고 주장했기 때문이다(참조. 행 15:1, 5).

바울이 정죄한 것은 행위 의가 아니라 문화적 관습에 대한 잘못된 자부심과 하나님을 기쁘시게 하려면 다른 민족도 이것을 받아들여야 한다는 주장이었다. 여기서 문제가 되는 것은 반율법주의 패러다임에서와 마찬가지로 **행위** 대(對) 은혜가 아니라 **인종** 대 은혜였다. 이 독법은 바울 서신을 반민족중심적인 렌즈를 통해 접근한다. 즉 바울의 반대자들은 하나님이 오직 유대인들만의 하나님이라고 생각한 반면, 바울은 하나님은 유대인의 하나님뿐만 아니라 이방인의 하나님도 되신다는 사실을 깨닫게 되었다는 것이다(롬 3:29).

세 번째 해석은 종종 바울에 대한 "묵시론적" 관점으로 불린다. 비록 이 해석은 알베르트 슈바이처의 획기적인 연구에 기반을 두고 있지만,[11] 이 해석의 지지자들은 에른스트 케제만과 J. 루이스 마틴에게 더 많은 빚을 지고 있다.[12] 이 해석은 이스라엘의 하나님이 바울에

---

11 Schweitzer, *Mysticism of Paul the Apostle*.
12 Käsemann, "Beginnings of Christian Theology"; Martyn, *Theological Issues in the Letters of Paul*.

게 예수를 계시하셨을 때 바울은 자신이 유대인이라는 사실과 함께 자신의 과거와 근본적으로 단절하는 경험을 했다고 강조한다. 따라서 그들은 바울이 유다이스모스(*ioudaismos*, 종종 "유대교"로 번역됨)라고 부르는 것 안에서의 자신의 이전 생활 방식을 언급하는 그의 갈라디아서 진술과 "누구든지 메시아 안에 있으면 새로운 피조물이라. 이전 것은 지나갔으니 보라! 모든 것이 새것이 되었도다"(고후 5:17; 참조. 갈 6:15)라는 진술을 그 증거로 제시한다. 바울에 대한 묵시론적 해석은 바울의 메시지의 참신성과 유대교와의 급진적 불연속성을 강조한다. 메시아의 도래는 남자와 여자, 유대인과 이방인, 노예와 자유인이라는 낡은 구조를 해체한다(갈 3:28).

이 여러 독법에 내포되어 있는 수많은 요소들은 내가 앞으로 제시할 바울에 대한 설명에 절대적으로 필요하다. 예를 들어 반율법주의적 읽기와 관련하여 나는 바울이 사람은 하나님의 호의를 얻을 수 있다고 생각하지 않았다고 믿는다. 인류를 향한 하나님의 구원의 선물은 비교할 수 없을 만큼 값진 것이므로 아무도 그것을 받을 자격이 없다. 그러나 나는 바울이 여기서 동족 유대인들과 의견을 달리했다고 생각하지 않는다. 왜냐하면 그들 역시 인간적으로는 하나님의 구원을 받을 만한 자격이 없지만 그것이 하나님이 주시는 선물이라고 믿었기 때문이다.[13] 그리고 나는 반민족중심적 독법에 동의하며 바울

---

13   일반적으로는 은혜에 대한 유대인의 사고의 다양성을 보여주는 Barclay, *Paul and the*

서신을 민족적 구분을 염두에 두고 읽어야 한다고 믿는다(비록 그것이 이 세상을 유대인과 비유대인으로 나누어 생각한 고대 유대인들의 정의이긴 하지만 말이다. 또한 유대인들은 비유대인들을 "열방"이라는 명칭 아래 뭉뚱그려 집어 넣었지만, 나는 이들을 "이방인"으로 번역할 것이다).[14] 하지만 나는 유대교가 민족 중심적이라는 것이 바울이 유대교에 제기한 문제점이라고 생각하지 않는다. 결국 바울의 글도 다른 어떤 고대 유대인의 글과 마찬가지로 민족 중심적이며, 다른 많은 글보다 훨씬 더 그러하다.[15] 결국 바울도 "먼저 유대인에게, 그다음에 그리스인에게"(롬 1:16; 2:9-10)라고 말했다. 그리고 나는 묵시론적 해석과 마찬가지로 바울이 메시아의 도래가 시대의 종말을 고했고, 메시아의 부활의 여파가 온 우주에 파문을 일으키면서 이스라엘의 하나님이 참신한 일을 행하고 계시다고 믿었다고 확신한다. 그러나 나는 바울의 묵시론이 다른 동족 유대인들과 자신을 구별하거나 유대교와의 단절을 암시했다고 생각하지 않

Gift(『바울과 선물』, 새물결플러스 역간)를 보라. 하지만 Barclay와는 달리 나는 대다수(어쩌면 모든) 유대인들이 사람은 하나님의 호의나 은사를 온전히 받을 자격이 없다고 믿었다고 확신한다.

14 "이방인"이라는 단어를 볼 때 그저 비유대인이라는 일반적인 의미만 생각하지 말고 (내가 나중에 보여주겠지만) 유대인의 관점에서 거의 항상 잘못된 신들을 숭배하고 부도덕한 삶을 사는 사람이라는 의미도 함께 생각해보라. 또한 Lopez, *Apostle to the Conquered*는 우리가 이방인을 **또한** 로마 제국과 관련하여 종속되고 패배한 타자로 생각해야 한다는 주장을 강하게 제기한다. 바울의 사고와 행동을 디아스포라의 배경에 두는 것의 중요성에 대해서는 다음을 보라. Charles, *Paul and the Politics of Diaspora*.

15 다음을 보라. Novenson, *Last Man*; Ophir and Rosen-Zvi, *Goy*, 5장.

는다. 오히려 바울에게 있어 메시아의 도래와 죽음과 부활은 유대교의 텔로스(telos), 즉 목표 또는 절정이었지, 유대교의 종말이 아니었다(롬 10:4).

나는 비록 바울 서신에 대한 대표적인 해석에 많은 부분 동의하지만, 그 해석들이 자주 도출하는 한 가지 결론, 즉 바울이 유대교에 어떤 본질적인 결함이 있다거나 무언가 잘못되었거나 결여된 것이 있다고 생각했다는 결론에는 단호히 반대한다. 이러한 독법의 결론은 거의 언제나 똑같다. 즉 바울이 유대교에 문제를 제기한 이유는 유대교가 하나님의 호의나 구원을 얻기 위해 애써야 한다고 가르쳤기 때문이라는 것이다. 혹은 유대교는 민족적 자만심에 빠져 유럽의 기독교 식민주의와 유사한 방식으로 다른 민족에 민족적 관습을 강요했다는 것이다. 또 어떤 해석은 유대교가 메시아가 오심으로 파괴된 옛 우주 질서에 포함되어 있었으므로 유대인의 관습을 고수하는 것은 낡고 쓸모없어진 구조와 행동에 집착하는 잘못을 범하는 것이라고 여긴다.

앞으로 나는 이 책에서 고대 지중해 세계의 일부였던 유대인의 세계와 **대립하지** 않고 **그 안에서** 활동한 바울이 가지고 있던 생각을 개괄하고자 한다. 나의 견해는 로이드 개스톤(Lloyd Gaston), 존 게이거(John Gager)와 관련이 있는 바울의 **특별한 길**(*Sonderweg*) 독법, 스탠리 스타워즈(Stanley Stowers), 파멜라 아이젠바움(Pamela Eisenbaum)과 관련이 있는 **급진적 새 관점**, 윌리엄 캠벨(William Campbell), 캐시 에렌스퍼거(Kathy Ehrensperger), 폴라 프레드릭슨(Paula Fredriksen), 마크 나노스(Mark Nanos), 매그너스 제터홀름(Magnus Zetterholm)과 관련이 있는 **유대교 내의 바울** 독법 등 여러 가지 이름으로 알려진 바울 학계의 네 번째 흐름과 공통점을 많이(전부는 아니지만) 공유한다.[16] 나는 이러한 이름 가운데 어느 하나를 특별히 좋아하지 않지만, 그렇다고 해서 나는 제멋대로인 이러한 "학파" 이름에 더 나은 이름을 지어줄 자신도 없음을 고백한다. 나는 이 책에서 바울에 대한 나의 견해를 어느 한 현대 학자와 연관 짓기보다는 누가복음과 사도행전을 기록한 한 고대 작가와 가장 밀접하게 연관시키고자 한다.

바울에 대한 이러한 접근 방식은 고대 유대인들이 거의 모든 것에 대해 이견을 갖고 있었다는 점을 인정한다. 바울은 이스라엘의 하나님과 이스라엘의 율법에 신실하려고 노력하는 유대 세계에서 사고하고 행동한 고대의 한 유대인이었다. 나는 이러한 접근 방식을 활용하여 바울과 그의 메시지를 이해하려 했던 사례에 대한 초기 증거를 사도행전이 제공한다고 생각한다.

---

16   Gaston, *Paul and the Torah*; Gager, *Reinventing Paul*; Stowers, *Rereading of Romans*; Eisenbaum, *Paul Was Not a Christian*; W. Campbell, *Unity and Diversity in Christ*; Ehrensperger, *Searching Paul*; Fredriksen, *Paul*; Nanos, *Reading Paul within Judaism*; and Zetterholm, *Approaches to Paul*.

1장
바울을 다시 이상한 사람으로 만들기

바울은 거의 2천 년 전에 살았다. 그는 고대 지중해 세계에서 활동하면서 종종 후대의 많은 독자들과는 다른 가정과 신념을 공유하는 세계에서 자신의 존재를 드러냈다. 만약 우리가 마술을 통해 바울을 현대 세계로 데려와 언어의 괴리를 메울 수 있다면 우리는 아마도 바울이 어떤 이상한 "오리 새끼"라고 결론 내렸을 것이다. 바울이 사용한 그리스어를 현대 언어로 번역하고 그의 편지에 담긴 여러 문장들을 알아듣기 쉽게 풀어내는 현대의 많은 성경과 책들은 바울에 관해 바로 그와 같은 평가를 내린다. 이것은 중요한 작업이긴 하지만, 바울을 이해하기 쉽게 만들려는 이러한 노력은 바울을 우리의 모습으로 재창조하는 결과를 낳기도 한다. 우리는 어떻게 하면 이러한 위험을 피하고 바울의 그 이상한 모습을 그대로 유지할 수 있을까?

단어는 중요하다. 때로는 가장 흔한 단어가 가장 중요하기도 한데, 그 이유는 바울과 같은 인물의 경우 그 단어 안에 심각한 이념적 또는 신학적 무게가 담겨 있기 때문이다. 당신은 어쩌면 이 책의 서론에서 몇몇 흔치 않은 단어와 표현이 등장하는 것을 이미 알아차렸을지 모른다. 그리고 당신은 몇몇 흔한 단어가 빠져 있는 것을 보고 의아해했을지도 모른다. 나는 먼저 내가 사용하는 단어―내가 왜 어떤 난

1장 바울을 다시 이상한 사람으로 만들기

어는 사용하고 어떤 단어는 피하는지—에 관해 짧게 언급하고, 이어서 내가 **왜** 이 단어들을 사용하는지를 바울에 대한 나의 포괄적인 **방법론**과 연관 지어 설명할 것이다.

내가 글을 쓰면서 가장 후회하고 있는 부분은 바로 고대 텍스트를 다룰 때 내가 선택한 번역이다. 이것은 주로 내가 의식적으로 결정한 것이 아니라 내가 너무 나태하거나 무지해서 기존의 번역을 무심코 따른 것이다. 나는 지금 내가 그런 단어를 사용한 것을 후회한다. 앞으로 나는 기원후 1세기 예수 추종자들을 지칭할 때 절대로 "그리스도인"이라는 단어를 사용하지 않을 것이다. 그 이유는 이 단어가 바울 서신에 단 한 번도 등장하지 않기 때문이다. 비록 바울은 "그리스도인" 또는 "기독교"라는 단어를 절대 사용하지 않지만, 우리가 오늘날 신약성경이라고 부르는 책에서는 이 단어가 사도행전에 두 번(11:26; 26:28), 베드로전서에 한 번(4:16), 총 세 번 나온다. 이 모든 경우 이 단어는 로마 제국의 고위관리가 예수를 따르는 자들에게 적용한 외래어였던 것으로 보인다. 설령 이 단어가 본래 그 대상을 비하하거나 모욕하려는 의도를 갖고 있었다 하더라도 베드로전서 저자는 독자들에게 이 칭호를 자부심을 가지고 수용할 것을 요구한다.[1]

---

[1] 이 장의 제목은 2018년에 Paula Fredriksen의 저서와 관련하여 Matthew Novenson이 사용한 문구에 분명히 영향을 받은 것이다. Novenson, *Paul, Then and Now*, 133은 "이상한 역사" 탐구를 옹호하는 C. M. Chin("Marvelous Things Heard," 480)에게 빚을 지고 있다. "나는 역사, 특히 전근대 역사에 공감하는 프로젝트는 일종의 풍부한 상상력을 수반하는 고집스러움, 즉 과거의 세계를 살았던 사람들이 항상 아주 우리와 같

바울의 글에 "그리스도인"이라는 단어가 없는 것은 다음 두 가지 이유 중 하나로 설명될 수 있다. 첫째, 바울은 이 용어를 몰랐기 때문에 사용하지 않았을 수 있다. 대다수 학자들은 사도행전이나 베드로전서가 바울이 살아 있는 동안에 기록되었다고 믿지 않는다. 따라서 바울 또는 그가 조직하고 편지를 보낸 집단들과 관련하여 "그리스도인" 또는 "기독교"라는 용어를 사용하는 것은 시대착오적일 수 있다. 둘째, 어쩌면 더 흥미로운 것은 "그리스도인"이라는 용어가 사도행전과 베드로전서보다 대략 수십 년 먼저 사용되었고 바울도 이 명칭을 알고 있었지만, 바울은 의식적으로 이 용어를 사용하지 않았을 수 있다. 만약 그것이 사실이라면 바울은 왜 그랬을까? 이 용어가 마음에 들지 않았을까? 만약 그것이 사실이라면 우리가 바울과 그의 최초기 독자들에게 이 용어를 사용하는 것은 시대착오적일뿐더러, 그의 생각과도 맞지 않고(non-Pauline) 심지어 그의 생각에 반하는(un-Pauline) 것일 수도 있다.

바울에 따르면 인간 세계는 크게 유대인과 비유대인이라는 두 부류로 나뉘어 있었다. 그리고 이 두 범주 안에는 예수를 따르는 자들과 따르지 않는 자들이 들어 있었다.

지만은 않았지만 어쨌든 우리가 그들에게 주의를 기울여야 한다는 사실을 기억함으로써 더 좋은 결과를 낳는다고 제안하고 싶다. 그리고 훨씬 더 어려운 이 공감 프로젝트가 바로 그 이상한 것에 집중함으로써 우리가 이루어낼 수 있는 일이라고 생각한다." Kotrosits, *Lives of Objects*, 104-5.

도표 1.1

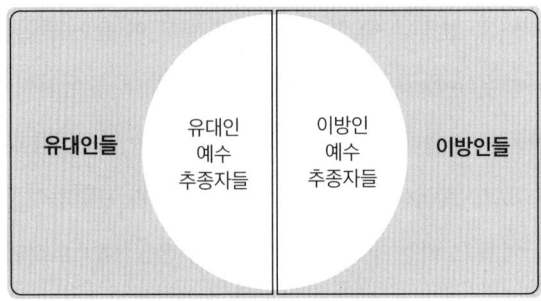

"그리스도인"이라는 용어를 사용할 때 우리는 거의 항상 그것이 유대교와 상호배타적인 범주라고 가정한다. 사실상 현대의 모든 그리스도인들과 유대인들은 오늘날 존재하는 소수의 메시아닉 유대인들을 (간편하게?) 무시하면서까지 이러한 사고를 유지하고 있다.[2]

도표 1.2

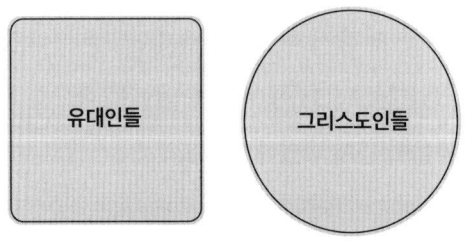

---

2 심지어 이 작은 공동체 안에서도 중요한 차이점이 있다. Kinzer, *Postmissionary Messianic Judaism*과 Cohn-Sherbok, *Messianic Judaism*이라는 중요한 저서를 보라.

"그리스도인"이라는 용어는 두 개의 구별된 종교, 즉 유대교와 기독교 사이에 명확한 경계가 그어져 있는 세계를 머릿속에 떠오르게 한다. 바울 시대의 용어를 사용하는 것은 14세기 터틀 아일랜드 원주민을 오늘날 우리가 사용하는 북위 49도 선 위 또는 아래에 거주했는지에 따라 "미국인" 또는 "캐나다인"으로 분류하는 것만큼이나 부정확하고 도움이 되지 않는다. 14세기에 캐나다와 미국은 존재하지 않았으며, 우리가 지도에 그리는 국경은 현대의 법적 허구에 지나지 않는다(게다가 캐나다의 일부는 북위 49도 선 아래에 있고, 미국의 일부는 그 위에 있다). 이러한 범주는 원주민의 삶에 적용되지 않을뿐더러, 그들의 삶을 이해하는 데도 전혀 도움이 되지 않는다.

안타깝게도 "그리스도인"이라는 단어를 한 단어로 간단히 대체할 방법이 없다. 이 단어의 사용을 회피하는 대다수 학자들은 "신자" 또는 "추종자"라는 단어를 선호하고 나도 이 단어가 어색하고 빈약하다고 여기지만, 이 책에서 나는 그들의 관행을 따르고자 한다. 나는 이들을 예수에게 충성하는 자들 또는 메시아 충신들—즉 예수가 메시아이며 하나님이 그를 죽은 자 가운데서 다시 살리셨다는 것을 믿을 뿐만 아니라 이 정치적인 인물에게 삶을 바치고 소망을 건 사람들—로 언급하는 것을 훨씬 더 선호한다.

비록 바울 서신 번역자들은 그리스어 "에클레시아"(*ekklēsia*)를 번역할 때 일반적으로 "교회"라는 단어를 사용하지만, 나는 "교회"라는 단어도 사용하지 않을 것이다. 이 용어에도 비슷한 문제가 연루되어 있다. 오늘날 우리는 "교회"라는 단어를 접하면 그것을 특정 "기독교" 모임이나 건물을 가리키는 용어로 받아들인다. 이 용법을 따르면 "교회"는 회당이나 모스크 또는 사원과 동일한 범주에 속하면서 또 이와 구별된다. 초기 교회의 교부로부터 칼 바르트 등 현대 신학자에 이르기까지 교회는 기독교를 상징하고, 회당은 유대교를 상징하면서 일반적으로 교회와 회당은 서로 대조를 이루었다.[3] 하지만 바울이나 그의 1세기 독자가 "에클레시아"라는 말을 들었을 때 그들이 생각한 것은 이것이 아니었다. 그리스어 "에클레시아"는 예수 운동이 일어나기 전, 고대 지중해 세계(유대인과 비유대인 모두)에서 널리 통용되던 일반 용어였다. 예를 들어 이 용어는 고대 아테네에서 모든 남성 시민의 모임을 가리켰다. 이 용어는 70인역에서 100회, 요세푸스의 글에서 거의 50회, 필론의 글에서 거의 35회 정도 등장한다. 이 용어는 단순히 사람들의 모임이나 집회를 의미한다. 따라서 바울에 대해 이야기할 때 이 단어를 "교회"로 번역하는 것은 필요 이상으로 구체성을 부여하며, 불가피하게 유대인과 구별되는 그리스도인의 보다 현대적인 관점에서 생각하도록 유도한다. 이는 마치 관찰 대상의 새가 어떤 종류의 새인지 알 수 없음에도 멀리 보이는 새떼를 (박새만을 가리킬 수 있는) banditry나 (까마귀만을 가리킬 수 있는) murder로 묘사하는 것과 같다. 따라서 "에클레시아"를 번역할 때 나는 "집회" 또는 "모임"과 같은 일

---

3   예. Barth, *Church Dogmatics* I/1, 101.

반 용어를 사용할 것이다.⁴

나는 또한 "기름 부음 받은 자"라는 뜻의 그리스어 "크리스토스"(*christos*)를 영어로 음역한 것에 불과한 "그리스도"라는 용어를 사용하지 않을 것이다. 대신 "크리스토스"를 히브리어를 음역한 "메시아" 또는 때때로 "기름 부음 받은 자"로 옮길 것이다. 나는 "그리스도"라는 단어가 현대 독자들에게 너무 친숙한 나머지 이 단어가 지닌 유대적 특유의 의미가 가려진다고 확신한다. 우리는 이 단어의 의미를 깊이 성찰하지 않고 예수를 그리스도라고 말하는 데 너무 익숙해져 있다. 물론 우리는 예수를 메시아로 언급하는 데도 아주 익숙하다. 그러나 우리는 그리스도가 마치 예수의 성씨(姓)인 것처럼 예수 그리스도라고 자주 언급하지만, 정작 메시아 예수라는 표현은 거의 사용하지 않는다. 메시아 예수라는 표현은 "크리스토스"라는 존칭이 바울의 첫 번째 독자와 청자에게 그랬던 것처럼 우리의 귀에도 다소 거슬린다. 이는 또한 바울의 사고에서 유대교 메시아사상이 얼마나 중요했는지를 강조한다. 바울에게 있어 예수는 부활과 승천을 통해 즉위한 유대 왕이었다.⁵

마지막으로 영역본과 주석서는 습관적으로 "사도"(*apostle*) 바울

---

4   다음을 보라. Eyl, "Semantic Voids"; Korner, *Origin and Meaning of* Ekklēsia; Kloppenborg, *Christ's Associations*.
5   여기서는 다음을 보라. Novenson, *Christ among the Messiahs*; Jipp, *Christ Is King*. 『예수의 왕권 사상과 바울신학』(새물결플러스 역간).

이라는 표현을 사용하는데, 이 칭호 또한 그리스어 단어 "아포스톨로스"(*apostolos*)의 영어 음역에 지나지 않는다. "사도"라는 단어는 고대에 다른 사람을 대신하여 파송된 사람, 즉 정치적으로 중요한 인물이라는 의미를 영어권 독자들에게 제대로 전달하지 못한다. 예를 들어 이 단어는 왕의 사신을 지칭하는 데 사용되었다. 이 단어는 또한 부재중인 중요한 인물을 대신하여 말하고 대표하도록 위임받은 자의 외교적·공식적 직무를 의미하기도 했다. 따라서 이 책에서 나는 바울을 메시아의 사자, 전령 또는 대사로 묘사하고자 한다. 바울은 왕이신 메시아 예수의 대변인 역할을 하도록 택함을 받고 부르심을 받은 사람으로 자신을 묘사한다.

나는 바울이 독자들에게 말하고자 하는 바를 명확히 전달하기보다는 혼란을 줄 수 있는 몇 가지 단어를 언급했다. 하지만 나는 바울(또는 다른 고대 인물)을 연구할 때 내가 사용하는 방법론에 대해 조금 더 이야기할 필요가 있다고 생각한다. 바울의 사고를 재현하는 작업은 자료의 부족으로 인해 어려움을 겪는다. 만약 우리가 그의 확실한 서신 일곱 편(로마서, 고린도전서, 고린도후서, 갈라디아서, 빌립보서, 데살로니가전서, 빌레몬서)만 가지고 작업한다면 우리에게 주어진 것은 그의 펜(또는 그의 대필자의 펜)에서 나온 2만 4천여 단어가 전부이며, 그의 이름을 가진 열세 편의 서신을 모두 활용한다고 해도 그리 많지 않다. 당신이 믿고 있는 바를 단 50페이지에 모두 타이핑해서 담으려고 한다고 상상해보라. 많은 분량처럼 보일지 모르지만, 추가 질문이나 오해가 전혀 나오지 않게 당신이 믿고 있는 바를 모두 온전히 전달하려 한다고 생각해보라. 그것은 불가능한 작업이다. 왜냐하면 그 무엇보다도 해석의 오류를 결코 막을 수 없기 때문이다.[6] 하지만 심지어 바울은 이런 것을 시도하려고 했던 것도 아니다. 오히려 그는 특정 장소의 특정 사람들이 공동체 내에서 겪는 구체적인 문제를 해결하기 위해 글을 썼다. 그는 우리를 위해 글을 쓰지 않았고, 자신의 사상과 신학을 체계적으로 설명하기 위해 쓴 것도 아니었다. 단 한 편의 서신에서도, 심지어 자신이 개인적으로 알지 못하는 사람들에게 보낸 로마서에서조차도 자신의 사상을 완벽하게 정리할 의도가 전혀 없었다.

바울의 글 안에 꽤 큰 간극이 존재한다는 사실과 씨름해야 하는 우리는 오늘날 어떻게 바울의 생각을 제대로 요약할 수 있을까? 바울이 언급한 내용 중에서 미처 다루지 못했거나 충분히 다루지 못한 주제를 우리는 어떻게 다룰 것인가? 그리고 많은 경우 바울의 말 가운데 상당 부분이 심각한 논쟁이 벌어지고 있던 장소의 특정 이슈에 대한 응답으로 제기된 것인데, 우리는 이런 것들을 어떻게 평가해야 할까? 우리는 한편으로 바울이 말하는 내용이 상황적이고 일시적이며 사실상 신학적 가치가 없다고 결론지으면서 전체 프로젝트를 그저 포기할 수도 있다. 또 반대로 우리는 바울의 글에 전혀 문제가 없다고 생각하며 마치 진공 상태에서 읽을 수 있는 초기의 조직신학처럼 취급할 수

---

6   자세한 설명은 다음을 보라. James K. A. Smith, *Fall of Interpretation*.

도 있다.

　이 두 가지 극단적인 방법과 달리 나는 역사적인 방법이 그나마 감추어져 있는 내용의 일부를 재구성하는 데 도움이 된다고 생각한다. "크리스토스"나 "에클레시아" 같은 단어가 바울과 동시대의 다른 본문에서 어떻게 사용되었는지 살펴보지 않고서 바울 서신의 특정 단어를 어떻게 번역할지 안다고 생각할 수 없는 것처럼 바울을 기원전 1세기 지중해 세계(유대 세계와 비유대 세계) 안에 배치하지 않고서는 그의 주장을 온전히 이해할 수 없다.[7] 역사 연구 방법에 관한 중요한 저서에서 존 루이스 가디스(John Lewis Gaddis)는 역사가의 연구가 어떤 면에서는 고생물학자의 연구와 유사하다고 주장한다. 고생물학자가 불완전한 화석 자료를 활용하여 다양한 종의 모습을 재구성하거나 생명의 다양한 진화 경로를 파악하는 것처럼 역사가도 이를테면 역사의 다양한 인물과 시대에 대한 화석 자료 사이의 간극을 채워 넣어야 한다. 요컨대 우리가 하는 일도 "역사적 고생물학자가 관여하는 일"이라고 할 수 있다.[8] 이 유비는 바울에게도 적용된다. 그렇다면 모든 바울 서신 독자들에게 제기되는 질문은 바로 다음과 같다. 우리는 어떻게 하면 바울의 단편적인 문학적 화석들을 책임감 있고 세밀하게 발

7　Engberg-Pedersen, *Paul in His Hellenistic Context*, and Engberg-Pedersen, *Paul Beyond the Judaism/Hellenism Divide*.
8　Gaddis, *Landscape of History*, 42. 나는 이 저서에 주목하게 해준 Bert Harrill에게 큰 빚을 지고 있다.

굴해낼 수 있을까?

바울 연구와 관련하여 현존하는 화석은 짧고 수사적인 내용으로 가득 찬 일곱 편의 편지로 매우 적다. 이러한 특정 상황에 맞게 기록된 편지들은 바울의 사고의 아주 작은 부분, 즉 전체 골격이 아닌 다양한 뼈대를 들여다볼 수 있는 자그마한 창을 제공한다. 그렇다면 역사가는 바울이 생각하거나 믿은 바를 어떻게 주장할 수 있을까? 가디스는 다음과 같이 말한다. 고생물학자들처럼 "역사가들 역시 기록물이든 유물이든 기억이든 현존하는 자료에서부터 시작한다. 그리고 그들은 그것을 생성해낸 과정을 추론한다."[9] 우선 우리는 파피루스에 적힌 단어의 표현 방식에 어느 정도 제약을 받는다. 그러나 안타깝게도 문자화된 글은 특별한 제약이 없다. 내가 이미 지적한 대로 바울 시대에도 사람들은 그를 여러 가지 방식으로 이해했기 때문에 바울은 자신의 가르침을 간접적으로 들은 로마 교인들이나 자신의 서신을 받고 그 내용을 해석하는 데 어려움을 겪고 있던 고린도 교인들에게 자신이 했던 말을 이해시키는 데 많은 애를 써야 했다. 이탈리아 철학자 움베르토 에코(Umberto Eco)의 말처럼 "텍스트는 텍스트를 이해하는 작업의 일부를 잠재적인 독자가 수행하도록 강요하는 게으른 기계다."[10] 파피루스에 담긴 글은 독자에게 제약을 가하지만, 이러한 제약은 약

---

9   Gaddis, *Landscape of History*, 41.
10 Eco, "Theory of Signs," 36.

하고 느슨하다. 해석의 가능성은 무한하지 않지만, 그렇다고 해서 단 하나만도 아니다. 바울 연구가 제아무리 세분화되어 있다 하더라도 우리는 예를 들어 바울이 로마와 갈라디아에 보낸 편지에서 남자들에게 할례를 받으라고 말하지 않았을 것이라는 데 모두 동의한다(갈 5:2). 바울이 남긴 글은 그의 생각과 의도에 대해 적어도 이 정도는 말해줄 수 있다. 하지만 우리는 왜 바울이 그의 남성 독자들이 할례를 받는 것을 원치 않았는지를 포함하여 그의 더 미묘한 생각을 어떻게 알 수 있을까? 바로 이 부분이 내가 서론에서 논의한 여러 가지 바울 읽기가 할례를 받지 말라는 바울의 명령을 어떻게 역사적으로 그럴듯하게 설명할 수 있는지를 두고 서로 의견이 갈리는 부분이다.

여기서 우리는 다시 방법론으로 되돌아간다. 바울을 올바르게 이해하려면 우리는 그의 문학적 유물에 정황적인 제약을 가해야 한다. 우리는 각각의 뼈를 주의 깊게 살펴볼 뿐만 아니라 그 뼈들을 바울이 남긴 다른 유물—유대인과 비유대인으로 구성된 더 광범위한 고대 지중해 세계라는 바울의 지질학적 지층—안에 두려는 노력을 해야 한다. 바울, 이방인, "유대교"와 관련하여 테런스 도널드슨(Terence Donaldson)은 이방인에 대한 유대인의 다양한 생각을 탐구하고 정리하는 일에 상당한 노력을 기울였다.[11] 나는 종종 우리가 알고 있던 것보다 훨씬 더 다양한 제2성전기 유대교 사상의 속(genus, 屬) 안에 자칭

---

11 Donaldson, *Judaism and the Gentiles*.

메시아의 사자인 바울을 배치하는 것이 필수적이라고 생각한다.[12] 파멜라 아이젠바움이 주장했듯이 "우리는 사도의 서신에 보존된 유대 율법에 대한 가르침이 토라가 이방인에게 어떻게 적용되고 어떻게 적용되지 않는지에 대한 가르침이라는 점을 깨달을 때 비로소 그의 사고의 논리를 분명히 알게 된다."[13] 예를 들면 제2성전기 유대인 전부 또는 대다수가 이방인은 유대인이 되어야 한다고 생각했다고 믿는 것은 잘못이다. 이러한 일반적인 견해는 기독교 해석자들이 유대교를 기독교의 이미지로 재구성한 결과다(비록 그것이 열등한 이미지일지라도). 역사적으로 기독교가 사람들이 하나님의 구원을 경험하려면 개종해야 한다고 주장해왔고, 그리스도인들은 그간 자주 선교 활동을 전개해왔기 때문에 유대교 또한 사람들에게 유대인이 될 것을 강요했을 것이라고 생각했다.

그러나 많은 유대인들은 이방인이 개종해야 한다고 생각하지 않았으며, 비유대인에 대한 선교로 특징지을 수 있는 활동에 관여한 유대인은 거의 없었다.[14] 따라서 바울이 이방인이 할례를 받는 것이 좋다는 생각에 반기를 들었을 때 그의 입장은 이방인은 개종할 수 있고 또 개종해야 한다는 일부 유대인의 입장과 달랐을 수는 있어도, 자신이 속한 속(genus, 유대교)에서 벗어나 새로운 속(기독교)으로 전환한 것

---

12   나는 이 작업을 Thiessen, *Paul and the Gentile Problem*에서 시도했다.
13   Eisenbaum, *Paul Was Not a Christian*, 62.
14   다음을 보라. Wendt, *At the Temple Gates*.

은 아니었다(적어도 의도적으로는). 그럼에도 바울의 편지는 적절한 환경의 조합 속에서 초기 예수 운동 안에서 유전자적 돌연변이를 일으켜 기독교로 알려진 무언가로 진화하게 된 원재료의 일부(유대교)를 포함하고 있다.

물론 역사적 고생물학은 제2성전기의 한 종(species, 種)의 뼈를 가져다가 바울의 종(種)을 재구성하는 데 잘못 사용할 위험성을 내포하고 있다. 그러나 나는 우리가 바울 시대의 뼈를 사용하지 않는다 하더라도 우리가 바울의 뼈대에 빈 구멍을 그대로 남겨둘 것이라고는 생각하지 않는다. 오히려 우리는 무의식적으로 또는 다른 방식으로 다른 시대의 뼈, 아마도 우리 자신의 뼈 또는 (많은 바울 독자의 경우에는) 종교개혁 시대의 뼈로 대체하려는 유혹에 빠질 것이다. 우리는 우리에게 익숙하고 편안한 것을 사용할 것이며, 그렇게 함으로써 우리 자신의 모습으로 바울을 재창조할 것이다. 하지만 우리는 바울을 이상한 사람으로 그대로 남겨두어야 한다!

바울 서신은 이러한 정황적인 작업을 넘어 또 다른 정황, 즉 그가 파피루스에 글을 쓰게 된 역사적인 정황과 수사적인 목적 안에 배치되어야 한다. 우리는 다음과 같이 질문해야 한다. "바울이 X를 주장했을 개연성이 있는가? 그러나 우리는 또한 다음과 같이 질문해야 한다. "바울이 다른 사람들에게 X를 설득할 수 있다고 믿었을 개연성은 얼마나 되는가? 크리스토퍼 스탠리(Christopher Stanley)의 말을 빌리자면 "모든 시점에서 가장 중요한 것은 바울의 설득 의도이며, 현대 해석자는 그가 하는 모든 말을 이러한 관심사에 비추어 이해해야 하며, 그렇지 않다면 오해를 일으킬 소지가 있다."[15] 바울은 이방인 독자들에게 그들이 할례를 받아도 아무런 유익이 없다는 것을 확신시키려 했다. 바울의 화석은 그의 의도에 대해 이 정도만 말해준다. 따라서 그 간극을 메우려면 우리는 이러한 의도에서 파피루스에 기록된 다른 문학적인 화석과 같은 시대적인 정황으로 나아갈 수 있는 방법을 찾아야 한다.

정황을 위한 목적이든 비교를 위한 목적이든 더 많은 데이터를 발견하여 바울 연구에 활용할수록 바울의 유물을 더 정확히 해독할 개연성은 더 커진다. 이 작업은 결코 객관적일 수만은 없지만, 독자들에게 어느 정도 제약을 가한다. 모든 역사적인 작업에는 어느 정도의 창의성과 상상력이 요구된다. 그리고 이러한 창의성과 상상력을 발휘하는 과정에서 우리는 자신의 선택을 수용하고 그 선택에 책임을 져야 한다. 그것은 선택이며, 우리의 선택이다. 그리고 우리의 선택은 중요하다. 폴라 프레드릭슨은 이러한 긴장을 이렇게 표현한다. "역사가로서 우리는 고대의 증거에 호소함으로써 훈련된 상상력을 발휘하여 [바울이 미래에 대해 가졌던] 순수함을 떠올린다."[16] 가장 방대한 바울 신학(1,700쪽에 달하는 N. T. Wright의 저서)에서부터 가장 짧은

---

15   Stanley, "'Under a Curse,'" 492.
16   Fredriksen, *Paul*, xii.

소논문에 이르기까지 바울에 대한 재구성은 (저자들이 이 과정을 얼마나 자각하고 있든 간에) 상상력을 동원하여 바울을 구성한다. 마거릿 미첼(Margaret Mitchell)은 이를 이렇게 표현했다. "바울 해석은 근본적으로 고대 텍스트에 등장하는 유령 같은 이미지에서 죽은 사람을 떠올려 그것을 현존하는 여러 자료로 구성된 배경에 투영하여 묘사하는 예술 작업이다. 이 모든 초상화는 현존하는 증거의 새로운 구성을 바탕으로 특별히 선택된 틀에 맞추어 그려진다."[17] 이 예술 작업은 어떤 틀을 상상하고, 묘사하고, 투영하고, 구성하고, 선택하는 행위를 수반한다. 역사가나 주석가는 각기 이러한 다양한 행위의 암묵적 주체이며, 자신의 행위에 책임을 져야 한다.

나는 고대 유대교 및 기독교 연구와 관련하여 역사비평 훈련을 받았다. 바울 서신(또는 다른 서신들)을 읽는 과정에서 내 자신의 역할을 받아들이는 것은 나에게 매우 어려운 일이었다(그리고 지금도 여전히 어려운 일이다). 바울을 연구하기에 **자연스러운** 방법 같아 보이고, 바울을 연구하기에 **올바른** 방법 같아 보이는 것이 내가 처한 사회적인 정황과 현대 성서학의 독특한 역사에 영향을 받는다.[18] 특히 유대교와 관련하여 바울을 떠올릴 때 그를 묘사하는 방법에는 도덕적인 요소

---

17 Mitchell, *Heavenly Trumpet*, 428.
18 성경 연구에 대한 백인성과 역사비평적 접근법에 대한 필독서로는 Parker, *If God Still Breathes*; Horrell, *Ethnicity and Inclusion* 등이 있다 아프리카계 미국인들이 바울을 어떻게 읽었는지에 대한 상세한 논의는 다음을 보라. Bowens, *African American Readings of Paul*.

가 작용한다. 이 사실을 최소화하거나 자신은 바울이 한 말을 그저 반복하는 것뿐이라고 주장하는 것은 교묘하게 논점을 흐린다. 모든 바울 독자들은 그를 정확하게 묘사하려고 노력하지만, 우리는 그에 대한 상반된 해석을 가지고 있다. 불확실성이 여전히 남아 있다면 타인에게 해를 끼치는 해석을 피할 도덕적 책임이 우리에게 있다고 나는 주장하고 싶다. 내가 이 책에서 전개하려는 것은 고대 유대인과 유대교를 폄훼하지 않는 바울 해석을 제시하는 것이다. 나는 이에 반하는 해석은 역사적으로 타당성이 없으며, 심지어 현대의 유대인과 유대교를 폄훼하는 것이라고 믿기 때문이다. 역사적으로 볼 때 바울은 자신이 유대교를 거부하고 새로운 종교를 창시했다는 후대 그리스도인들의 주장에 깜짝 놀랐을 것이다. 바울은 또한 기독교 역사와 신학의 많은 부분이 반유대주의라는 악성 바이러스에 감염되었다는 점과 자신이 직접 관여하고 도움을 주었던 운동이 자신의 저술을 적극 활용하여 기독교 반유대주의를 조성하고 부추겼다는 점에 대해 무척 실망했으리라고 나는 생각한다.

2장

완전히 새로운 바울 읽기인가, 아니면 오랫동안 잊혔던 바울 읽기인가?

나는 바울의 편지를 올바르게 해석하는 것이 어렵다는 베드로후서의 주장으로 이 책을 시작했지만, 사도행전에 나오는 바울과 그의 가르침에 대한 또 다른 초기 묘사도 이와 비슷한 점을 지적하고 있다.[1] 앞 장에서 언급한 마거릿 미첼의 말을 다시 인용하자면 사도행전은 무엇보다도 바울을 다시 "떠올려 묘사하는 예술 작업"이다.[2] 사도행전은 바울이 편지를 썼다고 말하지 않지만(이것은 역사 기록으로 남길 만큼 흥미롭지는 않다), 그의 가르침을 들은 많은 사람들이 혼란스러워했다는 점을 분명히 보여준다. 신약성경의 구조와 순서를 보면 바울 서신이 초기에 어떤 혼란을 불러일으켰는지를 보여주는 내용 사이에 배치되었음을 알 수 있다.[3] 바울 서신을 대충 훑어보면 그의 글이 거의 즉

---

[1] 나는 베드로후서와 사도행전의 연대를 언제로 볼 것인지에 대한 논쟁에는 뛰어들고 싶지 않다. 학자들의 의견은 60년대부터 120년대까지 다양하다. 언뜻 보기에는 넓은 범위처럼 보이지만, 거의 2천 년이 지난 텍스트에 대해 이야기할 때 60년은 단지 눈 깜빡할 사이에 지나지 않는다. 내 주장 중 어느 것도 이 문서들의 초기 또는 후기 집필 연대와 무관하다.

[2] Mitchell, *Heavenly Trumpet*, 428.

[3] Nienhuis and Wall, *Reading the Epistles*, 34: "바울의 글을 사도행전과 공동서신(야고보서, 베드로전후서, 유다서, 요한서신) 사이에 배치하기로 한 결정은 사도행전과 공동서신이 제공하는 특정한 신학적 틀 **안에서** 해석되어야 한다는 매우 중요한 신학적 관심에 기인한 것으로 보인다. 따라서 바울은 동료 사도들의 완전한 포용 속에서 우

각적으로 독자들 사이에서 혼란을 초래했음을 알 수 있다. 예를 들어 로마서에서 바울은 어떤 이들이 자신의 가르침을 하나님의 은사를 더 많이 받으려면 계속 죄를 지어야 한다는 가르침의 증거로 받아들였거나 받아들일 수 있었음을 인정하는 것으로 보인다(롬 6:2). 바울은 또한 고린도 신자들에게 처음에 쓴 편지에 대해 그들이 가지고 있던 여러 가지 오해를 바로잡기 위해 편지를 써야 했다. 그리고 나중에 고린도3서로 알려진 편지에서는 고린도전서 15장에 나오는 바울의 말에 대한 오해를 바로잡기 위해 바울을 가장하여 어떤 작가가 글을 쓰는 대담함을 보이기도 했다.

비록 베드로후서는 바울의 어떤 진술이 독자들을 혼란스럽게 했는지 밝히고 있지 않지만, 사도행전은 그 사실을 밝힌다. 바울이 예루살렘을 마지막으로 방문하는 대목에 이르면 독자들은 그곳 사람들이 바울이 유대 지역 밖에 거주하는 유대인들에게 가르친 내용에 대해 이미 좋지 않은 소문을 듣고 있었음을 알게 된다. 예루살렘의 예수 운동 지도자들은 바울에게 다음과 같이 보고한다. "형제여, 그대도 보는 바에 유대인 중에 믿는 자 수만 명이 있으니 다 율법에 열성을 가진 자라. 네가 이방에 있는 모든 유대인을 가르치되 '모세를 배반하고 아들들에게 할례를 행하지 말고 또 관습을 지키지 말라' 한다 함을 그들이 들었도다"(행 21:20-21). 이 지도자들은 이러한 소문이 악의적인 거

....
리에게 전해졌다." 참조. Nienhuis, *Not by Paul Alone*.

짓말이라고 믿는다고 바울에게 말한다. 그들은 바울이 유대인들에게 율법을 버리고 갓 태어난 남자아이에게 할례를 베풀지 말라고 가르치지 **않았다**고 확신한다. 누군가가 바울을 오해한 것이 분명하다. 그렇다면 누구일까? 사도행전의 이야기 세계에서는 이 소문이 사실이거나 거짓이라는 단 두 개의 선택지밖에 없다. 이 두 개의 선택지를 고려하면 누가의 이야기에서 누가 옳고 누가 그른지는 분명해진다. 누가는 예루살렘 지도자들이 바울의 메시지를 올바로 이해했다고 가정한다. **누가**는 바울이 이방인들과 함께 거주하는 유대인들에게 모세를 버리고 아들에게 할례를 주지 말고 유대 율법 준수를 포기하라고 가르쳤다는 주장은 거짓이라고 생각한다.

예루살렘 지도자들은 바울에 대한 이러한 오해를 해소할 수 있는 최고의 방법을 논의하고 간단한 해결책을 제시한다. 네 명의 유대인 예수 추종자들이 얼마 전에 예루살렘에 올라와서 나실인 서원을 이행하는 중에 있다. 이들은 현재 율법이 요구하는 정결 의식을 치르려 하고 있으며(민 6장), 바울도 이야기 초반에 같은 서원을 했으므로 그도 그들과 함께 정결 의식을 치르고 그와 그들의 나실인 서원이 모두 이행되었음을 보여주는 차원에서 바울이 그들의 머리를 깎는 비용을 내주는 것이 좋겠다고 생각했다(행 18:18). 바울이 예루살렘 성전에서 이러한 일련의 행동을 공개적으로 행하면 "모든 사람이 그대에 대하여 들은 것이 사실이 아니고 그대도 율법을 지켜 행하는 줄로 알 것이라"(행 21:23-24)고 판단했다.

이 이야기는 그 간결함 때문에 이 이야기가 먼저 저자 누가에 관해, 그리고 그가 묘사하는 바울에 관해 얼마나 중요한 정보를 우리에게 제공해주는지를 제대로 파악하지 못하게 한다. 바울에 대한 반율법주의적 읽기, 반민족중심적 읽기, 묵시론적 읽기를 고려하면 우리는 바울이 안디옥에서 베드로에게 맞선 것처럼(갈 2장) 예루살렘 지도자들에게도 똑같이 저항했으리라고 예상할 수 있다. 반율법주의적 읽기를 따르자면 여기서 바울은 유대인과 이방인이 모두 행위로는 구원을 받지 못하므로 유대인은 더 이상 율법을 지킬 필요도 없고 아들에게 할례를 베풀 필요도 없다고 선언해야 마땅하다. 그리고 바울은 예루살렘 지도자들에게 율법을 준수하는 것처럼 가장하여 종교의식에 참여하는 것은 거짓 증언에 해당하므로 자신은 마땅히 참여하지 않겠다고 말해야 한다. 반민족중심적 읽기를 따르자면 여기서 바울은 예루살렘 지도자들에게 그들이 율법 준수를 고집하며 민족 의식이 중요하다고 주장하는 것은 우상숭배이며 민족 중심적이라고 선언해야 마땅하다. 즉 여기서 바울은 종교의식에 참여하라는 예루살렘 지도자들의 요구에 저항해야 마땅하다. 왜냐하면 그것은 할례, 정결 규례, 성전(율법의 행위)과 같은 유대인의 특징이 여전히 중요하다는 것을 암시하기 때문이다. 또 묵시론적 읽기를 따르자면 바울은 여기서 메시아의 종말론적 침투 사상에 비추어 옛것은 지나갔다고 선언해야 마땅하다. 즉 성전, 제의적 정결 규례, 민족은 모두 메시아의 새 창조 앞에서 아무것도 아니기 때문이다.

그러나 누가의 바울은 전혀 그렇게 하지 않는다. 오히려 그는 그것이 모든 사람에게 자신이 유대 율법을 지키고 있다는 인상을 줄 것임을 알고 있으며, 또 그런 **의도가 담겨 있다**는 것을 잘 알면서도 그들이 시키는 것을 모두 이행한다. 이처럼 공개적으로 거행되는 의식들은 바울이 유대 지역 밖에 있는 유대인 메시아 추종자들에게 모세, 할례 의식 또는 율법을 버리라고 가르치지 않았다는 것을 사람들에게 보여준다. 이 이야기는 민족 간의 구분이 예수 운동 내에서 여전히 존재했음은 물론, 중요한 문제였다는 것을 분명히 보여준다. 즉 한 일련의 관습은 예수를 따르는 유대인들에게 적용되고, 또 다른 일련의 관습은 예수를 따르는 이방인들에게 적용되었다(행 21:25). 율법, 민족, 차이점은 누가의 바울에게도 여전히 중요한 문제였다.

그렇다면 우리는 사도행전 21장에 묘사된 바울을 어떻게 이해해야 할까? 두 가지 가능성이 있다. 하나는 사도행전의 이야기 세계의 바울(나는 아직 "역사적 바울"에 대해 이야기하고 있지 않다는 점에 유의하라)은 실제로 메시아를 따르는 유대인들이 율법을 지킬 것을 기대했고 자신도 그렇게 했기 때문에 여기서 그의 행동은 그의 생각과 행동에 부합했다는 것이며, 다른 하나는 바울이 메시아를 따르는 유대인들에게 모세와 할례 및 유대 율법을 포기하라고 가르쳤고 자신도 그렇게 했기 때문에 여기서 그의 행동은 오해의 소지가 너무 많고 기만적이며 위선적이었다는 것이다. 바울을 하나님의 사역을 수행하는 핵심 지도자 중 하나로 묘사하는 누가가 그를 신뢰할 수 없는 사람으로 그랬을 개연성은 희박하다. 누가의 생각에 바울은 거짓말쟁이가 아니다. 누가의 바울은 위선자가 아니다. 누가의 바울은 자신뿐만 아니라 다른 유대인 예수 추종자들에게도 율법 준수를 고집한다.

사도행전의 다른 본문에서 바울은 자신이 하나님과 하나님의 백성과 유대 율법에 모두 신실한 유대인이라고 주장한다. 그는 로마의 신임 유대 총독인 베스도와 대화하면서 "나는 유대인의 율법이나 성전이나 가이사에게나 아무 죄도 범하지[hēmarton] 않았다"(25:8)고 선언한다. 그리고 바울은 사도행전 마지막 장에서 로마의 감옥에 투옥되었을 때 그 도시의 유대인들에게 "형제들아, 나는 이스라엘 백성이나 우리 조상의 관습을 배척한 일이 없다"(28:17)고 말한다. 바울의 주장과 관련하여 누가의 이야기 맥락에서 두 개의 선택지가 다시 한 번 우리에게 주어진다. 그의 주장은 사실이거나 사실이 아니다. 어쩌면 바울은 목숨이 걸린 재판을 받고 있었으므로 목숨을 구하기 위해 거짓말을 했을 수도 있다. 우리는 어떤 사람이 자기 목숨을 구하기 위해 거짓말하는 것을 비난할 순 없지만, 사도행전 이야기 안에는 누가가 바울이 거짓말을 한다고 생각했다는 암시가 전혀 없다. 캐빈 로우(Kavin Rowe)는 다음과 같이 주장한다. "누가에게 있어 바울은 '신뢰할 수 있는' 인물이며, 사도행전 거의 모든 부분에서 실제로 (인간) 주인공이다. 따라서 바울의 이 선언은 재판의 전체 과정과 로마 관리 앞에 선 바울의 모습에 대한 해석학적 지침을 제공한다."[4] 누가는 의도적으로 바울을 마지막까지 율법을 준수한 유대인 예수 추종자로 묘사하며, 메시아를 따르는 유대인들에게 모세의 율법을 버리라고 가르치거나 유대 율법에 반대하지 **않은** 사람으로 묘사한다.

결과적으로 우리는 이제 단지 사도행전의 이야기 세계뿐만 아니라 역사적 예수와 연관된 또 다른 문제를 떠안게 되었다. 만약 바울 서신을 통해 알 수 있는 바울이 유대 율법을 지키지 않고 (유대 메시아 추종자들을 포함하여) 메시아 추종자들에게 모세의 율법과 할례를 포기하라고 가르쳤다면 누가의 묘사는 역사적 바울의 모습과 모순된다. 그렇다면 누가가 바울을 오해한 것인가? 물론 누가가 사도행전의 이야기에서 바울과 그의 행동과 생각을 잘못 표현했을 수도 있다. 아니면 누가는 바울을 전혀 오해하지 않았으면서도 다른 사람들에게 바울을 잘못 묘사하기로 **마음먹었을** 수도 있다. 어느 쪽이든 이것은 결코 작지 않은 왜곡이다. 예를 들어 이것은 어떤 전기 작가가 자신을 민주사회주의자라고 밝힌 미국의 정치인 버니 샌더스가 자유당 소속 당원이라고 주장하는 것과 비슷하다. 이 두 정당의 입장은 정반대다. 샌더스가 자유주의자라는 주장은 그가 민주사회주의자라는 주장과 양립할 수 없다. 두 주장이 모두 사실일 순 없다. 둘을 혼동하는 것은 부정확할 뿐만 아니라 모욕적이다. 샌더스는 자신이 자유주의자라고 주장하

---

4 Rowe, *World Upside Down*, 80.

는 사람의 말에 절대 동의하지 않을 것이다. 이것은 역사적 바울도 마찬가지다. 바울에 대한 전통적인 해석은 예수를 따르는 유대인과 이방인이 모두 유대 율법을 준수하는 것에 대해 강력하게 반대한 인물로 바울을 이해한다. 바울을 율법 준수자로 묘사하는 것은 이러한 일반적인 해석과 모순을 일으킨다. 누가가 바울을 **이렇게** 오해했다면 그는 바울의 말을 왜곡하여 "스스로 멸망에 이르는" "무지하고 불안정한" 자라는 베드로후서 3:16의 정죄를 받아 마땅하다.

따라서 현대의 바울 독자들은 선택의 기로에 서게 된다. 그들은 누가의 견해에 반대하면서 일반적이고 전통적인 바울 읽기 편에 서든지, 아니면 전통적인 바울 읽기에 반대하면서 누가의 편에 서든지 해야 한다. 어느 편을 선택하든 방법론적으로 종교학자나 역사가에게는 큰 문제가 되지 않는다. 바울 서신의 증거를 따져보고 누가의 견해가 틀렸다면 바울 서신의 증거를 따르면 된다. 그러나 이 텍스트를 경전으로 보는 독자들에게 이러한 선택은 실제로 전혀 도움이 되지 않는다. 과연 우리는 사도행전이라는 **정경** 텍스트에 반대하면서 소위 전통적인 바울 읽기 편에 서야 할까? 과연 우리는 사도행전이 바울의 글보다 권위가 덜하다고 보아야 할까?

나는 **기독교** 정경의 구조가 **그리스도인** 독자들이 바울 서신을 어떻게 읽어야 할지를 결정하는 지침이 되어야 한다고 확신한다. 신약성경이 형성되고 그 형태를 갖추어가는 과정에서 그리스도인들은 결국 사도행전을 바울 서신 바로 앞에 배치한 정경을 받아들이기로 결정했다.⁵ 그 결과 사도행전은 독자들에게 바울 서신을 소개하는 역할을 한다. 이로써 우리는 바울 서신을 접하기 전에 그의 글이 유대 율법과 관련하여 사람들의 오해를 샀다는 사실을 미리 알게 된다. 누가는 바울을 올바르게 이해할 수 있는 열쇠를 독자들에게 제공하기를 원했고, 정확한 의도가 무엇이든 간에 신약성경의 정경을 확정한 자들도 그것을 원했다. 이것이 바로 사도행전이 정경 안에서 기능하는 방식이다. 사도행전은 바울에 대한 권위 있는 해석으로, 사람들이 바울 서신을 오해하고 오용하는 것을 방지하는 역할을 한다. 사도행전은 적어도 그리스도인 독자들에게 특히 당대 유대교(들)와 연관된 바울을 이해하는 데 필수적인 열쇠를 제공한다고 나는 생각한다. 따라서 사도행전은 단순히 바울뿐만 아니라 현대 신학의 대체주의 및 유대교와 기독교의 관계에 대한 질문에도 도움이 된다.⁶

혹여 누구라도 바울에 대한 누가의 기록을 바울 자신이 쓴 글의 증거보다 우선시해야 한다고 결론 내리지 않을까 우려되어 나는 바울 서신도 제대로만 읽으면 이 방향을 가리킨다고 제안한다. 나는 곧 이 주장을 다루겠지만, 누가의 바울 해석도 기독교 정경 전체의 내적 일관성을 강화하는 데 도움이 된다는 점을 덧붙이고 싶다. 우리는 어떻

---

5 유용하게 수집된 증거는 다음을 보라. Gallagher and Meade, *Biblical Canon Lists*.
6 여기서 나의 독법과 일치하는 사도행전에 대한 중세 후기 유대인 독법에 대해서는 Berlin, "Shame of the Gentiles of Profiat Duran"에서 영어로 번역되고 분석된 Profiat Duran의 *Shame of the Gentiles*를 보라.

게 율법을 준수하는 복음서의 예수에서 율법을 폐지하는 서신서의 바울로 넘어갈 수 있을까?[7] 어찌 보면 누가가 묘사한 바울이 예수와 바울을 더 잘 연결하는 것 같다. 그렇다면 구약성경에서 하나님이 이스라엘 백성에게 주신 많은 계명과 관련하여 우리는 전통적인 바울을 어떻게 이해해야 할까? 바울은 유대 경전의 핵심 내용에 동의하지 않고 거부하는가? 바울은 성경 안에 근본적인 이견, 모순 또는 긴장이 있다고 믿는가?[8]

아이러니하게도 나는 대다수 해석자들이 바울이 명시적으로 유대 경전에 이의를 제기한다고 이해한 한 본문이 이 메시아 운동 및 유대 율법과 관련하여 바울 서신을 읽는 방법을 알려주는 내적 열쇠를 제공한다고 확신한다. 메시아를 따르는 고린도 교인들에게 보낸 편지에서 바울은 성관계와 결혼에 관한 문제를 다룬다. 아마도 고린도 교인들은 메시아를 따르는 자들은 성관계를 갖지 않는 것이 좋다는 결론을 내리고 바울에게 편지를 쓴 것 같다(고전 7:1). 내 직감에 의하면 이 주장은 메시아 추종자들은 거룩한 프뉴마(*pneuma*, 종종 "성령"으로 번

---

7   그렇다. 이것은 여전히 논란의 여지가 있는 주장이다. 하지만 그럴 필요는 없다. 나의 저서 *Jesus and the Forces of Death*(『죽음의 세력과 싸우는 예수』, 새물결플러스 역간)를 보라.

8   이것이 Watson의 주장이다. *Paul and the Hermeneutics of Faith*, 23: "토라를 읽는 과정에서 바울은 그 안에서 두 가지 주요한 긴장, 즉 조건 없는 약속과 시내산 율법 사이의 긴장과 율법이 제공하는 생명과 그 저주 사이의 긴장을 발견하고 이를 강조하기로 마음먹는다. 이것이 바로 창세기, 출애굽기, 레위기, 신명기라는 책들 사이에서 발견되는 긴장이다."

역됨, 이에 대해서는 나중에 더 자세히 설명할 것임)의 살아 있는 성전이 되었다는 바울의 가르침에서 나온 당연한 결론처럼 보였다. 유대인과 비유대인은 한결같이 사람은 성관계를 통해 제의적으로 부정해지며, 그 이후 단기간 동안은 거룩한 공간에 들어갈 수 없다고 믿었기 때문에, 자신의 몸이 실제로 성전이라면 그 성전을 성행위와 멀리해야 하는 것은 당연한 이치였다.[9] 하지만 바울은 결혼한 메시아 추종자들은 정욕과 **도덕적** 부정함에 유혹되지 않으려면 **제의적** 부정함을 초래하더라도 성관계를 가져야 한다고 주장하며 이에 동의하지 않았다. 그리고 미혼자와 과부에게는 정말로 정욕을 통제할 수 없는 경우에만 결혼을 고려하라고 조언했다. (미안하지만 바울은 로맨틱한 사람이 아니었다.) 마찬가지로 바울은 모든 기혼자(가능하면 불신자와 결혼한 사람들도)가 혼인상태를 그대로 유지하기를 바란다. 그는 이어서 자기 입장에 대한 근거를 제시한다. "오직 주께서 각 사람에게 나눠 주신 대로 하나님이 각 사람을 부르신 그대로 행하라. 내가 모든 교회에서 이와 같이 명하노라"(고전 7:17). 이것이 바울이 세운 메시아 추종자 모임에서 그가 주장한 기본 원칙이다. 비록 바울의 편지가 때때로 각각 다른 도시에서 각기 다른 상황 속에서 기록되었지만, 신자는 있는 그대로의 모습을 유지해야 한다는 것이 그의 일관된 실천적 원칙이었다. 그는

---

9 거룩한 공간으로 기능하는 인간의 몸에 대해서는 다음을 보라. Harrington, *Purity and Sanctuary of the Body*.

이 원칙을 고린도전서 7:20에서 되풀이한다. "각 사람은 부르심을 받은 그 부르심 그대로 지내라." 바울은 이 원칙이 할례 의식에 어떻게 적용되어야 하는지를 설명하기 위해 이 두 선언 사이에서 하나의 예를 제시한다. "부르심을 받을 때 이미 할례를 받은 자가 있느냐? 포경 복원술을 받지 말라. 부르심을 받을 때 포피를 지니고 있었느냐?[10] 할례를 받지 말라"(7:18). 이어서 그는 매우 대담한 주장을 한다. "할례도 아무것도 아니며, 포피도 아무것도 아니로되 오직 하나님의 계명을 지킬 따름이니라"(7:19).

대다수 독자들은 여기서 할례가 이제는 하나님의 계명이 아니기 때문에(또는 어쩌면 처음부터 그런 적이 없었기 때문에) 바울이 할례는 더 이상 중요하지 않다고 말하는 것으로 이해해왔다. 이러한 주장은 사실 하나님이 이스라엘 백성에게 대대로 남자 신생아에게 할례 의식을 행하라고 명령하셨다는 유대 성경의 주장과 정면으로 대치된다(창 17:9-14; 레 12:3). 어떻게 이것이 가능할까? 바울은 과연 할례 의식이 그저 인간의 관습에 지나지 않지만 이 본문들이 할례 의식을 하나님께 잘못 귀속시킨다고 결론 내린 것일까? 바울은 유대 율법이 하나님이 아니라 인간에게서 비롯되었다는 것을 그 어디에서도 암시하지 않는다. 다른 본문에서 그는 "율법은 거룩하고 계명도 거룩하고 의로

---

10 그리스어 아크로뷔스티아(*akrobystia*)를 "무할례"로 번역하는 것이 일반적이지만, 이 단어는 "포피" 또는 "포피를 지닌"을 의미한다. 참조. Neutel, "Restoring Abraham's Foreskin."

우며 선하도다"(롬 7:12)라고 말한다. 그리고 바울은 할례 의식이 어떤 가치가 있느냐는 질문에 대해 "범사에 많으니"(롬 3:1-2)라고 대답한다.

그렇다면 바울은 고린도전서 7:19에서 무엇을 말하는가? N. T. 라이트는 이 구절에 대해 "재정의의 밀도가 거의 [불교의] 선(Zen, 禪)에 가깝다"고 말한다.[11] 즉 라이트는 바울이 하나님의 계명을 재정의하여 이 할례 의식이 더 이상 그 계명 안에 포함되지 않게 했다고 생각한다. 물론 라이트는 이러한 유형의 재정의에 대해 별다른 문제가 없어 보인다. 결국 수 세기 동안 대다수 그리스도인들은 육체적 할례가 바울과 (결과적으로) 바울의 독자들에게 여전히 의미가 있을 수 있다는 잠재적인 암시를 피하고자 할례가 진정으로 의미하는 바를 기꺼이 재정의했다. 그러나 대다수 (어쩌면 모든?) 고대 유대인들은 이러한 재정의가 상당히 당혹스럽고, 최악의 경우에는 매우 불쾌하게 느껴졌을 것이다. 현대의 한 가지 예를 생각해보자. 만약 어떤 기독교 설교자가 세례나 성찬은 아무런 가치가 없고, 교인들은 하나님의 말씀만 순종하면 된다고 주장한다면 대다수 그리스도인들은 세례와 성찬의 중요성을 확인해주는 성경 구절을 가리키면서 반발하지 않겠는가? 이 설교를 듣는 사람에게 과연 이러한 주장은 얼마나 설득력이 있을까?[12]

---

11   Wright, *Paul and the Faithfulness of God*, 361.
12   물론 이것은 단순히 가상의 이야기는 아니다. 왜냐하면 퀘이커교와 구세군은 세례식이나 성찬식을 시행하지 않기 때문이나.

내 생각에는 바울에 대한 이러한 독법은 역사적으로도 개연성이 떨어지고, 수사학적으로도 설득력이 없다.

오히려 바울은 할례는 중요하다고 생각한다. 왜냐하면 그는 갈라디아 교인들에게 할례를 받으면 그들에게 나쁜 영향이 미칠 것이라고 말하고 있기 때문이다. "보라! 나 바울은 너희에게 말하노니 너희가 만일 할례를 받으면 메시아가 너희에게 아무 유익이 없으리라"(갈 5:2). 고린도전서 7:19에 대한 일반적인 해석이 옳다면 그 구절은 갈라디아서 5:2의 바울의 주장과 모순된다. 바울이 생각을 바꾸었을 수도 있지만, 실제로 그는 갈라디아 교인들에게 보낸 편지에서 고린도전서 7:19과 거의 같은 언어를 사용하며 이와 비슷한 주장을 펼친다. "할례나 포피가 아무것도 아니며 오직 새 창조만이 중요하다"(갈 6:15). 할례를 받으면 갈라디아 교인들에게 해로운 결과를 가져다줄 것이라고 주장한 지 불과 네 절도 지나지 않아 그는 이와 유사한 주장을 다소 다른 말로 다음과 같이 표현했다. "메시아 예수 안에서는 할례나 포피가 효력이 없고 사랑으로써 역사하는 믿음뿐이니라"(5:6).[13]

그렇다면 바울이 할례와 포피를 하나님의 계명과 대조할 때 그가 말하고자 하는 바는 무엇인가? 나는 이에 대한 답이 상당히 단순하다고 생각한다. "할례"와 "포피"라는 표현은 두 그룹에 속한 사람, 즉 할례받은 유대인과 포피를 그대로 지니고 있는 이방인을 각각 지칭한

---

13   다음을 보라. Sanfridson, "Are Circumcision and Foreskin *Really* Nothing?"

다. 우리는 바울과 관련된 메시아 그룹에 속한 사람들이 이 두 용어를 수사적·민족적 의미로 사용했다는 초기의 분명한 증거를 가지고 있다. 바울이 이 편지를 썼는지의 여부와 상관없이 에베소서의 저자는 "할례"라고 불리는 자들이 이방인들을 "포피"라고 부른다는 것을 이방인 독자들에게 상기시키면서 이 사실을 분명히 밝힌다(2:11). 그리고 바울은 이 용어를 이방인과 유대인을 가리키는 데 사용하면서 이스라엘의 하나님이 자기에게는 포피의 복음을 주셨고, 베드로에게는 할례의 복음을 주셨다고 주장한다(갈 2:7). 이 두 어구(포피의 복음과 할례의 복음)에서 "의"라는 조사는 바울의 메시지에 담긴 내용이 포피라든지 베드로의 메시지에 담긴 내용이 할례 의식이라는 의미를 나타내지 않는다.[14] 오히려 이 조사는 각각 그 메시지의 대상을 의미한다. 바로 다음 구절에서 바울은 베드로의 복음의 대상을 지칭하는 데 "할례"를 계속해서 사용하지만, 자신의 복음의 대상을 지칭할 때는 "이방인"으로 전환한다(갈 2:8). 따라서 "포피"라는 명칭은 바울의 머릿속에서 "이방인"과 상호교환적으로 사용된다.[15] (사실 무례할 수도 있는 이 이름이 그대로 굳어지지 않은 것에 대해 현대 그리스도인들은 감사해야 할 것이다!)

고린도전서 7:18-19로 되돌아가자. 거기서 바울은 독자들에

---

14 Collman, *Apostle to the Foreskin*.
15 더 자세한 내용은 다음을 보라. Marcus, "Circumcision and the Uncircumcision in Rome."

게 하나님이 부르신 그 상태에 그대로 머물러 있으라고 조언한다. 만약 당신이 포피를 지닌 사람이라면 포피를 지닌 상태에 그대로 머물러 있고, 만약 당신이 할례받은 사람이라면 할례받은 사람으로 그대로 머물러 있으라는 것이다. 그 이유는 하나님의 구원의 관점에서 당신이 유대인인지 이방인인지, 할례인지 포피인지는 전혀 상관이 없기 때문이다. 그러나 행동의 측면에서 당신이 유대인인지 이방인인지는 중요하다. 중요한 것은 하나님이 처음 부르셨을 때 그 사람에게 주신 계명을 지키는 것이다. 유대인에게는 메시아를 따르는 유대인에게 적용되는 계명이 있다. 이방인에게는 메시아를 따르는 이방인에게 적용되는 계명이 있다. 종말론적인 구원의 관점에서 민족 정체성은 메시아 안에서 중요하지 않다. 그러나 행동의 관점에서 민족 정체성은 메시아 안에서도 계속 중요하다. 고린도전서 7:18-19에 대한 이러한 해석은 사도행전 21장에 나오는 바울의 묘사와 잘 맞아떨어진다.

바울 서신은 특정 시기에 특정 장소에서 특정 상황 속에 살던 특정 사람들에게 보낸 상황적인 편지다. 그러나 바울은 적어도 이 구절에서는 환경, 지리, 사람이 중요하지 않다고 말한다. 부르심을 받은 상태에 머물러 있으라는 것이 메시아를 따르는 자들을 위한 바울의 보편적인 원칙이다. 물론 이 원칙의 일부는 상황에 따라 달라질 수 있다. 바울은 자신을 비롯해 모든 메시아 추종자들이 인류 역사의 임박한 종말을 목전에 두고 있다고 생각한다. 그러나 이 원칙은 유효하다. 유대인 메시아 추종자는 계속해서 유대인 메시아 추종자로 머물러 있어야 한다. 그 정체성을 지금 바꾸려 해서는 안 된다. 이방인 메시아 추종자 역시 그 정체성을 지금 바꾸려 해서는 안 된다. 이 말은 예수를 따르는 유대인이 이방인처럼 행동하거나 이방인처럼 되기 위해 조상의 관습을 버려서는 안 된다는 의미다. 마찬가지로 예수를 따르는 이방인도 유대인처럼 행동하거나 심지어 유대인이 되고자 하는 열망 때문에 할례를 받아서는 안 된다. 유대인과 이방인에게 각기 달리 적용되는 하나님의 계명은 여전히 중요하다. 하나님의 구원 사역에 있어 유대인인지 이방인인지는 중요하지 않다. 바울이 갈라디아 교인들에게 말했듯이 메시아 안에서는 유대인도 없고 이방인도 없다(갈 3:28). 유대인이냐 이방인이냐 할례에 속하느냐 포피에 속하느냐는 중요하지만, 하나님의 구원에 있어서는 부차적일 뿐이다. 하나님은 둘 다 구원하신다. 자신의 정체성을 바꾸려는 시도는 (그 사람이 알든 모르든) 하나님은 유대인만 구원하시므로 이방인은 유대인이 되어야 한다거나, 하나님은 이방인만 구원하시므로 유대인은 이방인이 되어야 한다고 말하는 것과 같다.

다른 사람에게 민족 정체성을 바꾸라고 요구하거나 자기 민족 정체성을 바꾸고 싶어 하는 행위는 이스라엘의 하나님에 대한 심각한 신학적 의미를 내포한다. 자기의 민족 정체성을 바꾸기 위해 이러한 변화된 행동을 하는 것은 하나님은 오직 한 민족의 하나님이며 다른 민족의 하나님은 아니라는 것을 의미한다. 이것은 양쪽으로 똑같이 적용된다. 기독교 해석자들은 바울이 이방인을 유대인으로 개조하려는 노력을 그토록 강하게 비난한 이유 중 하나가 바로 이 때문이라는 것을 일찍부터 인식해왔다. "하나님은 다만 유대인의 하나님이시냐? 또한 이방인의 하나님은 아니시냐? 진실로 이방인의 하나님도 되시느니라"(롬 3:29). 바울은 어떤 이들이 유대 율법을 민족적 자부심을 위한 도구로 사용하는 것을 보고 이방인들이 그것을 하나님께 인정받으려면 유대인이 되어야 한다는 의미로 받아들인 점을 문제 삼았는데, 반민족중심적 바울 읽기는 이 점을 올바르게 강조한다. 하지만 반민족중심적 바울 읽기는 이 신학적 이야기의 절반만 이야기하는 셈이다. 바울 시대에는 불필요했기 때문에 언급되지 않았겠지만, 로마서 3장에는 지난 2천 년 기독교 역사에서 그리스도인들이 경청해야 할 논리가 숨어 있다. 만약 바울이 유대인 가운데 메시아를 따르는 이방인이 되기 위해 조상의 관습을 버리려는 자가 있다는 것을 알았다면 그는 분명히 그 유대인의 행동을 단호히 거부했을 것이다. 그는 아마 이렇게 말했을 것이다. "하나님은 다만 이방인의 하나님이시냐? 또한 유대인의 하나님은 아니시냐? 진실로 유대인의 하나님도 되시느니라!" 하나님이 당신을 부르신 상태에 그대로 머물러 있어라. 다시 말해 유대인이든 이방인이든 한 사람의 민족 정체성은 하나님의 부르심과 하나님의 구원 계획에서 필수적인 부분이다. 민족 정체성을 바꾸려는 시도는 하나님이 당신을 있는 그대로 구원하실 수 없다는 것을 의미한다. 반율법주의적 바울 읽기도 바로 이 부분에서 근본적으로 올바른 해석을 제시한다. 하나님의 구원 사역은 유대인과 이방인 모두를 위한 것이며, 사람의 행위에 달려 있지 않다.

우리는 바울을 읽는 방법에 대한 두 가지 단서, 즉 외적인 단서(사도행전에 나오는 바울의 묘사)와 내적인 단서(고전 7:19에 기록된 바울의 보편적 규칙)를 살펴보았다. 하나는 내가 이 책에서 제시할 바울 읽기에 대한 초기 수용사적·신학적·정경적 지지를 제공하고, 다른 하나는 이에 대한 내적·역사적 지지를 제공한다. 즉 이 독법은 율법을 준수하며 메시아 예수를 따르는 바울, 즉 유대인 바울을 제시한다. 그는 변칙적인(anomalous) 유대인도 아니고, 급진적인(radical) 유대인도 아니며, 주변부의(marginal) 유대인도 아니다. 그는 그저 1세기 유대교의 다양성과 풍요로움 속에서 자신의 삶을 살며 자신이 인식한 소명을 따랐던 한 유대인일 뿐이다.

3장

유대교는 아무것도 믿지 않는다

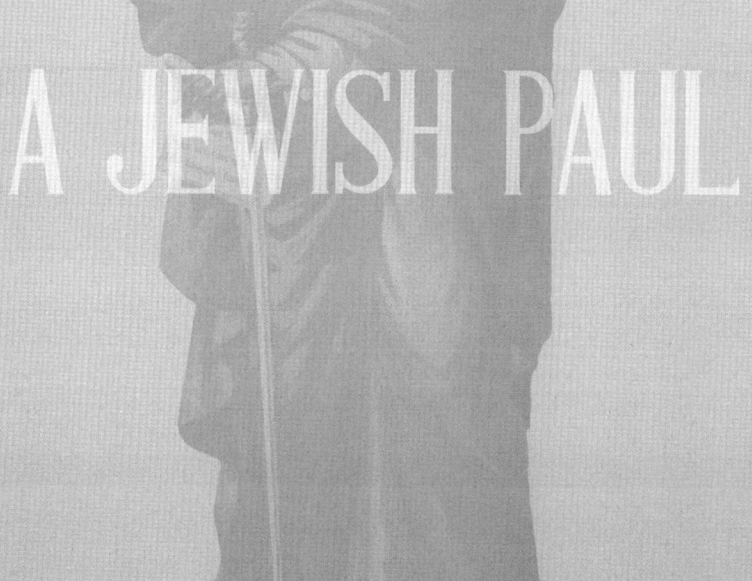

유대교는 아무것도 믿지 않지만, 유대인은 믿는다. 유대교는 아무것도 가르치지 않지만, 유대인은 가르친다. 유대교는 아무것도 하지 않지만, 유대인은 한다. 유대교는 생각하는 머리, 말하는 목소리, 행동하는 몸이 없다. 하지만 유대인은 있다. 우리는 유대교(또는 기독교, 힌두교, 이슬람교, 무신론)에 대해 말할 때 추상적인 표현을 사용한다. 폴라 프레드릭슨은 다음과 같이 말한다. "'유대교'에서 -교는 이념적 합의가 초지역적으로 광범위하고, 추상적이며, 명료하게 표현된 것을 의미하지만, 사실은 그때나 지금이나 그들의 유대인다움(Jewishness)은 정말로 다양한 방식으로 표현되었다."[1] 유대교는 모든 유대인 개개인을 한데 모아 하나의 범주로 묶는 이름이다. 따라서 이는 거의 필연적으로 일반화와 과도한 단순화로 이어질 수밖에 없다. 우리는 "유대교는 X를 믿는다"는 주장을 접할 때마다 그것이 **모든** 유대인은 X를 믿는다는 것을 암시하기 때문에 즉시 그것이 사실인지 의문을 제기해야 한다.

현대의 예를 하나 들어보자. 캐나다는 예의 바른 나라다. 이것은

---

[1] Fredriksen, "*Al Tirah* ('Fear Not!')," 29.

사람들이 캐나다인에 대한 제한적인 경험을 바탕으로 일반화한 것이다. 하지만 그렇다고 해서 이것이 모든 캐나다인이 한결같이 예의 바르다는 뜻일까? 캐나다인으로서 나는 이러한 고정관념이 **일부** 캐나다인에게만 적용되는 것이지, 모든 캐나다인에게 적용되는 것은 아니라고 단언할 수 있다. 하지만 어떤 캐나다인이 예의를 지키지 않는다고 해서 그가 더 이상 캐나다인이 아니라는 것을 의미할까? 절대 그렇지 않다. 그리고 우리가 모두 아이스하키나 컬링을 하거나 겨울을 좋아하고 벌목공인 것은 아니다. 만약 어떤 캐나다인이 나처럼 겨울을 싫어하고, 스케이트를 신으면 뼈가 부러질 위험이 높다면 그는 덜 캐나다인일까? 물론 그렇지 않다. 유대교는 X를 믿거나 Y를 한다는 주장에도 이와 같은 위험이 도사리고 있다. 왜냐하면 그런 주장은 사람들로 하여금 특정 유대인이 X나 Y를 하지 않으면 나쁜 유대인이거나 아예 유대인이기를 포기한 사람이라고 생각하게 만들 수 있기 때문이다.

누가 유대인이고 누가 유대인이 아닌지는 누가 결정하는가? 무엇이 좋은 유대인의 행동이고 무엇이 나쁜 유대인의 행동인지, 무엇이 참된 유대인의 믿음이고 무엇이 거짓 유대인의 믿음인지는 누가 결정하는가? 어쨌든 교황에 상응하는 유대인은 없었고, 여전히 지금도 없다. 그런 점에서 유대인은 로마 가톨릭보다는 메노나이트에 더 가깝다. 모세가 교황에 가장 가깝지만, 기원후 1세기에는 대제사장, 예루살렘 제사장, 산헤드린 공의회(유대인 지도자 평의회), 헤롯 왕조 등 다양한 유대인 지도자와 모세 해석자가 존재했다. 에세네파에게는 의의 교사가 있었다. 다른 이들은 세례자 요한을 추종했다. 바리새파 운동 내에서 어떤 이들은 랍비 힐렐에 호소한 반면, 다른 이들은 랍비 샴마이에 호소했다. 그리고 또 다른 그룹은 예수라는 갈릴리 교사를 따랐다. 이들 가운데는 보편적으로 가톨릭교회의 교황처럼 유대인이나 유대교를 위한 최종 권위자로 인식된 사람은 아무도 없었다.[2]

만약 어떤 종교학 교수가 그리스도인들은 유아세례를 준다고 주장하면 대다수 그리스도인들은 이 주장이 부정확한 일반화임을 알 것이다. 주류 기독교(예. 로마 가톨릭, 동방 정교회, 성공회)에서는 유아세례를 주지만, 다른 많은 기독교 교파(예. 메노나이트, 침례교, 오순절 교파)에서는 청소년과 성인에게만 세례를 베풀고, 입으로 신앙고백을 할 때만 세례를 베푼다. 우리는 각자의 종교적 또는 정치적 전통에 존재하는 일부 다양한 신념과 행동에 대해서만 알고 있으며, 이러한 다양성에 대해 무지해 보이는 주장, 특히 그러한 무지가 경멸적이거나 폄하적인 일반화를 초래하는 주장에 대해서는 올바르게 대처한다. 우리는 다른 사람들이 우리를 어떻게 정의하든 정확하고 신중하며 공감하는 태도로 이야기하기를 바란다. 우리는 다른 종교 전통을 지나치게 단순하고 부정확한 통일체로 축소하는 주장에 의문을 제기하면서 다른

---

2 로마 가톨릭교회에 관심이 있는 사람이라면 심지어 교황조차도 가톨릭 신자들 사이에서 절대적인 권위를 행사하지 않는다는 것을 안다. 베네딕토 교황도 특정 가톨릭 신자들 사이에서 비판자들이 있었고, 프란치스코 교황도 다른 가톨릭 신자들 사이에서 비판자들이 있다.

사람들에게도 같은 공감 능력과 감수성을 보여주어야 한다.

이 사실을 깨닫는 것이 고대 유대교 전반에 대해 생각하고 바울을 그의 동료 유대인들과 연관 지어 생각하는 데 기본이 된다. 고대 유대인들은 사고와 신념 또는 행동 방식에 있어 획일적인 집단이 아니었다. 우리는 이 사실을 이미 신약성경을 통해 알고 있다. 예를 들어 사두개인은 다른 많은 유대인이 고대하던 부활을 믿지 않았다. 사도행전 23:6-10에 따르면 바울은 수사적·사법적 효과를 극대화하기 위해 이러한 유대교 내부의 이견을 자기를 변호하는 데 활용했다. 그리고 1세기의 유대인 역사가 요세푸스는 바리새파, 사두개파, 에세네파 등 세 그룹에 대해 언급한다.[3] 따라서 우리는 유대 지역에만 적어도 다섯 개의 뚜렷한 유대 집단(세례자 요한 추종자, 예수 추종자, 바리새파, 사두개파, 에세네파)이 존재했다는 것을 알 수 있다. 사실 이 문제는 다소 더 복잡하다. 누가는 예수를 믿는 바리새인도 있었기 때문에 이들이 항상 구별된 집단은 아니었다고 주장한다(행 15:5; 참조. 요 3장). 또한 누가는 자신이 여전히 바리새인이라고 주장하는 바울을 묘사한다(행 23:6; 26:5). 그런 의미에서 1세기에 대다수 유대인들은 어느 특정 그룹에 속한 "정식" 멤버가 아니었을 개연성이 높다.

어떤 유대인들은 천사의 존재를 믿었고, 다른 유대인들은 이를 믿지 않았다(사두개파). 어떤 유대인들은 예루살렘 성전이 제대로 기

---

3   Klawans, *Josephus and the Theologies of Ancient Judaism*.

능한다고 믿었고, 다른 유대인들은 성전이 근본적으로 오용되고 있어 제 기능을 회복해야 한다고 생각했으며(쿰란 공동체), 유대인들과 관련이 있지만 또 구별된 다른 이들은 성전이 잘못된 장소에 있다고 생각했다(사마리아인들). 일부 유대인들은 아들이 태어난 지 8일째 되는 날에 반드시 할례를 거행해야 한다고 믿었던 반면(희년서 참조), 다른 이들은 정상 참작이 가능한 상황에서는 약간의 여지가 남아 있다고 생각했다(많은 랍비들). 기원후 2세기에 일부 유대인들은 시몬 바르 코시바라는 사람이 메시아라고 믿었고, 다른 이들은 그렇게 믿지 않았다. 그리고 어떤 유대인들은 갈릴리 출신의 예수라는 사람이 메시아라고 믿었고, 다른 이들은 그렇게 믿지 않았다.

유대인들은 건국자나 신성한 텍스트의 권위 있는 해석자의 문제를 넘어 어떤 텍스트가 권위가 있고 어떤 텍스트가 권위가 없는지에 대해서도 완전히 동의하지 못했다. 따라서 모세오경을 넘어서는 문제는 격렬한 논쟁을 불러일으킬 수밖에 없었다.[4] 고대 유대인들이 신념과 행동의 측면에서 서로 동의하지 않는 내용을 모두 열거하려는 것은 아니지만, 나는 독자들이 특히 어떤 텍스트가 권위 있는 텍스트인지 또는 사후 세계가 어떤 모습인지와 같은 중대한 질문과 관련해서는 이러한 견해 차이를 어느 정도 공감할 수 있기를 바란다.[5]

4　오늘날에도 다양한 기독교 정경―개신교, 로마 가톨릭, 여러 정교회 정경―이 존재한다는 점을 고려하면 그리스도인들도 이와 다르지 않다.
5　심지어 E. P. Sanders(*Judaism: Practice and Belief*)처럼 고대 유대교의 세부 사항에 민

바울의 이전의 삶의 방식

고대 유대교가 매우 다양했다는 사실을 일단 인식하면 우리는 예수와 바울, 그리고 어느 시점엔가 기독교로 정착된 운동의 기원에 대해 기존의 일부 잘못된 편견을 바로잡을 수 있다.[6] 만약 유대인들이 (전부는 아니더라도) 많은 주제에 대해 다양한 견해를 가지고 있었고, 각자의 정체성을 서로 다르게 구현하며 살았다면 우리는 이 주제에 대한 바울의 믿음이나 관행이 그가 유대교에서 벗어났다는 것을 의미했는지 확실하게 알 수 없다. NRSV가 번역하듯이 바울이 예수를 만나기 전에 자신의 삶에 대해 한 말을 한번 생각해보라. "여러분은 의심할 여지 없이 나의 이전의 유대교 삶에 대해 들었습니다. 나는 하나님의 교회를 격렬하게 박해하고 교회를 파괴하려고 했습니다. 나는 조상의 전통에 대해 훨씬 더 열심이었기 때문에 같은 또래의 많은 사람들보다 유대교에 더 깊이 빠져 있었습니다"(갈 1:13-14).

많은 해석자들은 이 구절들을 가지고 바울이 유대교를 떠났다는 것을 증명해왔다. 여기서 NRSV와 다른 현대 역본이 바울의 그리스어를 번역한 것을 보면 나는 그들을 비난할 수 없다. 첫째, 에클레시아

감한 사람조차도 고대 유대인을 실제보다 더 획일적인 존재로 보이게 하는 오류를 범할 수 있다.

6 기독교가 언제부터 유대교와 다른 종교가 되었는가라는 난해한 질문에 대해서는 다음을 보라. Becker and Reed, *Ways That Never Parted*; Baron, Hicks-Keeton; Thiessen, *Ways That Often Parted*.

(*ekklēsia*)는 "교회"가 아닌 "집회", 즉 (여기서는) 예수 추종자 집단을 의미한다는 것을 기억하라. 이외에도 바울이 유대교를 버렸다면 그것은 어떤 모습이었을까? 과연 그는 유대교에서 쫓겨났을까? 그렇다면 누구에 의해 그렇게 되었을까? 아니면 다른 사람들은 어떻게 생각하든 간에 바울은 자신이 유대교를 버렸다고 믿었는가? 바울은 자신이 유대인과 상호 배타적인 어떤 다른 존재가 되었다고 믿었는가? 바울은 여기서 자신이 더 이상 유대인이 아닌 그리스도인이라고 말하고 있는가? 그 당시 기독교는 아직 존재하지 않았고, 따라서 바울은 유대교를 버리고 기독교로 갈 수 없었다는 사실을 기억하라. 그리고 바울은 "그리스도인"이라는 용어를 전혀 사용하지 않는데, 그 이유는 그가 그 용어를 몰랐거나 그 용어를 좋아하지 않았기 때문일 것이다. 과연 바울은 유대교를 버리고 유대인이라는 사실을 포기한 것일까?

물론 그렇지 않다. 바울은 몇 문장 뒤에 자신(그리고 베드로)을 유대인이라고 부른다(갈 2:15). 파멜라 아이젠바움은 다음과 같이 지적한다. 우리는 "바울이 '유대인'이라는 명칭을 자신의 과거의 종교 내력을 나타내는 라벨로 사용하지 않는다는 점을 강조할 필요가 있다."[7] 다른 본문에서 그는 자신이 베냐민 사람이며 이스라엘 사람임을 밝힌다(롬 11:1; 빌 3:5).[8] 그리고 그는 (당시) 유대인 특유의 많은 배타적인

---

7   Eisenbaum, *Paul Was Not a Christian*, 6.
8   "유대인"과 "이스라엘인"이라는 호칭이 서로 어떻게 연관되어 있고, 어떻게 다른지에 대한 최근의 연구는 다음을 보라. Staples, *Idea of Israel in Second Temple Judaism*.

것을 여전히 고수하고 있다. 그는 유대 경전의 여러 본문을 마치 신성하고 권위 있는 것처럼 여기며 인용한다. 그의 하나님은 유대인의 하나님이시다(롬 3:1, 29). 또한 그는 자신이 유대교의 종말론적 인물, 즉 이스라엘의 메시아라고 믿는 예수를 따르고 있다. 만약 바울이 유대교의 모든 것을 여전히 고수했다면 어떻게 유대교라는 것을 떠날 수 있었을까?

많은 해석자들과 달리 나는 갈라디아서 1:13-14에서 바울이 바리새인 전통에 의해 형성된 한 특정한 형태의 유대교를 버리고 이스라엘의 하나님이 이미 메시아 예수를 보내셨고 십자가에 못 박힌 그를 죽은 자 가운데서 다시 살리셨다고 믿는 또 다른 형태의 유대교로 전향했다는 독특한 주장을 한 것으로 받아들인다. 즉 하나님은 의인으로 죽은 자에 대한 유대 종말론적 믿음을 따라 그를 **부활시켰다**는 것이다. 다시 말해 바울이 경험한 것은 현대인이 종교를 바꾼 것보다 교파를 바꾼 것에 더 가깝다. 이것은 개혁파 유대인이 정통파 유대인이 되거나 침례교 신자가 로마 가톨릭 신자가 되는 것과 비슷하다. 그러나 심지어 이러한 비교에도 한계가 있다. 왜냐하면 바울에게 있어 가장 핵심적인 질문은 예수의 메시아 정체성과 하나님의 종말론적 계획이 지금 어느 시점에 와 있는지에 대한 질문과 관련이 있기 때문이다. 바울의 이러한 인생의 변화는 바울의 일부 동시대 유대인들에게 분노와 모욕감을 안겨주었다. 하지만 그것은 그가 유대교를 버리고 유대인임을 포기했다고 생각했기 때문이 아니었다. 바울이 다섯 차례에 걸쳐 일부 동족 유대인들에게 서른아홉 대의 태장을 맞은 사실(고후 11:24; 참조. 신 25:2-3)은 그들이 그가 유대교 안에 속해 있다고 믿었으며, 그를 신실한 유대인으로 회복시키기 위해 체벌을 가했음을 암시한다. 그가 이러한 태장을 여러 차례 맞았다는 사실은 그가 계속해서 유대인 사회에서 생활하고 활동했음을 암시한다. 바울은 스스로 유대인임을 포기한 적이 없는데, 이는 심지어 그에게 동의하지 않는 사람의 관점에서도 마찬가지였다. 대신 바울은 메시아 예수를 따르는 유대인 추종자가 된 것이다. 어떤 이들에게는 이것이 바울이 나쁜 유대인 또는 그릇된 유대인이 된 것을 의미했다. 하지만 바울에게 있어 이러한 변화는 그가 하나님의 아들 메시아의 종말론적 계시에 신실하게 응답한 자가 되었음을 의미했다(갈 1:15-16).

유대교의 다양성과 이방인들

획일적인 관점에서 유대교를 바라보는 일반적인 오류는 이방인과 이스라엘과 이스라엘의 하나님의 관계, 즉 바울에 대한 나의 접근 방식의 중심 주제와 연관이 있다. 현대의 바울 독자들은 유대교를 종종 기독교 특유의 관점에서 바라본다. 이것은 유감스럽지만 자연스러운 현상이다. 우리는 새롭거나 우리에게 낯선 것을 접할 때 우리가 기존에 알고 있는 것과 연관 지어 "해석"하는 경향이 있다. 예를 들어 내 딸이 유치원에서 처음 사귄 친구는 유대인이었다. 내 딸은 종종 친구의 다른 관습을 보고 매료되어 집에 와서는 그 관습을 자기에게 더 익숙한 방식으로 설명하려고 했다. 친구의 가족은 유대교 회당에 다녔는데, 내 딸은 이를 "교회"라고 불렀다. 그들은 하누카(Hanukkah)라는 명절을 지켰는데, 내 딸은 그 명절의 시기와 관련 음식, 선물, 전등 때문에 하누카를 "유대인의 크리스마스"라고 생각했다. 어린이로서는 이해할 만하지만(우리는 그것을 부드럽게 바로잡아주려고 했다), 역사적·종교적 연구에는 도움이 되지 않는다. 또한 에큐메니컬 운동의 맥락에서도 도움이 되지 않는다. 바울 서신을 읽는 독자들은 지난 한 세기 동안 종교학이라는 학문이 등장하기까지 거의 모두 그리스도인이었으므로[9] 거의 자동으로 유대교를 기독교와 비교했다. 이것은 여러 가지 이유에서 명백한 오류이며, 결국 기독교도 아니었고 기독교가 되려고도 하지 않는 유대교에 대한 부당한 처사였다.[10]

사람들이 바울과 관련하여 유대교를 기독교의 범주로 잘못 생각하는 가장 일반적인 사례는 개종과 선교의 개념과 관련이 있다. 많은 그리스도인들은 자신의 신앙을 다른 사람에게 전해야 한다고 생각한다. 만약 기독교가 참되고 오직 예수만이 종말론적 구원을 줄 수 있다

---

9 유대인과 바울의 상호작용에 대해서는 다음을 보라. Langton, *Apostle Paul in the Jewish Imagination*.
10 이것은 보다 중립적인 입장에서 종교를 연구하려는 학자들 사이에서도 자주 거론되는 문제이며, 종교에 대한 학문적 연구의 독특한 기독교적 기원과 제도적 맥락에 빚을 지고 있다. 일반적으로 비교종교학의 문제에 대해서는 다음을 보라. 특히 Jonathan Z. Smith, *Drudgery Divine*; Masuzawa, *Invention of World Religions*.

면 우리는 당연히 다른 사람들도 예수를 믿기를 **원한다**. 그리고 예수에게만 구원이 있다면 인종, 거주 지역, 현재의 종교와 관계없이 그 메시지를 세상과 모든 사람에게 전할 도덕적 책임이 그를 믿고 따르는 자에게 있다고 우리는 생각하지 않는가?

나는 어렸을 때 친구, 이웃, 그리고 나아가 온 세상을 전도해야 한다는 말을 자주 들었다. 지금 당신이 **타이타닉호**에 타고 있다고 상상해보라. 당신은 지금 저녁 식사를 즐기며 레스토랑을 가득 채우고 있는 음악을 감상하고 있다. 어떤 몰지각한 직원이 레스토랑 안으로 뛰어 들어와서 "타이타닉호가 지금 빙산에 부딪혀 침몰하고 있습니다! 모두 빨리 구명보트에 오르세요! 그렇지 않으면 모두 죽습니다!"라고 외치기 전까지는 아주 완벽하고 추억에 남을 만한 아름다운 밤이었다. 저녁을 먹으며 음악을 듣고 있던 당신은 당연히 이 메시지를 좋은 소식으로 받아들이지 않았을 것이다. 당신은 황금과 같은 저녁 시간이 방해받는 것을 원치 않았을 것이다. 당신은 이 아름다운 밤이 생명을 위협하는 재앙으로 변했다는 소식을 듣고 기뻐하지 않았을 것이다. 하지만 궁극적으로 타이타닉호가 침몰하고 있다면 당신은 누군가가 이 사실을 알려주어 목숨을 구할 수 있어 다행이라고 생각했을 것이다. 마찬가지로 많은 그리스도인들도 온 세상 사람이 지금 멸망할 운명에 처해 있으며, 불 못에 빠져 죽거나 불에 타 죽지 않으려면 예수라는 구명보트가 필요하다고 말할 도덕적 책임이 있다고 믿는다. 이 그리스도인늘에게는 구명보트가 **오직** 예수뿐이므로 이 기독교라는 배에 탑승해야 모두가 구원을 받을 수 있다. 도덕적인 책임의 문제를 떠나 만약 사랑하는 가족이나 동료가 예수를 믿지 않으면 영원한 형벌을 받을 것을 안다면 당신의 인간애와 사랑과 연민은 당신으로 하여금 당신의 믿음을 다른 이들에게 전하도록 재촉했을 것이다.[11]

이러한 견해를 가진 그리스도인은 (모두 그런 것은 아니지만) 종종 다른 종교도 이러한 믿음을 갖고 있다고 생각한다. 그 결과 바울 서신을 읽는 많은 독자들은 (학자이든 아니든) 유대교를 온 인류(유대인과 비유대인)가 침몰하는 배에서 구출받아 천국으로 가는 길을 제시하는 종교로 생각했다. 그러나 고대 세계에서 이것은 일반적이지 않았고, 오늘날에도 마찬가지다. 많은 고대 유대인들도 이스라엘의 하나님이 베푸시는 구원을 얻기 위해서는 굳이 유대인이 될 필요가 없다고 믿었다.[12] 따라서 유대인들은 사실상 비유대인에게 선교하지 않았다. 그리고 유대인이 비유대인에게 유대인의 관습을 받아들일 것을 권유하는 (우리가 알고 있는) 몇 가지 사례는 지옥이나 저주로부터 구하려는 유대교 내의 광범위한 선교 활동의 증거를 제공해주지 못한다. 오히려 이것은 로널드 찰스(Ronald Charles)와 하이디 웬트(Heidi Wendt)가 "순회 종교 전문 프리랜서"라고 부른 더 광범위한 현상의 일부에 지나지 않

---

11 이 모든 사고방식을 저해하는 하나의 신학적 시도에 대해서는 다음을 보라. Hart, *That All Shall Be Saved*.
12 예컨대 Boyarin, *Radical Jew*의 에필로그를 보라.

는다.[13]

구원을 받으려면 비유대인도 개종하여 유대인이 되어야 한다고 믿는 유대인도 분명 있었을 것이다. 그러나 그러한 입장을 지지하는 증거는 극히 제한적이다. 신약성경에 나타난 가장 강력한 증거는 다음 두 가지다. 마태복음은 한 명의 개종자를 얻기 위해 많이 애쓴 바리새인들을 꾸짖는 예수를 묘사하고 있으며(23:15), 사도행전은 이방인이 구원을 받으려면 할례(남자의 경우)와 다른 유대 관습을 받아들여야 한다는 생각을 일부 바리새인들과 연관 짓는다(15:1, 5). 마태복음에 기록된 이 예수의 말씀은 **이방인**의 개종을 가리키기보다는 바리새인들이 다른 **유대인**에게 신실한 유대인의 관습은 어떠해야 하는지에 대한 자신들의 해석에 동의하도록 설득하려는 노력에 관한 것일 수 있다.[14] 나는 이 해석에 동의하진 않지만, 만약 이 해석이 맞다면 이것이 침례교 신자가 가톨릭 신자를 전도하는 것에 가까운 바리새인들의 관습을 가리킨다고 생각한다. 이 두 본문 외에도 요세푸스는 바리새인으로 추정되는 엘르아자르라는 한 유대인을 언급하는데, 그는 이방인 통치자 이자테스에게 할례를 포함하여 경전의 명령대로 행하지 않을 바에는 유대 경전을 읽을 필요가 없다고 말한다.[15] 따라서 마태복음,

---

13 이 표현은 Wendt, *At the Temple Gates*의 것이지만, "1세기 유대인 순회 디아스포라 인물"이라는 Charles(*Paul and the Politics of Diaspora*, 249)의 표현은 이를 예고한다.
14 다음을 보라. Goodman, *Mission and Conversion*, 70-71.
15 Josephus, *Jewish Antiquities* 20.44. 참조. Schwartz, "God, Gentiles, and Jewish Law."

사도행전, 요세푸스는 모두 비유대인에게 선교하고 유대인의 관습을 받아들일 것을 요구하는 유대인의 개별적인 노력을 바리새인들과 연결한다(더 자세한 내용은 다음 장에서).

하지만 우리의 자료가 대표성이 있다면 비유대인 선교는 보편적인 것이 아니었다. 이방인에 대해서는 "서로 자기 방식대로 살아가기"(live-and-let-live approach) 접근법이 훨씬 더 일반적이었다. 이스라엘의 하나님은 또한 우주의 최고신이었다. 훗날 이스라엘 백성에게 종말론적 구원을 베푸실 때 하나님은 그 구원에 이방인도 포함하실 것이지만, 그 방법은 이방인이 유대인이 되는 것이 아니었다. 대신 하나님은 이방인을 이방인으로서 구원하실 것이다. 이방인들은 예루살렘과 하나님의 성전으로 몰려들겠지만, 유대교로 개종하여 유대인이 되지는 않을 것이다.[16] 그때로부터 지금까지 많은 유대인들은 이방인이 우상을 숭배하고 부도덕하다고 생각했지만, 이방인을 개종시키려고 하지 않았다. 다른 유대인들은 이방인이 유일신 하나님만을 섬기며 우상숭배, 성적인 죄, 폭력적인 삶을 버리고 도덕적인 삶을 살면 하나님을 기쁘시게 할 수 있지만, 유대교로 개종할 필요는 없다고 생각했다. 아무튼 이방인들은 이스라엘의 하나님의 은혜와 구원을 받기 위해 유대인이 될 필요는 없었다.[17]

---

16   이방인에 대한 유대인의 다양한 사고에 대해서는 다음을 보라. Fredriksen, "Judaism"; Donaldson, *Judaism and the Gentiles*; Simkovich, *Making of Jewish Universalism*.
17   다음을 보라. Novak, *Image of the Non-Jew in Judaism*.

비록 고대 유대인들은 비유대인들을 종말론적 진노로부터 구원하고 보호하려는 하나님의 소원이나 계획에 대해 숙고했지만(물론 그들은 그런 추상적인 질문에 많은 시간을 할애하지는 못했다), 이방인들이 이스라엘의 하나님, 이스라엘, 유대 율법과 어떻게 관계를 맺어야 하는지에 대해서는 서로 다른 견해를 가지고 있었다. 어떤 이들은 모든 이방인은 하나님의 구원에서 배제되었다고 생각했고(예. 희년서), 다른 이들은 하나님이 그를 경배하고 이방인으로서 윤리적인 삶을 사는 이방인들을 인정하신다고 생각한 반면(예. 후대의 랍비들), 또 다른 이들은 인류 역사의 마지막 때에 하나님이 비유대인들을 비유대인으로서 구원하기 위해 개입하실 것이라고 생각했다(예. 에녹1서의 "동물 묵시록"). 마지막으로 일부 유대인들은 이방인이 하나님의 구원에 참여하려면 유대인이 되어야 한다고 확신했다.

유대교는 이방인과 구원에 대해 아무것도 믿지 않았다. 한편 **유대인들**은 이방인에 대해 다양한 믿음을 가지고 있었다. 이러한 다양한 믿음은 때때로 서로 충돌하고 대립했다. 그리고 이러한 차이는 개별 유대인과 라이벌 그룹 간에 불협화음을 일으키기도 했다. 그러나 이러한 다양한 신념은 현재 우리가 유대교라고 부르는 더 거대한 종교적 전통 안에 속한다. 우리가 현대의 독자로서 바울 서신을 접하면서 그 안에서 이방인이 이스라엘의 하나님, 이스라엘, 이스라엘의 율법과 정확히 어떻게 관계를 맺어야 하는지를 놓고 바울과 다른 사람들 사이에서 일어나는 갈등을 바라볼 때 우리는 하나님의 선민이라는 확신 아래 하나님의 신탁과 율법을 받은 유대인들이 자신들과 전혀 다른 지중해 세계에서 접했던 훨씬 더 거대한 대화의 장의 독특한 변형과 확장을 보게 된다.

우리는 그가 이 여러 입장 가운데 하나 이상을 견지했다는 증거를 바울의 글에서 발견한다. 바울은 갈라디아서에서 이방인들도 할례와 유대 율법을 수용해야 한다고 확신했던 때를 넌지시 언급한다(갈 5:11). 이러한 확신 때문에 바울은 요세푸스가 언급한 엘르아자르처럼 "할례를 전하기" 위해 직접 행동에 나서기도 했다. 그러나 그의 삶의 어느 시점에서 바울은 이방인에 대한 이러한 견해에 변화를 가져온다. 다음 장에서 우리는 바울의 이러한 생각의 변화를 다루겠지만, 나는 이방인에 대한 신학적인 입장과 유대교와 그들의 관계가 바울 이전과 이후에 모두 존재했다는 사실을 강조하고 싶다. 그리고 그 어느 입장도 바울을 유대교의 스펙트럼 밖에 두지 않았다.

4장
종말의 유대인 바울

바울은 자서전을 쓴 적이 없다. 현재의 우주 구조가 곧 종말을 고하리라는 것을 알고 있던 사람이 자서전을 왜 썼겠는가? 이러한 종말론적 기대는 바울의 사고의 핵심이었다. 현존하는 바울 서신 중 가장 초기의 것으로 추정되는 서신에서 바울은 데살로니가 도시에서 메시아를 따르는 사람들 중 일부가 이미 죽었고, 그 결과로 그들이 하나님의 구원을 놓칠 수 있다는 사실로 인해 불안해하는 자들에게 답변을 제시한다. 이 추종자들은 메시아의 재림과 하나님 나라의 도래가 임박했음을 예상했지만, 수주, 수개월, 심지어 수년이 지나면서 메시아 추종자들이 세상을 떠나기 시작하자 이미 죽은 사람들이 약속된 구원을 놓친 것은 아닌가 걱정하기 시작했다. 바울은 이러한 믿음을 바로잡아주긴 했지만, 메시아가 재림하기까지는 2천 년이 넘게 걸릴 것이라고 말하지는 않았다. 바울 역시 예수가 곧 오실 것이며, 많은 초기 독자들이 살아 있는 동안에 재림하실 것이라고 믿었다.

우리가 주의 말씀으로 너희에게 이것을 말하노니 주께서 강림하실 때까지 우리 살아 남아 있는 자도 자는 자보다 결코 앞서지 못하리라. 주께서 호령과 천사장의 소리와 하나님의 나팔 소리로 친히 하늘로부터 강림하시리니 그리스도 안에서 죽은 자들이 먼저 일어나고 그 후에 우리 살아남은 자들도 그들과 함께 구름 속으로 끌어 올려 공중에서 주를 영접하게 하시리니 그리하여 우리가 항상 주와 함께 있으리라(살전 4:15-17).

이 편지가 2천 년이 지난 후에 읽을 우리를 위해 기록된 것이 아니라 바울 생전에 데살로니가 교인들에게 보낸 편지였다는 점을 고려할 때 바울이 여기서 언급한 "우리"에는 그의 첫 번째 독자 중 일부만 포함되었을 것이다. 바울은 예수가 일부 독자가 살아 있는 동안에(그리고 아마도 자신이 살아 있는 동안에) 재림하실 것이라고 믿었다. 하지만 그는 이미 죽은 사람도 구원에서 탈락하지 않을 것을 확신했다.

그리고 그 이후의 편지에서 그는 "때가 얼마 남지 않았다"(고전 7:29)라는 믿음에 근거하여 고린도 교인들에게 다음과 같이 조언한다. "아내 있는 자들은 없는 자 같이 하며, 우는 자들은 울지 않는 자 같이 하며, 기쁜 자들은 기쁘지 않은 자 같이 하며, 매매하는 자들은 없는 자 같이 하며, 세상 물건을 쓰는 자들은 다 쓰지 못하는 자 같이 하라"(7:29-31). 그러므로 신자들은 "이 우주의 구조가 사라지고 있기 때문에"(7:31) 현재 상황에 얽매이지 말아야 한다. 이 조언을 보면 바울은 종말이 임박했기 때문에 현재의 속박으로부터 일정 부분 벗어날 것을 권면하는 유대 묵시론을 공유하고 있는 것으로 보인다. 예를 들어 1세기 말에 기록된 에스라4서에는 다음과 같은 지침이 들어 있다.

파는 자는 도망갈 자 같이 하고, 사는 자는 잃을 자 같이 하고, 장사하는 자는 이익을 얻지 못할 자 같이 하고, 집을 짓는 자는 그 집에 살지 못할 자 같이 하고, 심는 자는 거두지 못할 자 같이 하고, 포도나무의 가지를 치는 자는 포도를 거두지 못할 자 같이 하고, 결혼하는 자는 자식이 없을 자 같이 하고, 결혼하지 않을 자는 배우자를 잃을 자 같이 하라(16:41-44).[1]

이 조언을 한 지 얼마 되지 않아 바울은 성경이 특별히 자기와 독자들을 위해 기록되었다고 주장하는데, 그 이유는 그들에게 "시대의 종말이 임했기" 때문이다(고전 10:11). 바울 서신은 그가 이스라엘의 하나님이 죄와 죽음과 사탄을 완전히 물리치고 하나님 나라를 단번에 세우실 것을 확신하고 있었다는 사실을 반복적으로 보여준다(고전 15장). 그리고 그는 이 종말이 곧 도래할 것이라고 기대한다. "보라! 내가 너희에게 비밀을 말하노니 우리가 다 잠잘 것이 아니요 마지막 나팔에 순식간에 홀연히 다 변화되리니 나팔 소리가 나매 죽은 자들이 썩지 아니할 것으로 다시 살아나고 우리도 변화되리라"(고전 15:51-52). 또다시 여기서 바울의 "우리" 용법은 이 편지를 처음 읽는 사람 중 일부가 메시아가 다시 오실 때까지 생존할 것이며, 따라서 죽음을 경험하지 않을 것이라는 그의 믿음을 보여준다. 그런 사람들은 썩어 없어

---

1 번역은 Charlesworth, *Old Testament Pseudepigrapha*, 1:558에서 발췌.

지는 혈과 육의 몸에서 천상의 영역에 적합한 불멸의 몸으로 변화하는 육체적 변화를 경험하게 될 것이다. 알베르트 슈바이처는 한 세기 전에 이미 "바울의 사상은 그의 첫 번째 편지부터 마지막 편지까지 언제나 일관되게 예수의 임박한 재림에 대한 기대로 가득 차 있다"고 강조한 바 있다.[2]

인류 역사의 종말을 앞두고 바울은 캐서린 손더레거(Katherine Sonderegger)의 『조직 신학』이나 아우구스티누스의 『참회록』과 같은 자서전이나 이학준의 『기독교 윤리』와 같이 그리스도인의 도덕적 삶에 대한 포괄적인 비전이 담긴 신학 논문을 쓰려고 한 것이 아니었다. 바울이 남긴 것은 소수의 예수 추종자들 외에는 읽지 않을 아주 짧은 문학적 유물 몇 편뿐이었다.[3] 학자들은 바울의 이름이 달린 열세 편의 편지 중 어느 것이 실제로 바울이 썼고, 어느 것이 후대 그리스도인이 바울의 이름으로 쓴 편지인지를 놓고 논쟁을 벌인다. 우리는 몇몇 그리스도인이 바울의 서명이 들어간 편지를 썼다는 사실을 잘 알고 있다. 내가 아는 한 오늘날 바울이 고린도3서를 썼다고 믿는 사람은 아

---

2   Schweitzer, *Mysticism of Paul the Apostle*, 52.
3   일부 학자들은 바울이 자신의 편지를 한 권의 모음집으로 모았다고 주장했다(다음을 보라. Trobisch, *Paul's Letter Collection*). 만약 그것이 사실이라면 바울은 키케로나 플리니우스와 같은 동시대 사람들이 했던 일을 했다고 볼 수 있다. 그렇다 하더라도 바울은 2천 년에 걸쳐 전 세계의 독자들이 자신의 글을 이렇게 꼼꼼히 살펴보고, 일부는 그러한 일을 업으로 삼고, 또 일부는 돈을 내고 강의를 듣고 관련 서적을 사서 읽는 것을 예상하지 못했을 것이다.

무도 없다. 설령 그 편지에 바울의 이름이 적혀 있고 동방의 일부 초기 그리스도인들이 그 편지를 진본으로 생각했다 하더라도 말이다. 또한 무라토리 정경은 바울이 썼다는 다른 두 편지—라오디게아 교인에게 보낸 편지(골 4:16 참조)와 알렉산드리아 교인에게 보낸 편지—를 언급하는데, 이 정경은 두 편지를 모두 위서로 간주한다.[4]

바울 서신 독자들에게 제기되는 질문은 과연 위서가 신약성경에 포함되었느냐는 것이다. 역사가들에게 이것은 여전히 열려 있는 질문이다. 많은 학자들은 로마서, 고린도전서, 고린도후서, 갈라디아서, 빌립보서, 데살로니가전서, 빌레몬서 등 바울의 이름이 들어간 편지 중 단 일곱 편만 바울이 썼다고 생각한다. 일부 학자들은 바울의 이름이 들어간 열세 편의 편지가 모두 진본이라고 생각한다.[5] 그리고 어떤 학자들은 저자가 자신을 바울이라고 밝히지 않았음에도 불구하고 히브리서를 바울의 저술로 간주한다. 나는 목회 서신(디모데전서, 디모데후서, 디도서)을 바울이 썼다고 생각하지 않으며, 에베소서, 골로새서, 데살로니가후서에 대해서는 솔직히 잘 모르겠다. 그럼에도 나는 모든 편지의 증거를 조심스럽게 활용할 것이다. 설령 바울이 자신의 이름이 들어간 열세 편의 편지를 모두 썼다 해도 현대 독자들에게 남겨진

---

4   고대 기독교 위서, 즉 다른 사람의 이름으로 작성된 문서에 대한 가장 최근의 연구는 Ehrman, *Forgery and Counterforgery*다.
5   진위와 관련된 몇 가지 문제시되는 가정에 대해서는 다음을 보라. White, *Remembering Paul*.

것은 바울의 전체적인 사상과 가르침에 비하면 빙산의 일각에 불과한 2천여 구절뿐이다.

이렇게 적은 분량의 글에서 과연 우리는 어떻게 그의 사상이나 신학을 재구성할 수 있을까? 이러한 시도는 마르틴 루터의 갈라디아서 주석이나 그의 나머지 방대한 저술에서 그의 사상을 재구성하는 것보다 그의 『탁상담화』나 7-13편의 설교에서 그의 신학을 재구성하려는 것에 더 가깝다. 바울은 기독론이나 성령론 또는 기타 주제에 대한 상세한 설명을 독자들에게 제공하려는 의도가 전혀 없었다. 그리고 그는 무언가 체계적인 글을 쓰려고도 하지 않았다. 오히려 그가 남긴 문학적 유물은 상황적·수사적 글이며, 이는 그의 부재에도 불구하고 그의 독자들이 올바른 사고와 행동을 할 수 있도록 돕기 위함이었다. 그리고 그는 독자들을 위해 자신의 영적 자서전도 쓰지 않았다. 물론 예수가 메시아이며 하나님이 십자가에 못 박힌 예수를 죽은 자 가운데서 다시 살리셨다고 확신하기 이전의 삶에 대해서는 우리에게 조금 말해주지만 말이다.

바울은 갈라디아와 빌립보에 보낸 두 편의 편지에서 독자들에게 예수를 만나기 전의 삶에 대해 몇 가지 일러준다. 그렇다면 우리는 그것을 통해 그에 대해 무엇을 알 수 있는가? 바울은 빌립보에 있는 예수 추종자들에게 첫째, 그가 이스라엘 사람이라는 것, 둘째, 그가 구체적으로 베냐민 지파 출신이라는 것, 셋째, 그의 부모가 유대인이라는 것(그리스어로는 "히브리인 중 히브리인"이라고 함), 넷째, 그의 부모가 태어난 지 8일 만에 그에게 할례를 베풀었다는 것 등 자신의 가문에 대해 상세히 언급한다(빌 3:5). 바울이 혈통에 큰 자부심을 가질 수밖에 없었던 이유를 나열하는 대목에서 처음 네 가지 항목은 바울이 성취한 업적과 관련이 없고, 조상으로부터 물려받은 것과 관련이 있다. 아무튼 신생아는 부모를 선택하지 않으며, 8일 된 남자아이는 할례를 요구하거나 이 의식에 의미 있는 방식으로 참여하지 않는다. 바울은 여기서 자신의 혈통과 민족성을 강조한다. 다른 본문에서도 바울은 우리가 정체성이라고 부르는 것과 유사한 측면을 강조한다. 고린도 교인들에게 바울은 자신이 히브리인, 이스라엘인, 아브라함의 자손이라고 주장한다(고후 11:22). 그리고 로마 교인들에게는 자신이 이스라엘인이고 아브라함의 자손이며 베냐민 지파 출신임을 강조한다(롬 11:1). 바울은 흔히 혈통에 따라 결정되는 자신의 민족성—생물학적으로 아브라함의 후손인 히브리인 부모에게서 태어난 히브리인—을 반복적으로 언급한다.[6] 바울은 인류학자들이 "본질주의적"이라고 부르는 방식으로 유대인의 정체성을 정의한다. 즉 이 방식은 한 사람의 정체성은 육체적으로 태어날 때 부모로부터 물려받은 고유한 특성 또는 존재론적 지위에 따라 정해진다는 신념에 근거한다.[7] 바울의 민족 정체성은 부모와 조상을 거쳐 베냐민, 야곱, 이삭, 그리고 궁극적으로 아브

---

6   Eyl, "'I Myself Am an Israelite.'"
7   민족성에 대한 본질주의적 개념과 구성주의적 개념에 대한 가장 유익한 논의는 다음을 보라. Gil-White, "How Thin Is Blood?"

라함과 사라로 거슬러 올라가는 혈통에 그 뿌리를 두고 있다. 갈라디아 교인에게 보낸 편지에서 밝혔듯이 바울은 "본래"(*physei*) 유대인이었다(2:15).

혈통적으로 유대인인 바울은 자신이 물려받은 이스라엘인과 유대인의 신분에 충실한 삶을 살기 위해 노력했다고 말한다. 그는 최상급 용어를 사용하여 자신을 묘사한다. 그는 율법에 대해서는 바리새인이라고 주장한다. 그는 율법의 의에 대해서는 흠이 없다(그리스어, "아멤프토스")고 주장한다. 그의 열심에 대해서는 예수 추종자들의 모임인 "에클레시아"(*ekklēsia*)를 박해했다는 점을 지적한다(빌 3:5-6). 바울은 갈라디아서에서도 이 마지막 세 가지 치적을 내세운다(1:13-14). 거기서 그는 자신이 다른 동료들보다 "유다이스모스에 뛰어났으며" 장로의 전통에 열심이었다고 주장하는데, 이 어구는 바울이 바리새파 전통 안에서 자랐음을 재차 암시할 개연성이 높다. 또한 빌립보서에서처럼 바울은 자신이 한때 예수를 따르는 자들을 박해했음을 인정한다.

과연 무엇이 바울을 예수 추종자들을 박해하던 자에서 많은 비유대인들이 예수 추종자가 되게 하는 열성분자로 변화시켰을까? 그것은 바울에 관한 많은 대중서에서 주장하듯이 그가 유대인의 삶의 방식에 강한 회의를 느꼈기 때문이 아니었다. 오히려 바울은 자신이 유대인의 관습과 관행을 따르던 과거의 삶에 상당한 만족감과 성취감을 느꼈으며, 이스라엘의 하나님이 하나님의 아들 예수를 자기에게 계시함으로써 단순히 자기 앞을 가로막으셨다는 인상을 남긴다.[8] 그렇다면 그를 가로막은 목적은 무엇일까? 하나님은 비유대인들을 위한 메시아의 사자가 되는 임무를 바울에게 맡기셨다(갈 1:15-16). 나중에 스톡홀름의 스웨덴 교회 주교가 된 크리스터 스텐달(Krister Stendahl)이 지금으로부터 거의 50년 전에 주장했듯이, 바울은 한 종교(유대교)를 다른 종교(기독교)로 바꾸는, 우리가 흔히 말하는 "개종"을 한 것이 아니었다.[9] 바울 시대에는 기독교가 아직 존재하지 않았다는 사실을 기억하라. 대신 바울은 자기 조상의 하나님인 이스라엘의 하나님이 십자가에 못 박힌 실패한 메시아를 따르는 신생 집단에 저항하던 한 바리새인을 불러 부활하신 유대인 메시아를 통해 유대 성경을 성취하는 방식으로 비유대인을 포함한 온 우주를 재창조하는 것에 관한 메시지를 선포하게 하신 것이라고 믿었다.

바울은 유대교를 버리지 않았다. 하지만 내가 앞 장에서 언급했듯이 많은 역본들은 갈라디아서 1:13의 그리스어를 번역하는 과정에서 바울이 마치 유대교를 버린 듯한 인상을 준다. 예를 들어 NRSV는 여기서 바울의 말을 "여러분은 의심할 여지 없이 유대교 안에서 행한 나의 이전의 삶에 대해 들었다"라고 번역한다. 하지만 이보다 더 나은 번역은 바울이 유대인의 관습을 받아들인 비유대인과 관련된 동

---

8   다음의 설명을 보라. Kim, *Origins of Paul's Gospel*.
9   Stendahl, "Apostle Paul."

사 "유다이제인"(*ioudaizein*, 유대인처럼 되다, 갈 2:14)에 해당하는 명사 "유다이스모스"(*Ioudaismos*) 안에서 채택한 자신의 방식 또는 길에 대해 말하고 있다는 점을 더 명확하게 드러내는 것이다. 유대인은 유대인처럼 될 수 없지만, 이방인은 유대인처럼 될 수 있다. 여기서 바울은 자신이 예전에는 이방인에게 유대인의 관습을 받아들일 것을 장려했다고 주장하는데, 사실 그는 자신이 과거에 할례를 선포한 적이 있다고 말하는 갈라디아서 5:11에서 이 주장을 더 자세히 설명한다. 하지만 이처럼 비교적 명확한 진술 안에도 불확실성은 여전히 존재한다.

바울은 **누구에게** 할례를 선포했을까? 유대인일까 아니면 이방인일까? 이 진술에 대한 가장 합리적인 해석은 그가 비유대인들에게 할례를 선포했다는 것이다. 왜냐하면 그가 상대한 유대인들은 할례를 받을 필요가 없는 여성들이거나 이미 할례를 받은 남성들이었을 것이기 때문이다. 물론 바울이 유대인들에게 계속해서 신생아에게 할례를 베풀도록 할례의 영속적인 당위성을 선포했을 가능성도 있지만, 그러려면 바울이 아들에게 할례를 계속 베풀라고 권할 정도로 많은 유대인들이 이미 할례를 거행하는 관습을 대거 포기했어야만 한다. 그러나 여기서 더 개연성이 있는 견해는 그가 과거에는 이방인도 할례를 받아야 한다고 가르쳤다는 것이다. 결국 이것이 바로 바울이 갈라디아서에서 반대하고자 했던 것이다.

그렇다면 바울은 할례를 **언제** 지지했는가? 메시아가 자신을 그에게 계시하기 전이었을까 아니면 후였을까? 이 질문에 대한 확실한 답은 없다. 바울이 예수가 메시아이며 죽은 자 가운데서 다시 살아나셨다는 사실을 믿고 나서 이방인은 할례를 받을 필요가 없고 또 받아서도 안 된다는 결론에 이르기까지는 어느 정도의 시간이 걸렸다는 견해가 꽤 그럴듯하다.[10] 내가 앞 장에서 주장했듯이 만약 고대 유대인들이 비유대인 전도에 큰 관심을 보이지 않았다는 점을 기억한다면 후자의 가능성은 좀 더 강화된다. 그럼에도 여기서 바울은 부활하신 메시아를 만나기 전에 자신이 바리새인으로서 행한 행동을 **주로** 언급하고 있다고 나는 생각한다. 비록 유대인들은 이방인에게 선교사를 파송하는 선교위원회가 없었지만, 그 당시 소수의 유대인들은 선교 활동을 벌였으며, 그중 일부는 바리새인과 관련이 있었다는 제한적인 증거가 있다(마 23:15; Josephus, *Jewish Antiquities* 20.17-47에는 바리새인으로 추정되는 엘르아자르라는 인물이 등장한다). 따라서 바리새인 바울도 (얼마나 체계적인지는 몰라도) 비유대인 전도에 관여했다는 견해는 합리적일 수 있다.

그럼에도 이방인 (남성) 예수 추종자들이 할례를 받아야 할지에 관한 문제와 바울이 "율법의 행위"라고 부르는 것에 관한 문제가 여전히 그가 예수 운동에 동참한 이후 몇 년 동안에도 늘 그의 최고 관심사였을까? 바울은 갈라디아 독자들에게 하나님이 메시아를 자신에

---

10 여기서는 다음을 보라. D. Campbell, "Galatians 5.11"; Garroway, *Beginning of the Gospel*.

게 계시하신 후에는 아라비아로 갔다고 말한다. 그는 아마도 거기서 열 세 살 때 할례를 받은 조상 이스마엘의 예를 따라 할례를 베풀던 아라비아인들과 함께 있었을 것이다(창 17:25). 요세푸스는 독자들에게 이것이 기원후 1세기의 관습이었다고 말한다. "아라비아인들은 이 [할례] 의식을 13세까지 보류한다. 왜냐하면 아브라함의 첩에게 태어난 민족의 시조 이스마엘이 그 나이에 할례를 받았기 때문이다."[11] 따라서 바울은 아마도 유대인들의 친척들에게 둘러싸여 있었을 것이다(그들이 서로 얼마나 잘 지냈든 간에). 왜냐하면 일반적으로 아라비아인들은 이스마엘을 통해 아브라함의 후손이 되었다고 알려져 있기 때문이다.[12] 안나 마리아 슈베머(Anna Maria Schwemer)와 마르틴 헹엘(Martin Hengel)이 제안했듯이 바울이 처음에 아라비아로 간 것도 그가 아라비아인들이 아브라함의 후손이라고 믿었기 때문일 수 있다.[13] 그 후 바울은 아라비아에서 포피를 지닌 이방인들을 상대하지 않고, 아브라함의 후손인 할례받은 아라비아인들을 상대했을 것이다. 바울이 아라비아에서 다른 이방인 지역으로 떠난 후에야 비로소 이방인 남자 신자도 할례를 받아야 하는지에 대한 문제가 실제적인 쟁점으로 떠올랐을

---

11 Josephus, *Jewish Antiquities* 1.214.
12 예. 집회서 20:12-13(trans. VanderKam, *Book of Jubilees*): "이스마엘과 그의 아들들과 그두라의 아들들과 그 아들들은 함께 이동하여 바란에서부터 바벨론 입구까지, 즉 광야 맞은편 동쪽의 모든 땅에 정착했다. 그들은 서로 섞여 살았으며 아랍인과 이스마엘인이라고 불렸다." 참조. Josephus, *Jewish Antiquities* 2.32, 213.
13 Hengel and Schwemer, *Paul between Damascus and Antioch*, 118.

것이다. 그가 갈라디아, 빌립보, 로마에 보낸 편지에서 알 수 있듯이 이 논쟁은 바울에게 상당한 좌절감을 안겨주었을 것이다.

앞 장과 본 장은 앞으로 전개될 내용의 배경을 설정한다. 이제 우리는 거의 2천 년 동안 바울이 유대교, 특히 유대 율법과 단절했다는 것을 보여주는 것으로 해석되어온 바울 서신의 격렬한 논쟁 속으로 들어가 보고자 한다. 나는 바울이 유대교라는 기존의 종교에서 기독교라는 신생 종교로 개종한 것이 아니라고 주장했다. 오히려 고대 유대인들은 자신들의 하나님께 충성을 다하려고 노력했지만, 그것이 정확히 어떤 모습이며, 어떻게 그런 결정을 내리는지에 대해서는 서로 의견이 갈리는 경우가 많았다. 그리고 유대인들은 바울의 소명과 그의 글과 관련된 근본적인 문제, 즉 비유대인들을 어떻게 상대할 것인지에 대해서도 의견이 일치하지 않았다. 더 정확히 말하자면 유대인들은 비유대인이 이스라엘, 이스라엘의 하나님, 이스라엘의 율법과 어떻게 관계를 맺어야 하는지에 대해 서로 의견을 달리했다.

5장
이방인 문제

바울은 집요하게 자신을 메시아의 "아포스톨로스"(*apostolos*)라고 말한다. "보냄"(*apostol-*)이라는 표현은 바울의 이름으로 쓰인 13편의 서신에서 40번 등장하며 거의 항상 바울을 가리킨다. 바울의 이름으로 쓰인 서신 중 세 편만 "아포스톨로스"라는 용어를 바울에게 적용하지 않는다. 두 편(데살로니가후서와 디도서)은 바울이 쓴 것이 아닐 수도 있고, 나머지 한 편(빌레몬서)은 바울이 자기의 권위를 아주 살짝만 강조한 서신이다. 바울은 메시아의 신적 권한을 부여받은 대사다. 현대의 대사에게도 수행할 역할이 주어지듯이 바울에게도 마찬가지였다. 현대의 국가들은 각기 다른 나라에 다른 대사를 파견하며, 파견 국가의 특정 문화적 맥락에서 자국의 이익을 대변할 수 있는 적임자를 임명하기 위해 노력한다. 바울은 전 인류가 아닌 비유대인만을 위해 파송된 메시아의 대사였다.

바울은 로마서에서 이러한 주장을 반복한다. 하나님은 그를 복음의 사신으로 부르셨고(1:1), 이 복음은 모든 이방인의 충성 또는 충실함의 순종을 끌어내기 위한 것이었다(1:5). 바울은 로마 교인들에게 그리스인이든 야만인이든 다른 이방인들에게 한 것처럼 거기에도 복음을 선포하러 가고 싶다고 말한다(1:13-15).¹ 그리고 동료 유대인들 가운데 많은 이들이 예수가 하나님의 메시아임을 믿지 않는 것에 대해 이야기할 때 그는 자신이 **이방인**을 위한 하나님의 사신임을 다시 언급한다(11:13). 마지막으로 로마서 본론 끝부분에서 바울은 자신이 이방인을 위한 하나님의 일꾼이라고 주장한다(15:16).

갈라디아서에서도 바울은 자신이 어머니의 뱃속에 있을 때 하나님이 자신을 구별하여 이방인에게 하나님의 아들에 대한 복음을 전할 수 있도록 하나님의 아들을 계시해주셨다고 말한다(1:15-16). 그리고 그는 하나님이 자신에게 복음을 맡겨 이방인들에게 보내셨다고 강조한다. 그는 이 특정 민족에게 보냄을 받은 자신의 역할을 유대인의 사자로 위임받은 베드로의 역할과 대조한다(2:7-8).

예수 운동의 다른 초기 문헌도 바울의 이러한 역할이 이방인에게 초점이 맞추어져 있다고 강조한다. 에베소서는 하나님이 비밀과 계시를 알리는 사명을 바울에게 주셨기 때문에 그가 이방인을 대신하여

---

1   로마서 도입부의 자기소개에 관한 내용에 대해서는 다음을 보라. Jewett, "Romans as an Ambassadorial Letter." 바울이 그리스인과 야만인을 구분한 방식은 그리스인(그리고 일부 로마인)이 인류를 구분한 방식이다. 이것은 문명인과 미개인 또는 도덕적인 사람과 부도덕한 사람을 구분하는 것과 거의 비슷하다. 예컨대 Plutarch, *On the Fortune of Alexander* 329C-D. 그리스인의 특징은 미덕이었고, 야만인의 특징은 죄악이었다. 타키투스는 야만인의 변덕스러운 충성심(*fluxa fide*, *Histories* 3.48)과 그들 사이에 "자비와 정의"의 부재에 대해 이야기한다(*Annals* 12.11). 바울은 이방인들에게서 피스티스(*pistis*, 충성심, 신뢰 또는 충성)의 순종을 이끌어내고자 했는데, 이것이 바로 그리스인들이 야만인들은 그럴 능력이 없다고 생각했던 것이다.

죄수가 되었다고 주장한다. 이 비밀은 과연 무엇이었을까? 그 비밀은 이방인도 메시아에게 주신 약속의 상속자가 될 수 있다는 것이다(엡 3:1-8). 골로새서도 이 비밀에 대한 바울의 사명과 이방인과의 관계에 대해 매우 유사한 주장을 한다(1:24-27). 바울의 이름으로 편지를 쓴 디모데전서 저자는 바울을 이방인의 사자, 사신, 교사로 묘사하면서 (2:7) 다시 한번 바울을 복음의 비밀 및 그 비밀과 이방인의 관계와 연결하고(3:16), 디모데후서 저자는 모든 이방인에게 메시아를 선포할 수 있도록 힘을 불어넣어 주신 하나님에 대해 이야기하는 바울을 묘사한다(4:17). 마지막으로 사도행전은 바울을 이방인을 위한 메시아의 사신으로 거듭 묘사하지만(14:27; 15:12, 23; 21:19; 22:21), 이 사역을 처음에는 유대인에게도 적용한다(9:15; 26:20). 바울은 어떤 특정 도시에서 유대인들의 엇갈리는 반응을 접하고서야 비로소 비유대인들에게 초점을 맞춘다(13:46-48; 18:6; 28:28).

바울이 쓴 글에 나타난 모든 내적·외적 증거는 다음과 같은 질문을 제기한다. 바울은 왜 이 유대인 메시아에 관한 메시지를 주로 **이방인**에게 전파하고자 했을까? 바울은 왜 그들에게 이 메시지가 필요하다고 생각했을까? 바울이 포피를 위한 복음(갈 2:7), 즉 비유대인을 위한 메시지와 할례를 위한 복음, 즉 유대인들을 위한 메시지를 구별할 수 있었다면 과연 비유대인을 위한 메시지의 독특한 점은 무엇이었을까? 그리고 이방인들은 왜 이 메시지에 관심을 가졌을까? 그들은 이 메시지를 통해 무엇을 얻을 수 있다고 생각했을까? 통치자와 정치인들은 결국 자신들이 국민을 대표하고 그들의 유익을 위해 통치한다는 점을 납득시킬 수 있을 때 그들의 충성을 유도할 수 있고 권력을 얻거나 유지할 수 있다. 그렇다면 유대인 메시아는 비유대인들에게 어떤 유익을 가져다주었는가? 부활한 메시아 예수가 해결해준 이방인의 문제 또는 상태는 무엇이었는가?

바울은 이방인의 상태에 대해 로마서에서 비교적 상세히 설명하지만, 현대성경은 이 사실을 우리에게 감추고 있다. 가장 보편적인 영역본을 살펴보면 우리는 하나의 공통된 주제를 발견할 수 있다. 대다수 영역본은 바울이 로마서 1:18-32에서 인간의 **보편적** 상태를 묘사하는 것으로 번역한다. 널리 알려진 영어성경에는 다음과 같은 표제가 덧붙여져 있다. "사악한 인류에 대한 하나님의 진노"(NIV), "인류의 죄"(NRSV), "모든 사람이 죄인이다"(CEV), "불신앙과 그 결과"(NASB), "불의에 대한 하나님의 진노"(ESV). 하지만 나는 (전에는 알지 못했던) 두 역본에서 이 단락에 달린 올바른 표제를 새롭게 발견했다. CEB는 이 단락의 표제를 다음과 같이 붙였다. "이방인은 변명의 여지가 없다." 또한 CSB에는 "이방인 세계의 죄"라는 표제가 달려있다. 바울 서신의 그리스어 원문에는 이 단락에 해당하는 표제가 없기 때문에 현대성경의 표제는 서로 일치하지 않는다. 이 표제들은 현대에 추가된 것이며, 독자들이 수천 페이지에 달하는 성경을 쉽게 찾아볼 수 있도록 덧붙인 것이다. 따라서 이 표제는 이러한 역본을 제작한 위원회 또는 개인의 다양한 해석을 반영한다. 그러나 로마서 1장의 내적 증거와 초기 로마서 독자들의 외적 증거는 모두 특정 민족에 대한 해석을 지지한다. 바울은 여기서 모든 인류를 고발하지 않고, 오직 비유대 세계만을 고발한다. 분명히 밝히지만 나는 바울이 유대인들은 죄가 없거나 율법을 범한 적이 없거나 하나님의 용서와 은혜가 필요 없다고 믿었다고 말하려는 것이 아니다. 그러나 로마서 1장을 쓸 때 바울은 구체적으로 **이방인**의 상태를 염두에 두고 있다.[2]

나는 이 고발 내용을 더 깊이 살펴보기 전에 바울이 온 인류를 고발하려 했다는 견해를 뒷받침하는 데 사용된 작은 증거 하나를 먼저 다룰 것이다. 즉 그것은 사람들이 "불멸의 하나님의 영광[*hēllaxan tēn doxan*]을 필멸의 인간이나 새나 네발 달린 동물이나 파충류를 닮은 형상과 바꾸었다"(롬 1:23 NRSV)고 말하는 바울의 진술이다. 들을 귀가 있는 자에게 바울의 이 말은 "그들[이스라엘]은 그들의 영광[*hēllaxanto tēn doxan*]을 풀을 먹는 송아지의 형상과 바꾸었도다"라는 시편 106:20(70인역 105:20)을 연상시켰을 수도 있다. 그러나 바울은 "**그들의 영광**"이라는 표현을 사용하지 않고, 오히려 "**불멸의 하나님**의 영광"이라고 말한다. 그는 성경의 언어를 사용하긴 하지만, 그 본문을 인용하거나 독자의 주의를 환기시키려는 의도는 없어 보인다(아마도 그는 여기서 자유롭게 표현하고 있었을 것이다). 이 시편은 이스라엘이 광야에서 만든 금송아지 신상 이야기(출 32장)를 넌지시 언급하고

---

2 Young, "Ethnic Ethics."

있는 것이지, 바울이 본문에서 묘사하는 것처럼 오래 전부터 내려오는 일반적인 우상숭배의 모습을 암시하지 않는다. 바울은 창세기 1장의 창조 질서(*ktisis kosmou*, 롬 1:20)를 바탕으로 이방인들이 필멸의 피조물—사람, 새, 네발 달린 동물, 파충류(창 1:20-24의 이 네 가지 생물 범주 참조)—을 위해 불멸의 창조주를 저버린 것을 고발하기 위해 이러한 표현을 사용한 것으로 보인다. 일부 서로 겹치는 표현이 있긴 하지만, 문맥이 상당히 다르기 때문에 우리는 바울이 여기서 이스라엘을 염두에 두고 있지 않다는 것을 알 수 있다.

바울은 하나님의 진노가 임할 사람들이 비유대인임을 거듭 강조한다. 첫째, 그는 이들이 창조 질서를 통해 하나님, 특히 그분의 영원한 능력과 신성에 대해 알 수 있었음에도 그들이 악하다는 사실을 적나라하게 드러낸다(롬 1:19-20). 바울이 여기서 묘사하는 사람들은 하나님에 대한 **제한적인** 지식을 가지고 있으며, 이것은 그들이 주변 세상에서 주워 들은 것이다. 그들은 하나님이 이스라엘에 의탁하신 신탁을 접하지도 알지도 못하는 것 같다(롬 3:2). 그들이 유대 율법과 경전을 가졌다면 그들은 훨씬 더 죄가 많았을 것이다! 바울이 이러한 혜택에 대해 전혀 언급하고 있지 않는 것으로 보아 그들에게는 단순히 그런 혜택이 주어지지 않았던 것 같다.

나아가 이들이 하나님을 거부하고 우상숭배에 빠졌다는 고발은 비유대인들에게 잘 들어맞는다(롬 1:23). 확실히 유대 성경은 이스라엘이 우상숭배에 빠졌던 **때**를 가리키며, 바울도 그러한 사례를 몇 가지 언급한다(롬 11:4; 고전 10:7-10). 그러나 그 당시 우상숭배가 유대인들 사이에서 가장 만연해 있던 문제라고 생각한 사람은 기원후 1세기 유대인이나 비유대인 가운데 아마도 거의 없었을 것이다. 유대인들은 형상(우상) 없이 하나님을 예배하는 것으로 잘 알려져 있었고, 우상을 만들어 신들을 숭배하는 것은 구체적으로 이방인들의 문제였다. 예를 들어 기원전 2세기 문서인 아리스테아스의 편지에서 70인역을 번역한 유대인 번역가 중 한 명은 이집트 왕에게 다음과 같이 말한다. "그러나 오늘날에도 옛날 사람들보다 더 뛰어난 창의력과 학식을 가진 사람이 많은데, 그중에는 가장 먼저 우상을 숭배한 자들이 있다. 이러한 날조품과 신화를 고안한 사람들은 대개 그리스인들 중에서 가장 현명하다는 평가를 받는다."[3] 바울과 거의 비슷한 시기를 살았던 필론은 비유대인의 우상숭배에 대해 포괄적으로 언급하면서 그것을 유대인의 신앙과 대조한다. "[이방인들이] 가장 중대한 문제에서 잘못 길을 들었을 때, 나머지 사람들이 저지른 그 오류를 바로잡은 것은 유대 민족이었다는 말은 문자 그대로 사실이다. 유대 민족은 본질적으로 소멸될 수밖에 없는 피조물이라는 이유로 모든 창조된 대상을 지나쳐 버리고, 오직 창조되지 않았고 영원하신 분만을 섬기기로 선택했기 때문이다."[4]

---

3 Letter of Aristeas 137. 번역은 Charlesworth, *Old Testament Pseudepigrapha*, 2:22에서 발췌.
4 Philo, *Special Laws* 2.166.

바울 시대의 로마 저술가들도 자기 만족을 비난하면서 로마의 종교적 관습이 원래는 우상을 만들어 섬기는 것이 아니었는데, 점차 열등한 형태의 우상숭배로 전락했다고 주장했다. 바울이 로마서를 쓰기 약 한 세기 전에 바로(Varro)는 당시 로마의 우상숭배를 한탄하며 우상 없는 유대인의 예배와 대조한다.[5] 기원후 1세기 말경 로마의 철학자 플루타르코스는 로마인들은 로마가 건국된 지 불과 두 세기도 지나기 전에 우상숭배에 빠졌다고 주장한다.[6] 바울 이전과 이후의 다른 비유대인 작가들도 유대인들이 자신들의 하나님을 형상으로 표현하는 것을 금기시한다는 점을 인식하고 있었다.[7] 바울과 그의 로마 독자들은 우상숭배에 대한 비난이 유대인에게 적용되는 것으로 이해하지 않았을 것이다. 우상숭배는 엄연히 이방인들이 범하는 잘못이었다. 그리고 이 우상숭배가 바로 바울이 로마서 1장 나머지 본문에 서술한 부도덕성의 원천이다. 바울에 따르면 이방인들이 살아 계신 불멸의 하나님을 버리고 필멸의 존재의 형상을 숭배하자 하나님은 그들이

....

5　　Varro, quoted in Augustine, *City of God* 4.31 (trans. Green).
6　　Plutarch, *Life of Numa* 8.8; cf. Plutarch, fragment 158.
7　　유대인 반우상주의에 대한 이러한 인식은 널리 퍼져 있었으며, 기원전 1세기 시칠리아의 디오도로스의 글(*Historical Library* 40.3.1-4)에 보고되어 있듯이 기원전 4세기 초에 역사가이자 철학자인 압데라의 헤카타에우스의 저작에서 찾아볼 수 있으며, 바울보다 수십 년 전에는 그리스 지리학자 스트라보(*Geography* 16.2.35), 로마 역사가 리비우스(*Scholia in Lucanum* 2.593)의 글에서 발견되며, 기원후 2세기 초의 로마 역사가 타키투스(*Histories* 5.5.4)와 카시우스 디오(*Roman History* 37.17.2)의 글에서 발견된다.

더 더러운 삶으로 전락하도록 내버려 두셨다. 여기서 바울은 솔로몬의 지혜서에 동의하는데, 이 지혜서는 이방인의 타락을 상세히 서술한 후에 "그러므로 이름 없는 우상을 숭배하는 것은 모든 악의 시작과 원인이자 끝이다"라고 결론짓는다(14:27).

바울이 전적으로 이방인의 죄에만 초점을 맞추고 있다는 또 다른 증거는 이 초기의 우상숭배가 그들을 성적 타락, 특히 동성애적 행위로 유도했다는 그의 주장에서 찾아볼 수 있다(롬 1:24-27). 우상숭배가 확실히 이방인의 행위였듯이 유대인의 사고에서는 그러한 성행위도 이방인의 것이었다. 예를 들어 아리스테아스의 편지는 유대인과 비유대인을 구별하면서 후자만 동성애적 행위와 근친상간을 행한다고 주장한다.[8] 그리고 필론은 (얼마나 정확한진 몰라도) 비유대인은 청소년기부터 성적으로 방탕하지만, 유대인은 성 경험 없이 결혼에 이른다고 주장한다.[9] 필론은 유대인의 성행위는 본질적으로 동성애가 아닌 이성애이며, 언제나 결혼의 테두리 안에서 일어난다고 가정한다. 시빌라의 신탁도 유대인은 페니키아인, 이집트인, 라틴인, 그리스인 같은 민족 사이에 널리 알려진 동성애적 행위에 가담하지 않았다고 주장한다.[10] 유대인들은 본질적으로 이러한 민족들에게 적용되는 성행위(롬 1:26-27)가 자신들의 문제라고 생각하지 않았다. 그것은 확실히 이방

---

8   Letter of Aristeas 152. 번역은 Charlesworth, *Old Testament Pseudepigrapha*, 2:152의 것.
9   Philo, *On Joseph* 43.
10 Sibylline Oracles 3.596-600.

인의 독특한 관습이었다.[11]

로마서의 증거 외에도 초기의 외적 증거는 고대 독자들도 이 본문을 정확히 이러한 방식으로 이해했음을 암시한다. 현대의 대다수 해석자들과는 대조적으로 초기 기독교 해석자들은 로마서 1:18-32에 열거된 행동이 이방인에게만 적용된다는 사실을 충분히 인식하고 있었다. 모든 초기 해석자들은 로마서 1:18-32을 바울이 이방인들을 공격하는 것으로 이해했다. 여기서 나는 초기 **이방인** 독자들이 로마서 1:18-32을 어떻게 이해했는지에 대한 증거를 일부만 소개할 것이다.[12]

기원후 2세기 말에 타티아누스는 그리스인들에게 로마서 1:20을 인용하며 자신과 다른 그리스도인들이 피조물 숭배에 있어 왜 그리스인들을 따르지 않는지를 설명한다.[13] 마찬가지로 이레나이오스는 "창조주 대신 피조물을 숭배하고 섬기는" 자들(롬 1:25)은 이방인들이라고 단언한다.[14] 알렉산드리아의 클레멘스도 로마서 1:18-32에서 바울은 그리스인들을 비난하고 있다고 말한다.[15] 또한 오리게네스

---

11 로마 사회의 동성애에 대해서는 중요한 저서인 C. Williams, *Roman Homosexuality*를 보라.
12 Gaca, "Paul's Uncommon Declaration." 나의 상세한 논증은 다음을 보라. Thiessen, *Paul and the Gentile Problem*, 47-52.
13 Tatian, *Oration against the Greeks* 4.2.
14 Irenaeus, *Against Heresies* 4.33.1.
15 Clement of Alexandria, *Exhortation to the Greeks* 8.

는 이방인들이 하나님의 창조세계를 통해 하나님을 알면서도 그분을 하나님으로 공경하지 않았다는 바울의 주장에 근거하여(1:19-20) 바울이 이방인들만을 묘사하고 있다고 결론짓는다. "하나님을 아는 것과 하나님의 뜻을 아는 것에는 차이가 있다. 이방인들도 '세상이 창조된 때부터 창조된 만물을 통해, 그리고 [하나님의] 외적인 능력과 신성을 통해' 하나님을 알 수 있다. 그러나 그의 뜻은 율법과 예언자를 통하지 않으면 알 수 없다."[16] 오리게네스도 이 사람들이 하나님을 공경하지 않았다는 바울의 진술(롬 1:21)이 이방인들을 가리키는 것으로 이해한다. "사도 바울은 이방인들이 자연을 통해 하나님을 알면서도 그를 하나님으로 공경하지 않았기 때문에 그들을 정죄하는 것 같다."[17] 다시 한번 오리게네스는 로마서 1:22-24이 이방인만을 가리키는 것으로 이해한다. "그러므로 그는 죄 아래 있는 특정 그리스인들, 즉 이방인들을 비난했다."[18]

4세기에 아타나시우스는 「이교도에 대하여」(Against the Pagans)와 「성육신에 대하여」(On the Incarnation)라는 책 두 권을 집필했는데, 거기서 그는 비유대 그리스-로마 세계의 악습을 묘사했다. 그는 로마서 1:25을 언급하며 이러한 사람들은 "창조주 대신 피조물을 영화롭게

---

16   Origen, *Commentary on Romans* 2.7.1 (trans. Scheck); 참조. *Against Celsus* 3.47.
17   Origen, *Commentary on Romans* 2.7.6 (trans. Scheck).
18   Origen, *Commentary on Romans* 3.2.3 (trans. Scheck); 참조. *Against Celsus* 4.30.

했다"고 주장한다.[19] 그는 이방 세계의 우상숭배 관행에 대한 증거로 로마서 1:21-24을 인용한다.[20] 그리고 그는 로마서 1:26-27을 인용하면서 우상을 숭배한 결과로 이방 세계는 성적으로 타락했고, 여자들은 이교도 매춘에 몸을 내주었으며, 남자들은 여자에게 적합한, 성적으로 수동적이고 수용적인 역할을 선호하게 되었다고 주장한다.[21]

초기의 바울 주석가 중 하나인 펠라기우스는 로마서 1:18에서 바울이 오직 이방인만을 염두에 두고 있다고 지적한다. "그는 [이방인의] 경우를 [다루기] 시작하고 [하나님의 진노가 복음을 통해 또는 자연의 증거를 통해 드러난다고 말한다]."[22] 기원후 4세기 말 시리아의 루피누스가 쓴 것으로 추정되는 바울 서신에 대한 서문은 바울이 독자들에게 "이방인으로서 그들의 이전 악습"을 상기시키기 위해 로마서 1장을 썼다고 주장한다. 이 예는 로마서 1장이 이방인에 관한 것이며, 바울이 편지의 내용 전체를 이방인 독자들에게만 전달하려고 했다고 가정한다는 점에서 특히 중요하다. 요한네스 크리소스토모스는 「로마서 강론」(*Homilies on Romans*)에서 바울이 로마서 1:18-32의 비난을 그리스인(즉 이방인; 참조. 특히 강론 3)을 겨냥하여 썼다고 거듭 주장

---

19 Athanasius, *Against the Pagans* 8.29-30 (trans. Thomson); 참조. 47.18-19; *On the Incarnation* 11.26-27.
20 Athanasius, *Against the Pagans* 19.11-17.
21 Athanasius, *Against the Pagans* 26.1-11; 참조. *On the Incarnation* 5.28-34.
22 Pelagius, *Commentary on Romans* 1.18 (trans. de Bruyn, *Pelagius' Commentary*); 괄호 안에 들어 있는 내용은 일부 사본에 빠져 있다.

한다. 크리소스토모스는 강론 5에서 로마서 1:28을 데살로니가전서 4:5에 나오는 이방인들에 대한 바울의 부정적인 논평과 연결하면서 "여기서도 그는 그들[이방인들]에게 죄가 있음을 보여준다"고 결론 짓는다.[23] 키로스의 테오도레토스는 로마서 1:18에서 바울은 모든 비유대인들이 "창조주께서 자연에 두신 율법을 두려움 없이 어기고 있다"고 비난하기 시작하며, 오직 2:10에 가서야 비로소 "유대인에 대한 비난을 도입하려 한다"고 주장한다.[24] 암브로시아스터 역시 바울은 로마서 1:24-28에서 이방인을 묘사하고 있다고 주장한다.[25] 마지막으로 아우구스티누스도 바울은 로마서 1:21-23에서 이방인들이 "[창조주를] 알면서도 감사하지 않았고, 스스로 지혜롭다고 주장하면서도 실제로는 어리석은 자가 되어 우상숭배에 빠진" 모습을 묘사하려 했다고 믿는다.[26] 바울은 로마서 1:18에서 누구의 불신앙이 하나님의 진노를 불러일으켰는지 명시하지 않지만, 아우구스티누스는 이 불신앙을 이방인에게만 연관시킨다.[27]

이러한 빠른 문헌 개관은 바울의 초기 해석자들이 로마서 1:18-32에 대해 언급한 내용 중 일부만을 소개한다. 여기서 가장 주목할 만한 점은 이 해석자들이 모두 로마서를 읽은 **비유대인** 독자였다는 것

---

23 John Chrysostom, *Homilies on Acts and Romans*, NPNF1 11:359.
24 Theodoret of Cyrus, *Commentary on Romans* 1:17 and 2:10 (trans. Hill).
25 Ambrosiaster, *Commentary on Romans* 1:24-28 (trans. Bray).
26 Augustine, *Propositions from the Epistle to the Romans* 3.2 (trans. Fredriksen Landes).
27 Augustine, *Propositions from the Epistle to the Romans* 3.5.

이다. 따라서 비록 바울의 첫 번째 독자/청자가 로마서 1:18-32을 어떻게 이해했는지에 대한 직접적인 증거가 우리에겐 없지만, 초기 이방인 독자들이 남긴 교부 시대의 증거가 우리의 차선책이 될 수 있다. 바울의 최초기 해석자들과 로마서 주석가들은 유대인에 대한 적대감의 수위가 다양함에도 불구하고 로마서 1:18-32이 인류 전체가 아닌 이방 세계에 대한 것이라는 데 동의한다. 이것이 바로 로마에 있던 바울의 첫 번째 이방인 독자들이 이 본문을 이해한 방식이다.

그러나 바울이 이 구절에서 이방인만을 묘사하려 했다는 가장 강력한 외적 증거는 실제로 에베소 교인에게 보낸 편지에서 찾아볼 수 있다. 이 편지의 저자—바울 또는 그의 초창기 추종자 중 한 명—는 메시아를 따르지 않는 이방인들의 타락한 상태를 다음과 같이 **명시적으로** 묘사한다. "이제부터 너희는 이방인이 그 마음의 허망한 것으로 행함 같이 행하지 말라. 그들의 총명이 어두워지고 그들 가운데 있는 무지함과 그들의 마음이 굳어짐으로 말미암아 하나님의 생명에서 떠나 있도다. 그들이 감각 없는 자가 되어 자신을 방탕에 방임하여 모든 더러운 것을 욕심으로 행하되"(4:17-19).

이방인들을 명시적으로 언급하는 이 본문의 언어는 로마서 1:18-32에서 바울이 익명의 사람들에게 적용한 것과 유사하다. 바울이 로마서에서 이 사람들의 "생각이 허망하여졌다[*emataiōthēsan*]"(롬 1:21)라고 주장한 것처럼 에베소서도 그 마음의 허망한 것으로 행하는 이방인들을 묘사한다(엡 4:17). 바울은 또한 "그들의 지각없는 마음이 어두워졌다[*eskotisthē*]"라고 주장하고(롬 1:21), 에베소서도 이방인들의 총명이 어두워졌다(*eskotōmenoi*)라고 말한다(엡 4:18). 그리고 바울은 하나님이 이 사람들을 마음의 정욕대로 더러움에(*eis akatharsian*) 넘겨주셨고(*paredōken autous*, 롬 1:24), 그 결과 그들이 탐욕 또는 정욕(*pleonexia*)을 비롯한 온갖 악습으로 가득 차게 되었다고 말한다(롬 1:29). 마찬가지로 에베소서는 이방인들이 모든 더러운 것에(*eis ergasian akatharsias*) 자신을 내어주고(*heautous paredōkan*) 탐욕 또는 정욕(*pleonexia*)으로 행했다고 주장한다(엡 4:19). 만약 에베소서를 바울이 썼다면 그는 자신이 로마서 1장에서 도덕적으로 타락한 비유대인의 상태를 명시적으로 묘사할 때 사용한 것과 동일한 언어를 여기서 많이 반복한다. 반면 에베소서를 바울의 초기 제자가 썼다면 그는 바울이 로마서 1:18-32에서 사용한 언어를 특별히 이방 세계에 잘 어울리는 언어로 표현한 것이다. 어느 쪽이든 이 사실은 바울이 로마서 1:18-32에서 오직 이방 세계를 묘사하려 했다는 강력한 증거를 제공한다.

모든 이방인이 우상숭배와 악행을 일삼는 모습에 부합하지 않는다는 점을 인식한 유대인들은 종종 이방 세계에 대한 이러한 부정적인 묘사를 미묘하게 표현했다. 하지만 바울 서신은 그렇게 하지 않는다. 바울이 반복적으로 사용하는 수사법은 모든 이방인이 우상숭배에 빠져 사악하고 파괴적인 행동을 일삼고 있음을 암시한다.[28] 바울은 (자

---

28 우리는 또한 누가가 행 17장에서 자세히 서술하는 바울의 아테네 아레오바고 연설을

신이 가장 먼저 쓴 편지인) 데살로니가 이방인들에게 보낸 편지에서 그들의 이전의 삶의 방식이 지극히 부도덕했다고 가정하고 그러한 삶을 멀리할 것을 촉구한다. "하나님의 뜻은 이것이니 너희의 거룩함이라. 곧 음란을 버리고 각각 거룩함과 존귀함으로 자신의 몸을 통제할 줄을 알고 하나님을 모르는 이방인과 같이 색욕을 따르지 말라"(살전 4:3-5).

만약 당신이 이방인으로서 당신의 전통, 관습, 신앙의 형태가 모두 유일하신 참 하나님을 버린 결과라는 비난을 반복해서 듣는다면 구원을 받기 위해 당신이 무엇을 해야 하는지 스스로에게 물어볼 것이다.[29] 이 메시지를 들은 많은 이방인들은 이방인의 상태에 대한 부정확하고 불공정한 묘사라며 반발했겠지만, 만약 이를 받아들였다면 그들은 자연히 이방인이 아닌 다른 사람이 되고 싶다고 생각했을 것이다. 바울은 유대인들이 이해하는 이방인의 문제를 바탕으로 메시아 예수에 대한 메시지를 전한다. 그렇다면 이 예수는 과연 누구이며, 바울은 이방인 문제를 어떻게 해결할까?

지적할 수 있다. 거기서 누가는 바울이 심지어 그리스 철학을 사용하여 그들을 유일하신 최고의 하나님께로 전도하면서도 도시가 우상으로 가득 차 있다는 사실, 즉 비유대인들의 (불)신앙의 증거에 당황해하는 모습을 묘사한다.

29　Douglas Campbell(*Deliverance of God*, 516-47)은 롬 1:18-32이 이방인을 묘사하고 있음을 인정하면서도 이 본문이 바울의 생각이 아니라 바울의 대화 상대자의 견해를 대변한다고 제안했다. 엡 4:17-19과 살전 4:3-5의 증거는 이것이 실제로 바울의 입장임을 보여준다. 바울은 우리가 어떻게 생각하든 고대 세계에서 흔히 볼 수 있었던 인종적 고정관념에 대해 아무런 문제가 없었다. 참조. Isaac, *Invention of Racism*.

6장

메시아 예수

바울의 메시지는 특히 개신교 종교개혁 이후 믿음에 의한 칭의 또는 행위가 아닌 은혜에 의한 구원으로 종종 요약되어왔다. 나는 이것이 바울의 사상이라는 데 이의를 제기하지 않는다. 하지만 바울의 메시지의 중심에는 명제가 아닌 예수라는 인물이 자리 잡고 있다. 논쟁의 대상이 아닌 일곱 편의 서신만 고려해도 바울은 예수를 거의 150번 언급한다(열세 편의 서신의 증거를 고려하면 200번이 넘는다). 그리고 그는 이 일곱 편의 서신에서 "크리스토스"(기름 부음을 받은 자)라는 단어를 269번 사용한다(열세 편의 증거를 고려하면 300번이 넘는다). 이를 다소 다른 각도에서 설명하자면 바울은 은혜(*charis*)를 66번, 정의/의 언어(*dikai-*)를 95번, 신뢰/충성 언어(*pist-*)를 142번 사용한다. 바울은 예수를 지속적으로 언급하는데, 그는 예수에 대해 어떻게 말하는가? 우리는 예수의 생애에 대해 더 알고 싶어 하지만, 놀랍게도 바울 서신은 이에 대해 우리에게 알려주는 것이 거의 없다.

바울은 데살로니가 교인들에게 예수는 죽었고(바울은 심지어 예수의 십자가 처형에 대해서도 언급하지 않음), 죽은 그를 하나님이 죽은 자 가운데서 다시 살리셨으며, 지금은 하늘에 계시고 곧 다시 오실 것이라고만 말한다(살전 1:10; 4:14; 5:23).[1] 또한 바울은 갈라디아 교인들에게 예수에 대해 이렇게 말한다. "때가 차매 하나님이 그 아들을 보내사 여자에게서 나게 하시고 율법 아래에 나게 하신 것은"(갈 4:4). 바울의 언어는 예수의 인성(여자에게서 태어남)과 유대인 됨(율법 아래 태어남)을 모두 강조한다. 그러나 이 주장은 또한 이 하나님의 아들이 태어나기 전에도 이미 존재했음을 암시하는 것으로 보인다. 즉 하나님은 자신의 아들을 **보내셨다**(참조. 롬 8:3).[2] 이 편지에서도 바울은 예수가 십자가에 못 박혀 죽었다고 덧붙이는데, 독자들은 이것이 로마의 사형 제도를 가리키는 것으로 인식했을 것이다(갈 3:1, 13; 6:14).

바울은 하나님의 아들이 출생하기 전에도 이미 존재했다고 믿었는데, 이는 그가 빌립보 교인들에게 보낸 편지에서 확인할 수 있다. 거기서 그는 독자들에게 예수가 한때 하나님의 형체(*morphē*)였으나, 자신을 비워 "종의 형체[*morphē*]를 가지고 사람의 모양[*homoiōma*]으로

---

[1] 그는 또한 예수의 동족 유대인 중 **일부**가 그의 죽음에 책임이 있다고 말했다고도 볼 수 있는데(살전 2:15), 일부 학자들은 후대의 필사자가 데살로니가전서에 13-16절을 추가했다고 생각한다. 이 구절을 누가 썼든 간에 모든 유대인이 "주 예수와 선지자들을 죽인" 자들이라고 대담하게 묘사하는 것(NRSV 및 다른 번역본에서처럼)은 없어야 할 쉼표를 잘못 삽입한 잘못된 번역 때문이다. 대신 "죽인"이라는 표현은 오직 특정 유대인에게만 적용된다. Gilliard, "Problem of the Antisemitic Comma"의 중요한 소논문을 보라.

[2] 만약 우리가 골로새서도 바울이 썼다고 생각한다면 골 1:15-20의 찬송시는 예수가 육신을 입고 이 땅에 오기 전에, 즉 천지창조 이전에 존재했다는 예수의 선재성에 대한 가장 강력한 증거를 제공한다. 이 찬송시에 대해서는 다음을 보라. van Kooten, *Cosmic Christology*.

태어나셨다"(빌 2:6-7)라고 말한다. 여기서 바울의 언어는 인간을 하나님의 형상(*eikōn*)과 모양(*homoiōma*)으로 묘사하는 창세기 1:26-27의 인류 창조 이야기를 연상시킨다. 그러나 최초의 인간은 신처럼(*hōs theoi*, 창 3:5; 참조. 3:22) 되려고 금단의 열매를 먹은 반면, 이미 하나님의 형체를 지닌 예수는 자신의 고귀한 신분을 인류의 비천한 노예의 모습과 맞바꾸었다.[3] 그리고 이 미천한 존재는 예수의 십자가의 죽음에서 최후를 맞이했다(빌 2:8). 하지만 하나님은 예수를 모든 이름보다 높은 하늘로 들어 올리셨고, 언젠가 그는 다시 오셔서(3:20) 하늘과 땅과 땅 아래에 있는 모든 존재로부터 주님(*kyrios*)으로 인정받으실 것이다(2:10-11).

다른 서신들과 달리 고린도 교인들에게 보낸 편지에서 바울은 예수가 제자들과 떡을 떼고 포도주를 마시던 밤에 제자들에게 하신 말씀을 인용한다(고전 11:23-26).[4] 그는 또한 예수의 십자가의 죽음을 강조하며(고전 1:17-18, 23; 2:2, 8; 참조. 고후 13:4) 예수가 장사 지낸 지 사흘 만에 다시 살아나 바울 자신을 포함하여 500여 명에게 여러 차례 나타나셨다고 말한다(고전 15:4-8).[5]

그리고 바울은 로마 교인들에게 예수는 이스라엘의 대표적인 왕

---

[3] 많은 사람들이 이미 이 구절에 대해 썼지만, 가장 설득력 있는 해석은 Fletcher-Louis, "'Manner Equal with God'"이다.
[4] 바울이 고전 7:10-11에서도 예수의 가르침을 암시할 가능성은 있지만, 확실하지는 않다.
[5] 다음을 보라. Allison, *Resurrection of Jesus*.

다윗과 관련이 있다고 강조한다. 로마서 도입부에서 바울은 예수가 육신으로는 다윗의 씨에서 나셨다는 점을 강조한다(롬 1:3). 이 표현은 예수의 인성뿐만 아니라 그의 민족과 지파를 강조한다(참조. 9:5). 그는 유다 지파 출신이며 다윗 왕의 후손이다. 바울은 이 서신에서 예수가 죽었지만 하나님이 그를 죽은 자 가운데서 다시 살리셨다고 거듭 강조한다(예. 1:4; 4:24; 5:6, 8; 6:10; 10:9; 14:9). 바울은 로마서 8:34에서 핵심 내용만 간략하게 전달한다. 메시아인 예수는 죽었다가 다시 살아나셨고, 현재는 하나님 우편에 계시면서 신자들의 삶에 개입하신다. 그리고 바울은 로마서 15장에서 예언자 이사야의 말씀을 다음과 같이 인용한다.

> 이새의 뿌리
> 곧 열방을 다스리기 위하여 일어나시는 이가 있으리니
> 열방이 그에게 소망을 두리라(롬 15:12, 사 11:10 인용).

김세윤이 지적했듯이 로마서 1장과 15장은 "예수의 다윗계 메시아 되심에 대한 언급으로 인클루지오"를 형성한다.[6] 따라서 후대의 저자가 바울의 메시지는 "죽은 자 가운데서 다시 살아난 다윗의 자손 메시아 예수"(딤후 2:8)에 관한 것이라고 주장하는 것은 그리 놀라운 일이

---

6   Kim, "Paul as an Eschatological Herald," 10.

아니다. 하지만 로마서 1장과 15장 사이의 인클루지오는 이보다 더 세부적이며, 실은 열방, 곧 이방인을 향한 메시지이기도 하다(롬 1:5-6, 13-15, 시 18:49[LXX 17:50] 인용).[7] 나아가 이 두 본문은 다윗계 메시아를 이방인과 연결할 뿐만 아니라 이방인을 순종과 연결한다. 즉 로마서 1:5에서는 이방인을 "믿음의 순종"[8]과 연결하고 15:18에서는 말과 행위의 순종과 연결한다. 메시아의 사자가 전하는 메시지는 순종을 요구한다(롬 10:16; 참조. 살후 1:8). 로마에 있는 바울의 독자들이 그랬던 것처럼 말이다(롬 16:19; 고후 7:15; 10:5; 참조. 엡 6:5). 서신을 마무리하는 장문의 인사말에서도 바울은 이방인들이 믿음의 순종으로 응답해야 한다는 것을 다시 한번 강조한다(롬 16:26). 이방인들이 이스라엘의 메시아에게 순종해야 한다는 바울의 비전은 다윗 혈통의 기름 부음 받은 자가 이스라엘의 하나님께 올려 드리는 말씀을 기록한 이스라엘의 시편 중 하나에 빚지고 있다.

주께서 나를 이방인들의 으뜸으로 삼으셨다.
내가 알지 못하는 백성이 나를 섬겼다.

---

7   참조. 신 32:43; 시 117:1(LXX 116:1); 사 11:10.
8   믿음과 순종 간의 이러한 연관성은 믿음과 행위의 표준적인 신학적 대립에 문제를 일으킨다. Teresa Morgan(*Roman Faith and Christian Faith*, 282-83)은 다음과 같이 말한다. "피스티스는 종종 순종과 섬김의 언어와 연관되며, '피스티스의 순종'은 바울이 이방인들에게 바라는 피스티스가 자신에게도 똑같이 적용되는, 그리스도에 대한 노예적 순종의 관계를 나타내는 동격 속격으로 이해하는 것이 가장 좋다."

내 소문을 듣자마자 이방인들이 내게 순종했다(시 18:43-44[LXX 17:44-45]).

바울은 이 구절을 로마서 15장에서 명시적으로 인용한다. 따라서 그는 분명히 이 구절을 알고 있었다. 그러므로 바울이 이방인과 순종에 대해 말할 때 그는 이 본문을 염두에 두고 있었던 것 같다.[9] 이방인들은 이제 바울의 선포를 통해 시편 18편(70인역 17편)을 성취하는 차원에서 하나님의 기름 부음 받은 자, 곧 메시아에게 순종하게 될 것이다.

메시아의 왕국

모든 메시아가 왕은 아니었지만, 바울의 메시아는 왕이었다. 결과적으로 바울의 메시아는 왕국을 가지고 있었다. 비록 공관복음의 예수는 하나님 나라 또는 천국(후자는 마태복음에서만)에 대해 이야기하지만,[10] 바울도 이 왕국에 대해 이야기한다는 사실은 잘 알려져 있지 않다.[11] 바울에 따르면 모든 인류는 두 영역 중 하나에 속한다. 메시아의

---

9   Novenson(*Christ among the Messiahs*, 142)은 바울이 롬 15장에서 인용한 사 11:14도 마찬가지로 다윗계 메시아, 이방인, 순종(구체적으로 암몬 자손의 순종)에 대해 언급하고 있다고 지적한다.
10 다음을 보라. Pennington, *Heaven and Earth*.
11 사도행전도 바울이 도래할 하나님 나라를 선포하는 모습을 묘사한다. 행 14:22; 19:8; 28:23, 31. 하나님 나라에 대한 사도행전의 또 다른 유일한 언급은 빌립과 관련

대관식 이전에는 죽음과 죄가 왕이었다(롬 5:14, 17, 21). 이제 메시아는 정의와 생명이 지배하는 새 왕국을 설립했다(5:17, 21). 이 생명의 왕국은 죄와 사망이라는 적대적인 세력이 다스리는 왕국을 대체했고 또 대체하고 있다. 이것을 바울, 아니 바울의 초기 제자는 다음과 같이 표현한다. "[하나님께서] 우리를 흑암의 권세에서 건져내사 그의 사랑하는 아들의 나라로 옮기셨다"(골 1:13 NRSV). 바울은 이 나라에 참여하려면 그 나라의 규칙에 따라 살아야 한다고 거듭 강조한다. 이 나라는 먹고 마시는 것이 아니라 정의와 평화와 기쁨에 관한 것이다(롬 14:17). 이것은 단순히 말이 아닌 능력의 나라다(고전 4:20). 계속 불의하게 사는 사람은 하나님 나라를 유업으로 받지 못할 것이다(고전 6:9-10; 갈 5:21; 참조. 엡 5:5). 데살로니가 교인들에게 보낸 편지에서 바울은 독자들에게 하나님 나라로 부르시는 하나님께 합당한 삶을 살 것을 권면한다(살전 2:12; 참조. 살후 1:5).[12] 메시아가 아직 자신과 자신의 통치에 대한 모든 적대 세력을 멸하지 않았으므로, 설령 그 나라의 권세를 지금 당장 온전히 경험하지 못한다 하더라도, 신자들은 그 나라를 위해 힘써야 한다. 그러나 그날은 반드시 올 것이며, 그날에 신자들은 그 나라를 상속받기 위해 엄청난 변화를 경험하게 될 것이다(고전 15:24, 50).

이 있으므로 누가는 하나님 나라의 도래에 대한 선언을 바울과 가장 확실하게 연결한다.

12 디모데에게 보낸 두 편의 편지도 이 나라를 강조한다(딤전 6:15; 딤후 4:1, 18).

무엇보다도 예수에 대한 바울의 생각은 그의 메시아 되심을 중심으로 돌아간다. 이 장의 서두에서 언급했듯이 저작설 논쟁이 없는 바울 서신에서 예수라는 이름은 거의 150번 등장하는데, 그중 34번만 그 이름을 "크리스토스"와 직접 연결하지 않는다. 바울은 대다수의 경우 예수를 "퀴리오스" 즉 "주님"으로 지칭한다.[13] 그리고 바울이 쓴 일곱 편의 서신에 등장하는 269번의 "크리스토스" 중 절반 이상(159번)은 단독으로 등장한다. 어떤 이들은 "크리스토스"가 바울 서신에서 이미 공허한 이름이 되었다고 주장하기도 한다. 예를 들어 제임스 D. G. 던은 "모든 주석가가 인정하듯이 '그리스도'는 바울의 글에서 이미 대부분(전부는 아니더라도) 칭호의 의미를 잃어버리고 고유명사가 되었다"고 자신 있게 주장한다.[14] 하지만 매튜 노벤슨(Matthew Novenson)은 바울 서신에서 이 단어가 왕실 경칭의 기능(royal honorific function)을 유지했음을 보여주었다. 다시 말해 유대교 메시아사상은 바울의 사고, 바울의 메시지, 바울의 예수 이해의 중심에 자리 잡고 있었다.[15]

---

13 열외는 오직 11번뿐이다. 롬 3:26에서 한 번; 고전 12:3에서 한 번(비록 여기서 바울은 예수를 저주하는 사람의 목소리로 말하지만); 고후 4:10-11, 14에서 다섯 번; 그리고 갈 6:17; 빌 2:10; 살전 1:10; 4:14에서 각각 한 번.
14 Dunn, *New Perspective on Paul*, 352.
15 다음을 보라. Novenson's *Christ among the Messiahs* and *Grammar of Messianism*. 신약성경 전체에서 메시아사상의 중심성에 대해서는 다음을 보라. Jipp, *Messianic Theology*.

바울이 선포한 메시지는 예수라는 한 인물에 관한 좋은 소식이었다. 바울은 로마의 십자가에 못 박힌 이 예수가 실제로 하나님의 메시아, 즉 하나님의 기름 부음 받은 자라고 확신했다. 그의 서신 중 일부는 예수가 여자에게서 태어나 육신의 몸을 입기 이전에도 이미 하나님의 아들로, 즉 일종의 천상의 존재로 존재했음을 암시한다. 우리는 바울이 좀 더 구체적으로 말했으면 좋았겠다고 생각하지만, 그는 그렇게 하지 않았다. 따라서 학자들은 바울이 예수를 이스라엘의 하나님과 동일시했는지[16] 또는 예수가 처음에는 천사처럼 어떤 하급 신이었다가 그의 죽음과 부활 이후에 비로소 다른 모든 신과 천사들보다 더 높임을 받았다고 생각했는지를 두고 쟁론한다.[17]

바울은 예수의 성육신 이전의 신분에 대해서는 숙고하지 않고, 예수가 신의 위치에서 비천한 인간의 자리로 내려와 육신의 몸을 입었다는 사실에만 초점을 맞춘다. 사실상 그는 예수의 생애에 대해 침묵하지만, 그가 예수의 가르침을 편지 한두 군데에서 암시할 가능성

---

16 어떤 학자들은 바울이 롬 9:5에서 메시아를 하나님과 동일시했다고 생각하지만, 여기서 그리스어는 어떤 답을 제공하기에는 너무 모호하다. 여기서 바울은 메시아가 하나님이라고 주장했을 수도 있고, 혹은 이스라엘의 많은 축복(메시아가 이스라엘에서 나왔다는 사실을 포함하여)을 언급한 후 "만유 위에 계셔서 세세에 찬양을 받으실 하나님"을 찬송했을 수도 있다. 나는 후자가 더 개연성이 있다고 생각한다.

17 바울의 "고" 기독론에 대한 고전적인 논증은 다음을 보라. Bauckham, *Jesus and the God of Israel*(『예수와 이스라엘의 하나님』, 새물결플러스 역간); Hurtado, *One God, One Lord*. 이제 이 주제에 대해서는 Novenson의 탁월한 에세이 모음집, *Monotheism and Christology*, 특히 거기 실린 Paula Fredriksen의 에세이를 보라.

도 없지 않다. 고린도 교인에게 보낸 편지가 그럴 가능성이 가장 높다. "결혼한 자들에게 내가 명하노니 (명하는 자는 내가 아니요 주시라) 여자는 남편에게서 갈라서지 말고 (만일 갈라섰으면 그대로 지내든지 다시 그 남편과 화합하든지 하라) 남편도 아내를 버리지 말라"(고전 7:10-11). 바울이 예수("주님")에게 귀속시키는 이 명령은 나중에 복음서에 기록된 예수의 이혼 금지 명령과 관련이 있어 보인다(막 10:11; 마 5:31; 19:7; 눅 16:18).

하지만 예수에 관한 바울의 생각은 예수가 어떤 일을 했고 어떤 말을 했는지에 관심이 없고, 그의 죽음, 부활, 승천에 초점이 맞추어져 있다. 그리고 그가 예수에게 귀속시킨 유일한 말씀(고전 11:23-26)은 예수가 자기의 죽음을 기념하기 위해 제정한 제의적 식사와 관련이 있다. 예수는 인간의 모습을 취했을 뿐만 아니라 하나님께 순종하는 삶을 살다가 로마의 십자가에 달려 죽었다. 바울은 로마 당국이 예수를 십자가에 못 박은 이유에 대해 전혀 언급하지 않지만(또는 그것에 대해 알고 싶어 하지도 않지만), 이 시대의 통치자들이 하나님의 섭리를 깨달았다면 예수를 십자가에 못 박지 않았을 것이라고 주장한다(고전 2:8). 사람들에게는 끔찍한 사건이었겠지만, 바울은 예수의 십자가 처형을 강조한다. 그는 갈라디아 교인들에게 십자가에 못 박힌 예수를 공개적으로 언급하며(3:1) 메시아의 십자가 외에는 자랑할 것이 없다고 주장한다(6:14).[18] 그리고 그러한 메시지가 유대인에게는 걸림돌이 되고 이방인에게는 순전히 미련한 것임을 알면서도 바울은 고린도 교인들에게 십자가에 못 박힌 메시아 외에는 아무것도 모른다고 말한다(고전 1:23; 2:2). 세상의 눈에는 십자가에 못 박힌 메시아란 지극히 가증스러운 일이지만(갈 5:11), 바울은 이 끔찍한 죽음이 경건하지 않은 자와 죄인에게는 커다란 유익을 가져다준다고 믿는다(롬 5:6, 8). 예수는 "우리의 죄"를 위해 죽었다(고전 15:3). 그리고 예수는 죽은 자와 산 자의 주님이 되기 위해 죽음에서 다시 살아나셨다(롬 14:9).

비록 바울 서신(과 신약성경)을 읽는 독자들은 하나님의 구원 행위의 중심인 예수의 죽음에 초점을 맞추지만, 바울은 결코 예수의 죽음에만 초점을 맞추지 않았고, 심지어 그것을 자신의 메시지의 핵심으로 삼지도 않았다. 예수의 죽음은 필요하지만, 그것만으로는 부족하다. 바울은 예수가 죽은 자 가운데서 다시 살아나지 않았다면 자신이 전하는 좋은 소식은 공허하며, 자신이나 자신의 메시지 또는 자신의 메시아를 신뢰하는 것은 전적으로 무의미하다고 생각한다(고전 15:13-14). 따라서 바울은 메시아가 "우리의 죄"를 위해 죽었다고 가르치면서도(고전 15:3) 이스라엘의 하나님이 예수를 죽은 자 가운데서 살리지 않으셨다면 사람들은 여전히 그 죄 가운데 머물러 있을 것이

---

18   Hengel, *Crucifixion in the Ancient World*, 20-21: "'예수를 죽인 처형 도구'가 내포하는 극도의 모욕성은 바울의 설교에서 여전히 찾아볼 수 있다." 이제는 Cook, *Crucifixion in the Mediterranean World*의 백과사전적 증거를 보라.

라고 말한다(고전 15:17). 그리고 예수는 우리의 죄 때문에 죽임을 당했지만, 오직 그의 부활만이 죄인을 의롭게 한다(롬 4:25).[19] 그리고 자기 죄를 위해 예수가 죽었다는 사실을 믿는 것이 사람을 구원하는 것이 아니라, 하나님이 예수를 죽은 자 가운데서 살리셨다는 것을 믿는 것이 구원을 가져다준다(롬 10:9).

바울은 대다수가 자신을 개인적으로 알지 못하는 로마의 신자들에게 자신과 자신의 메시지를 소개할 때 오직 예수의 부활만 언급하고 그의 죽음은 언급하지 않는다(롬 1:3; 참조. 갈 1:1).[20] 그리고 로마서 6장에서 도덕적인 삶을 위한 예수의 죽음의 의미를 설파할 때 바울이 말하려는 요점이나 목적은 하나님의 영광으로 메시아가 죽은 자 가운데서 살아나셨다는 것이다(6:4). 죽은 자 가운데서 부활하신 메시아는 이제 더 이상 죽음의 지배를 받지 않는다(6:9).

부활하신 예수는 승천하셔서 하나님 우편에 계시고, 거기서 신자들을 위해 영원토록 중보하신다(롬 8:34; 10:6; 참조. 엡 1:20; 4:8-10; 골 3:1). 바울은 하나님이 예수에게 다른 모든 이름 위에 뛰어난 이름을 주셨으며, 모든 존재—하늘에 있는 자, 땅에 있는 자, 땅 아래 있는 자—가 그에게 복종하며, 그를 주님(*kyrios*)으로 고백할 것이라고 말한

---

19 부활과 칭의의 연관성에 대해서는 다음을 보라. D. Campbell, *Deliverance of God*, 747.
20 Kirk, *Unlocking Romans*. 갈라디아 교인들에게 부활이 지니는 중심성에 대해서는 다음을 보라. Boakye, *Death and Life*.

다(빌 2:9-11). 힘으로 하나님과 동등함을 쟁취해야 한다고 여기지 않고 십자가에 못 박히기까지 순종적으로 고난을 받으신 메시아는 하나님과 동등하게 되셨을 뿐만 아니라 "퀴리오스"(*kyrios*), 즉 주님으로 명명되셨는데, 이 단어는 유대인들이 하나님의 이름인 야웨를 히브리어로 번역할 때 자주 사용했던 것이다.[21] 마지막으로 메시아는 언젠가 곧 하늘에서 재림하여 장차 임할 진노로부터 신자들을 구원하고 산 자와 죽은 자를 모두 영생에 이르게 할 것이다.

아브라함의 자손, 메시아

바울의 메시아사상은 복음의 사자로서의 자기 이해와 이스라엘의 하나님이 이방인을 포함한 이 세상을 구속하기 위해 지금 무엇을 하고 계시는지에 대한 철저한 이해에 기초한다. 그러나 바울은 이 메시아 사상을 이스라엘의 선조인 아브라함을 다루시는 하나님의 더 폭넓은 맥락에서 이해한다. 갈라디아서에서 바울은 많은 독자들을 좌절시키거나 당황하게 하는 주장을 한다(3:16). 그는 하나님이 아브라함과 아브라함의 씨(그리스어, *sperma*) 모두에게 일련의 약속을 하셨다고 말한다. (롬 4장에서도 이와 비슷한 주장을 찾아볼 수 있다.) 이어서 그는 유대 경전이 "씨들"(*spermata*) 대신 "씨"(*sperma*)라고 말한다는 점에 주목하며

---

21 A. Meyer, *Naming God in Early Judaism*.

문법적으로 억지스러워 보이는 주장을 펼친다. 바울은 단수형 명사에 근거하여 아브라함의 씨는 아브라함의 모든 후손이 아니라 한 특정 개인만을 가리킨다고 주장한다. 그가 누구일까? 바로 메시아다. 바울에게 예수는 아브라함의 자손이다. 따라서 수 세기 전에 아브라함에게 주신 하나님의 약속이 이제 메시아 예수에게 성취된 것이다.

창세기의 그리스어는 문법상 단수 명사인 아브라함의 **씨**(히브리어 제라[zera]도 단수)를 가리키지만, 영어 단어 seed처럼 *sperma*는 종종 집합 단수로 기능한다.[22] 누군가가 밭에 씨를 뿌렸다고 말하면 우리는 이것을 씨 한 알만 밭에 뿌렸다는 의미로 받아들이지 않는다. 70인역은 *sperma*를 거의 250번 사용하는데, 그중 다섯 번만 문법상 복수형인 *spermata*를 사용한다.[23] 70인역은 단수형을 자주 사용하지만, 창세기 1장의 창조 이야기에서 하나님이 씨 맺는 식물을 창조하는 장면에서처럼(1:11-12) 그것은 수많은 씨앗을 가리킨다. 따라서 단수형이 반드시 자손 한 사람을 의미한다는 바울의 주장은 매우 빈약하다.

많은 해석자들은 바울이 어떻게 이런 결론에 도달했는지 설명하려고 노력했다. 대다수는 하나님이 다윗 왕에게 하신 말씀에서 씨라는 표현을 사용했다는 점을 올바르게 지적한다. "내가 네 몸에서

---

22 우리는 아브라함 이야기에서 "네 씨에게"(항상 *sperma*가 사용되고, *spermata*가 사용된 적은 없음)라는 표현이 여러 번 나오기 때문에(창 12:7; 13:15; 15:18; 17:8; 22:18) 바울이 어느 구절을 염두에 두고 있는지 확실히 알 수 없다.
23 레 26:16; 삼상 8:15; 시 125:6; 사 61:11; 마카베오4서 18:1.

날 네 씨[*sperma*]를 네 뒤에 세워 그의 나라를 견고하게 하리라"(삼하 7:12). 그러나 비교적 매우 흔한 단어(*sperma*) 하나만 가지고는 아무래도 아브라함의 이야기와 다윗 왕의 씨를 연결하기에는 너무 빈약하다. 이러한 연결고리를 강화하기 위해 노벤슨(Novenson)은 사무엘하 7:12과 창세기 17:7이 모두 **씨**라는 표현을 관련 동사와 함께 사용한다는 점을 지적한다. 사무엘하에서는 "아니스테미"(*anistēmi*)가 사용되고, 창세기 17장에서는 "히스테미"(*histēmi*)를 비롯하여 "네 뒤에"(*meta sou*)라는 어구가 사용된다.[24] 나는 다른 곳에서 사무엘하 7:12을 아브라함 이야기에 대한 또 다른 본문인 창세기 15:4과 연결하려 했는데, 이는 히브리어 성경에서 이 두 본문이 모두 다윗과 아브라함의 **몸**에서 나온 씨를 언급하고 있기 때문이다.[25]

우리가 바울의 해석학적 시도에 대해 어떻게 생각하든 여기서 바울의 요점은 아브라함에게 주신 하나님의 약속이 메시아에게 주신 약속, 즉 축복의 약속(창 12:2-3; 갈 3:14), 영토의 약속(창 12:7; 13:15; 17:8; 롬 4:13),[26] 언약의 약속(창 17:7; 갈 3:17), 왕국의 약속(창 17:6, 16; 참조. 엡 5:5; 골 1:13), 요컨대 상속의 약속(창 15:4; 갈 3:18)이기도 하다는 것이다. 이 모든 약속을 상속받기를 원하는 사람은 아브라함과 메시아 모

---

24 Novenson, *Christ among the Messiahs*, 141-42.
25 다음을 보라. Thiessen, *Paul and the Gentile Problem*, 124-27.
26 바울을 비롯한 후대의 유대교 사상에서 영토가 어떻게 전 우주로 확대되었는지에 대해서는 다음을 보라. McCaulley, *Sharing in the Son's Inheritance*.

두와 어떻게든 연결되어야만 한다. 그렇다면 이방인은 어떻게 해야 할까? 아무튼 족보상 이방인들은 아브라함의 후손이 아니다. 과연 그들은 이 약속을 이어받기 위해 아브라함 및 메시아와 새로운 관계를 맺을 수 있을까? 그들은 과연 어떻게 해야 할까?

결론

바울이 무엇을 말하든지 간에 그의 메시지의 핵심은 그가 믿게 된 예수, 즉 성육신하기 이전에 이미 존재했으며, 인간의 몸을 입기 위해 이스라엘의 하나님에 의해 이 땅에 보내졌고, 비록 십자가에서 생을 마감했지만 하나님께 순종하는 삶을 살았으며, 하나님이 그를 죽은 자 가운데서 다시 살리시어 하나님의 아들로 선포하시고 그의 우편에 앉히신 유대인의 메시아에 관한 것이다. 이 증거는 위에서 아래로 내려왔다가 다시 위로 올라가는 분명한 움직임의 패턴을 보인다. 더글러스 캠벨(Douglas Campbell)이 말했듯이 "여기에는 그리스도에 관한 이야기 하나가 포함되어 있지만, 그 안에는 두 개의 독특한 내적 움직임 또는 궤적이 들어 있다. 하나는 '보내심'에서 고난을 거쳐 죽음에 이르는 것이고, 다른 하나는 죽음에서 부활을 거쳐 하늘의 영광에 이르는 것이다(참조. 빌 2:5-11)."[27] 하나님이 오래 전에 아브라함에게 하신

---

27   D. Campbell, "Story of Jesus," 106-7.

약속을 이어받아 하나님을 반대하는 모든 세력을 물리치고, 죽음(고전 15:54-56)과 사탄(롬 16:20)을 멸하며, 하나님 나라(롬 14:17; 고전 4:20; 6:9; 15:24, 50; 갈 5:21; 살전 2:12), 곧 본질상 천상의 나라(빌 3:20)를 완성하기 위해 승전고를 울리며 재림하실 분이 바로 이 메시아다. 이것이 바울이 이방인들과 공유할 위대한 복음이지만, 바울과 다른 사람들에게 끈질기게 제기된 질문은 이방인들이 어떻게 이 약속을 이어받을 수 있느냐는 것이었다. 다음 두 장에서는 이 절박한 문제를 자세히 살펴볼 것인데, 우리는 바울의 반대자들이 제시한 해결책을 먼저 살펴보고, 이어서 바울이 제안한 해결책을 살펴보고자 한다. 비록 방법론에 있어서는 양측이 서로 동의하지 않았지만, 이방인이 아브라함과 아브라함의 후손인 메시아에게 혈통적으로 연결되는 것이 필수적이라는 데는 양측 모두 동의했다. 왜 그랬을까? 그 이유는 당연히 그래야만 이방인도 약속의 공동소유자이자 공동상속자가 될 수 있기 때문이다(엡 3:6).

7장
이방인 문제와 성형 수술

나는 18세기 후반에 예카테리나 여제의 초청으로 우크라이나로 이주한 조상을 둔 메노나이트 신자다. 독일어를 사용하는 조상들이 나중에 북미로 이주했을 때 그들은 자신들의 세계를 메노나이트 신자와 **영국인**이라는 두 범주로 나누었다. 나는 이탈리아인, 포르투갈인, 레바논인이 많이 사는 마을에서 자랐다. 나보다 연세가 많으신 일부 메노나이트 친척들에게 그들은 모두 **영국인**이었다. (이 마을 사람들이 이 말을 들었다면 충격을 받고 모욕감을 느꼈을 것이다.) 메노나이트 신자들은 메노나이트 신자가 아닌 사람을 가리킬 때 이 포괄적인 범주를 사용했는데, 이는 그들이 초기에 자신들이 사용했던 독일어 방언이 아닌 영어를 사용했기 때문이다.[1] 물론 이 범주는 많은 사람들이 영어를 제2의 언어 또는 제3의 언어로만 사용하고 어떤 식으로든 영국과 연관된 영국인이 아니라는 점을 간과한 채 메노나이트 신자가 아닌 사람을 모두 획일화한 결과다. 그리고 이 호칭은 표면적으로는 대체로 중립적인 의미를 지니고 있었지만, 종종 무언가 부정적인 세속적 사고

---

1   우리는 최근 팬실베이니아의 아미쉬 공동체에 관한 반-이상향적인 소설 제목에서 **영국인**이란 표현을 계속 사용하는 것을 볼 수 있다. D. Williams, *When the English Fall*.

를 암시하기도 했다. 예를 들어 연세가 많으신 나의 어떤 친척분께서 지금의 내 배우자를 만나서 "아, 그것은 **영어** 이름이군요?"라고 물었을 때 나는 그것이 무슨 뜻인지 잘 알고 있었다.

이 세상을 내부자 집단(자기 공동체)과 외부자 집단(다른 모든 사람)으로 나누고 싶은 충동은 고대 세계에서 매우 흔한 일이었다. 그리고 고대 지중해 세계에는 다른 민족에 대한 부정적인 풍자도 넘쳐났다.[2] 예를 들어 로마의 철학자 플루타르코스는, 그리스인들은 고결하며 사악한 야만인들(즉 다른 모든 사람)과 다르다고 주장했다.[3] 그리고 많은 고대 유대인들은 비유대인을 부정적으로 보았다.

유대인 모임에 자주 드나드는 이방인들은 이방 세계를 부정적으로 묘사하는 말을 간간이 들었을 것이다. 그럴 때면 그들은 방어적인 태도를 취하거나 불편한 감정을 느꼈을 것이다. 로마서 1장에서 바울이 이방인을 가차 없이 부정적으로 묘사하는 것을 생각해보라. 이방인은 우상을 숭배하고 성적으로 타락하여 마땅히 하나님의 진노를 받을 자들이라는 것이다. 그렇다면 이런 말을 들은 이방인에게는 이러한 일반화가 어떻게 들렸을까? 그리고 이와 관련하여 바울이 다양한 종류의 비유대인들을 거의 구별하지 않고 그들을 모두 **이방인**이라는 다소 경멸적이고 포괄적인 범주에 집어넣는 처사에 대해 이방인들은

---

2   Kennedy, Roy, and Goldman, *Race and Ethnicity*에서 수집한 많은 증거와 Isaac, *Invention of Racism*에서 논의한 내용을 보라.
3   Plutarch, *On the Fortune of Alexander* 329C-D.

불쾌감을 느꼈을까?[4] 비유대인들은 절대 이러지 않았을 것이다.[5] 갈라디아인과 고린도인 간의 차이는 한국인과 중국인 또는 이탈리아인과 나이지리아인 간의 차이와 같았다. 비유대인들은 세상을 유대인과 이방인으로 나누지 않았다. 그것은 유대인이 세상을 바라보는 방식이었다.

그럼에도 불구하고 많은 이방인들은 예수가 그들을 구원할 유대인 메시아라고 믿고 그의 충성스러운 추종자가 되기를 원했다. 이방인들은 유대인과 비유대인 사이에 차별을 두면서도 자신들의 모임에 참석하는 것을 환영한 유대인들과 가까이 지내며 지역의 유대인 회당에 참석했을 것이다. 이방인들은 정기적으로 유대인의 성경을 읽고 토론하는 모임에 참석했다. 그리고 그들은 유대인의 하나님에 대해 들었고, 겉으로 보기와는 달리 자신들의 하나님이 로마 제국을 다스리고 온 우주를 다스리는 최고의 신이라는 유대인의 신앙에 대해 들었다. 여러 가지 이유에서 이방인들은 유대인 공동체 안에서 편안함을 느꼈고, 유대인의 삶의 방식이 매력적으로 느껴졌을 것이다.

---

4 **이방인**이라는 표현에 대한 상세한 논의는 Ophir and Rosen-Zvi, *Goy*와 관점을 수정하는 데 유용한 에세이 Hayes, "Complicated Goy"를 보라.
5 바울과 기독교 출현 이후에야 비로소 그리스도인들이 **이방인**이라는 호칭을 얻게 되었다. 다음을 보라. Donaldson, *Gentile Christian Identity*.

유대인의 관습에 매력을 느낀 이방인들

비록 페터 셰퍼(Peter Schäfer)가 고대의 반유대주의에 대한 증거를 글로 남겼지만, 그의 책은 고대 이야기의 극히 일부만을 다루고 있다. 이방인들 가운데 대다수는 유대인의 관습과 관행을 경멸했지만, 일부는 이에 매료되었다.[6] 유대인의 신앙은 때때로 반우상주의(aniconism)를 중시하는 특정 "이교도"의 문화적 가치와 공감대를 형성했다. 많은 유대인과 비유대인은 신은 많지만 최고의 신은 오직 하나라고 믿었다.[7] 그리고 이 최고의 신은 피조물과는 완전히 다르고, 다른 어떤 존재보다 월등히 뛰어난 존재였다. 그런 이유로 유대인들은 일반적으로 그들의 하나님을 그림이나 형상으로 묘사하는 것을 거부했다. 예를 들어 그들의 경전은 자주 우상 만드는 것을 정죄했다. "너는 자기를 위하여 새긴 우상을 만들지 말고 위로 하늘에 있는 것이나 아래로 땅에 있는 것이나 땅밑 물 속에 있는 것의 어떤 형상도 만들지 말며 그것들에 절하지 말며 그것들을 섬기지 말라"(신 5:8-9). 기원후 1세기에 알렉산드리아의 유대인 철학자 필론도 우상숭배를 정죄했다. "그러므로 영혼이 있는 사람은 영혼이 없는 것을 숭배해서는 안 된다. 자연의 작품이 인간의 손으로 만든 것을 섬기는 것은 참으로 터무니없

---

6   Schäfer, *Judeophobia*; Cohen, "Respect for Judaism by Gentiles."
7   Fredriksen, "Philo, Herod, Paul."

는 일이기 때문이다."⁸ 로마 역사가 타키투스가 지적했듯이 유대인들은 자신들의 신을 묘사하지 않는 것으로 유명했다. "정복이라는 명목 하에 유대인을 굴복시키고 그들의 신전에 첫발을 들여놓은 로마인은 그나이우스 폼페이우스였다. 그로부터 신전 안에는 신의 형상이 없고, 신전은 비어 있었으며, 비밀 성소에는 아무것도 없다는 것이 상식이 되었다."⁹

하지만 눈에 보이는 최고의 신의 형상을 거부한 것은 유대인들만이 아니었다. 로마의 철학자 플루타르코스는 바울 직후에 쓴 글에서 피타고라스는 최고의 신은 눈에 보이지 않고 감각을 초월하는 존재이므로 형상으로 묘사할 수 없다고 믿었다고 주장한다. 플루타르코스는 로마의 두 번째 왕이자 신앙심의 모범이었던 누마는 "로마인들이 사람이나 짐승의 모양을 가진 신의 형상을 숭배하는 것을 금지했다"고 주장한다.¹⁰ 실제로 그는 로마가 설립된 이래로 첫 두 세기 동안에는 최고의 신을 숭배하기 위해 우상이나 그림을 만들지 않았다고 말한다. 플루타르코스는 다른 단편적인 텍스트에서 고대에 인류는 "돌을 깎아 딱딱하고 어색하며 생명이 없는 신의 형상을 만들지 않았다"고 광범위하게 일반화한다.¹¹

---

8   Philo, *On the Decalogue* 76.
9   Tacitus, *Histories* 5.9.
10 Plutarch, *Numa* 8.7-8.
11 Plutarch, fragment 158.

플루타르코스는 이러한 피타고라스와 누마에 대한 전승을 지어내지 않았을 것이다. 따라서 이 전승은 아마도 로마 제국의 많은 사람들에게 비교적 잘 알려졌을 것이다. 그리고 우리는 바울과 동시대에 살았던 세네카의 글에서도 신을 형상화하는 것을 비난하는 비슷한 내용을 발견한다. 세네카는 지금은 유실된 저서 「미신에 대하여」(*On Superstition*)에서 인간의 일반적인 신앙에 대해 다음과 같이 비판했다. "그들은 신성하고 불멸하며 불가침의 존재에게 가장 값싸고 무기력한 물질의 형상을 봉헌한다. 그들은 인간이나 짐승 또는 물고기의 형상을 만들고, 일부는 남녀가 합쳐진 이중 생물이나 합쳐진 신체와는 다른 형상을 만들기도 한다. 그들은 그것들을 신이라고 부르지만, 그것들은 설령 실제로 살아난다 하더라도 괴물로 여겨졌을 것이다."[12] 따라서 이방인들 가운데 상당수는 유대인의 반우상주의가 더 탁월한 형태의 최고신 숭배라고 생각했을지도 모른다.

나아가 일부 이방인들은 유대인의 삶의 방식에서 고결한 삶의 모범을 발견하기도 했다.[13] 육신의 연약함을 극복하고 고결한 삶을 살기 위해 자신의 정욕과 욕망을 통제하려 했던 일부 사람들에게 음식 및 성생활의 제한은 매력적으로 다가왔을 수 있다. 우리는 유대인들이 유대 율법을 사람의 욕망을 올바르게 통제하는 하나님의 선물로 여겼

---

12   Seneca the Younger, *On Superstition*. Augustine, *City of God* 6.10에서 인용.
13   다음을 보라. Aune, "Mastery of the Passions."

다는 증거를 가지고 있다. 예를 들어 필론은 이방인이 유대 율법을 받아들이면 그들은 "당장 절제하고, 자제하고, 겸손하고, 온화하고, 친절하고, 인간적이고, 진지하고, 의롭고, 고상하고, 진리를 사랑하고, 부와 쾌락보다 우월한 사람이 되며, 반대로 거룩한 율법을 거역하는 자들은 무절제하고, 파렴치하고, 불의하고, 경솔하고, 사소하고, 다툼이 많고, 거짓과 위증의 친구이고, 자신의 자유를 허례허식과 독한 술과 진미와 다른 사람의 아름다움을 즐기는 것과 바꾸고, 배와 그 아래의 기관의 즐거움, 즉 몸과 영혼에 가장 심각한 상해를 입히는 즐거움을 섬기는 사람으로 여겨진다"고 주장한다.[14]

필론이 유대 율법이 이전에 악에 물들었던 이방인을 고결한 사람으로 변화시킨다고 주장한 것과 거의 같은 시기에 마카베오4서의 저자도 이와 비슷한 주장을 한다. 심지어 (겉보기에는) 매우 평범한 법률도 사람에게 미덕을 심어주는 역할을 한다. 예를 들어 모세오경의 많은 법률은 이자를 부과하는 것을 금지한다(출 22:25; 레 25:36-37; 신 23:19-20). 또한 신명기에서는 7년마다 빚을 탕감해줄 것을 요구하며(신 15:1-18), 이익을 위해 모든 농작물을 거두어들이는 것을 금지한다. "네가 밭에서 곡식을 벨 때에 그 한 뭇을 밭에 잊어버렸거든 다시 가서 가져오지 말고 나그네와 고아와 과부를 위하여 남겨두라. 그리하면 네 하나님 여호와께서 네 손으로 하는 모든 일에 복을 내리시리

14　Philo, *On the Virtues* 182. Loeb Classical Library의 번역을 약간 수정함.

라. 네가 네 감람나무를 떤 후에 그 가지를 다시 살피지 말고 그 남은 것은 객과 고아와 과부를 위하여 남겨두며, 네가 네 포도원의 포도를 딴 후에 그 남은 것을 다시 따지 말고 객과 고아와 과부를 위하여 남겨두라"(신 24:19-21).

이 모든 법률은 이스라엘 땅에서 소외된 자들, 즉 대출이 필요하거나 빚이 있거나 생계 유지를 위한 땅이 없는 자들을 돌보아야 한다는 점에 초점을 맞추고 있다. 하지만 마카베오4서의 저자는 이러한 법률은 소외된 자들뿐만 아니라 재산을 소유한 자들에게도 도움을 준다고 제안한다. "돈을 사랑하는 자라도 일단 법을 따라 사는 삶을 살면 그는 본능적인 방식에 반하는 행동을 하고, 가난한 사람에게 무이자로 돈을 빌려주며, 7년째가 되면 빚을 탕감해주게 된다. 욕심이 많은 사람은 이성의 법의 지배를 받아 추수도 못하고 포도원의 마지막 포도도 거두어들이지 못한다"(2:8-9).

또 다른 예가 있다. 레위기 11장과 신명기 14장은 이스라엘 백성에게 특정 동물의 고기를 먹지 말라고 명령한다. 이 본문은 왜 어떤 동물은 먹을 수 있고 어떤 동물은 먹을 수 없는지에 대해 구체적인 근거를 제시하지 않지만, 그렇게 명령하는 이유는 이스라엘은 하나님이 거룩하신 것처럼 거룩해야 하기 때문이다(레 11:44-45; 신 14:21). 그러나 마카베오4서의 저자는 음식법을 지키는 것을 이성을 통해 식욕을 억제하는 것과 연관시킨다(마카베오4서 1:31-35).[15] 훨씬 더 이른 시기의 아리스테아스의 편지는 음식법을 정의 및 인간 간의 공정한 관계와 연결한다.[16] 물론, 마카베오4서 저자, 일부 유대인들은 하나님이 그들에게 율법을 주셨고, 이 율법은 죄와 악을 극복하고 하나님을 기쁘시게 하는 정의롭고 의로운 삶을 살 수 있게 하는 강력한 선물이라고 믿었다. 하나님의 선물인 율법에 이러한 능력이 깃들어 있다면 자신의 사악한 상태를 극복하려는 이방인들은 당연히 이스라엘의 하나님과 이스라엘의 율법으로 돌아와야만 했다. 그리고 그리스-로마 세계의 많은 사람들이 해결하고자 했던 문제에 대한 유대인 특유의 해결책이 바로 여기에 있었다.[17]

아브라함과 이방인의 할례

유대인 구역과 유대인 공동체 안에 거주하기로 선택한 이방인이 유대 경전을 읽고 유대인의 하나님을 섬기면서 동시에 여전히 이방인의 정

---

15 일부 고대인들은 돼지고기를 가장 진귀한 육류로 간주했기 때문에 혹자는 가장 호화스러운 음식을 피하는 것이 욕망을 억제하는 훈련의 한 방법이었다고 주장할 수 있다. 다음을 보라. Galen, *Method of Medicine* 7.482K. 식이 규범 배후에 있는 도덕적 비전에 대한 설득력 있는 설명은 다음을 보라. Weiss, "Bloodshed and the Ethics."
16 Letter of Aristeas 169.
17 다음을 보라. Nussbaum, *Therapy of Desire*; Fitzgerald, *Passions and Moral Progress*; Max Lee, *Moral Transformation*.

체성을 유지하며 살아갈 때 그는 어느 정도 부담감과 불편함을 느꼈을 것이다. 예를 들어 아브라함 및 그의 자녀들과 맺은 하나님의 할례 언약을 묘사하는 창세기 17장을 공동체의 모임에서 읽거나 토론할 때 이방인들은 과연 어떤 생각을 했을까? 물론 한 가지 중요한 질문은 이 할례 의식이 아브라함 및 그의 가족과 어떤 관계에 있느냐는 것이다. 이 언약은 과연 이방인에게 허용되었을까, 그리고 만약 그렇다면 이방인도 할례를 받아야 했을까? 만약 이방인이 아브라함의 가족이 되고 싶었다면 과연 할례 의식이 그의 가족에 합류하는 방법이었을까?

유대교 텍스트인 유딧서는 적어도 일부 유대인들이 그렇게 생각했음을 암시한다. 이 허구적인 작품에서 아히오르라는 한 의로운 암몬 사람은 아시리아 군대로부터 이스라엘을 기적적으로 구원하시는 하나님을 목격한다. 저자는 다음과 같이 말한다. "아히오르는 이스라엘의 하나님이 행하신 모든 일을 보았기 때문에 하나님께 크게 충성하여 포피에 할례를 받고 오늘날까지 이스라엘 집에 더하여졌더라"(유딧서 14:10). 이 짧은 문장에서 주목할 점은 이 문장이 창세기의 아브라함 이야기를 사용하여 아히오르를 아브라함의 하나님께 대한 충성(창 15:5) 및 아브라함의 할례(창 17:24)와 연결한다는 것이다. 물론 이것은 멋진 이야기이긴 하지만 역사적 사실이 아니라 허구다.

그러나 우리는 요세푸스의 글에서 실제로 역사적인 인물과 관련하여 이 내러티브의 상황과 매우 유사한 점을 발견한다. 요세푸스는 아디아베네의 왕 이자테스라는 이방인의 이야기를 들려준다.[18] 이자테스는 자신이 다스리던 어느 한 시점에 아나니아라는 유대인 상인을 알게 된다. 아나니아는 이미 차락스-스파시니(현대 이라크 남부에 위치한 도시)의 이방인 여인들에게 전통적인 유대교 방식에 따라 하나님을 예배하는 것을 가르쳤다. 아마도 이 예배에는 유대인의 하나님을 최고의 신으로 존중하고, 이 하나님을 형상으로 만들지 않으며, 테런스 도널드슨(Terence Donaldson)이 윤리적 유일신론이라고 부른 것과 같은 특정 윤리 규범을 준수하는 것이 포함되어 있었을 것이다.[19] 이자테스 역시 이 여인들을 통해 하나님을 이런 방식으로 예배하기 시작했다. 하지만 그는 이 예배를 통해 자신도 할례를 받고 "신실한 유대인이 되어야겠다"는 결심을 하게 된다.[20] 그러나 아나니아스와 이자테스의 어머니는 하나님을 기쁘시게 하기 위해서라면 할례를 받을 필요가 없다며 일시적으로나마 그를 설득시켰다.

하지만 그 후에 엘르아자르라는 또 다른 유대인 선생(바리새인으로 추정)이 이자테스를 찾아와 그의 생각을 바꾸어놓았다. 엘르아자르는 이자테스가 모세의 율법을 읽고 있는 것을 보고 다음과 같이 꾸짖었다. "왕이시여, 당신은 무지로 인해 율법과 하나님에 대한 가장 큰 범죄를 범하고 있습니다. 당신은 단순히 율법을 **읽을** 뿐만 아니라

---

18 Josephus, *Jewish Antiquities* 20.34-48.
19 Donaldson, *Judaism and the Gentiles*, 662-69.
20 Josephus, *Jewish Antiquities* 20.38. 그리스어는 다음과 같다. *einai bebaiōs Ioudaios*.

더 나아가 그 안에서 명령하는 것을 **행해야** 합니다. 언제까지 할례를 받지 않으시렵니까? 이 문제에 관한 율법을 아직 읽어보지 않으셨다면 지금 당장 읽고 당신이 저지른 불경죄가 어떤 것인지 깨달으십시오."[21] 엘르아자르의 책망을 듣고 그 논리에 설득당한 이자테스는 즉시 집도의를 불러 할례 의식을 치렀다.

이자테스의 입장이나 1세기 이방인 예수 추종자의 입장에 한번 서보라. 이제 당신은 이 세상을 유대인의 관점에서 바라보기 시작했다. 이제 당신은 세상에서 가장 위대한 하나님을 예배하며 이 하나님을 유대인의 하나님, 아브라함과 이삭과 야곱의 하나님과 동일시한다. 당신은 그동안 정기적으로 유대 경전을 읽었다(아니 정기적으로 낭송하는 것을 들었다). 이제 당신은 창세기 17장과 같은 본문을 읽거나 들으면 어떤 생각을 하게 될까? 이방인 **남자**로서 당신에게 가장 자연스러운 반응은 아마도 자기 역시 할례를 받아야 하지 않을까 궁금해하는 것이리라. 당신은 이제 그저 본문만 읽고 말아야 할까, 아니면 본문에서 아브라함과 맺은 하나님의 언약의 표징으로 기능하는 의식을 치러야 할까? 어차피 아브라함도 유대인이 아닌 열방 출신(갈대아인, 즉 이방인!)이었다. 그리고 그는 먼저 하나님을 믿고 나중에 할례 의식을 치렀다. 어쩌면 당신도 그래야 할지도 모른다.

창세기 17장을 읽고 이렇게 반응하는 것이 합리적일 순 있지만,

---

21 Josephus, *Jewish Antiquities* 20.44-45.

바울은 이것을 거부한다. 하지만 바울은 흔히 학자들이 주장하듯이 단순히 이방인은 할례를 받을 **필요**가 없다고 주장하지 않는다. 오히려 그는 이방인 남자가 할례를 받는 것을 적극적으로 **금지한다**. 바울은 갈라디아서 독자들에게 이렇게 말한다. "보라! 나 바울은 너희에게 말하노니 너희가 만일 할례를 받으면 그리스도께서 너희에게 아무 유익이 없으리라"(갈 5:2).[22] 바울이 이 선언을 하는 이유는 할례를 받으려는 이방인 메시아 추종자들이 유대 율법을 준수함으로써 의롭다 함을 받으려 하기 때문이다. 그는 그들에게 "너희는 [그렇게 함으로써] 그리스도에게서 끊어지고 은혜에서 떨어졌다"(5:4)라고 말한다. 나중에 이 발언의 의미를 더 자세하게 설명하겠지만, 여기서는 일단 반대자들의 창세기 17장 해석에 대한 바울의 반박에 관해 논하고자 한다.

바울 서신의 할례 반대 본문

2천 년 동안 그리스도인들은 거의 일반적으로 바울이 할례를 아무런 가치도 없는 단순한 육체적인 의식으로 치부했다고 이해해왔다. 이것이 바울에 대한 반율법주의적, 반민족중심적, 묵시론적 읽기의 공통된 이해다. 그리고 이러한 이해는 바울이 유대 율법(과 유대교)을 버렸기 때문에 창세기 17장(과 레위기 12장)을 거부했다는 생각을 암시하거

---

22   다음을 보라. Collman, *Apostle to the Foreskin*.

나 적극적으로 조장한다. 결과적으로 이방인 메시아 추종자들은 할례를 받지 말아야 하며, 유대인 메시아 추종자들은 아들에게 할례를 베푸는 것을 중단해야 한다는 것이다. 이러한 학자들은 바울이 할례를 조장하는 반대자들을 "신체 훼손"(katatomē)이라고 부르는 빌립보서 3:2을 이 해석의 증거로 제시한다. 해석에 담긴 함의는 바울이 육체의 훼손을 비난하는 레위기의 표현을 사용하여(레 21:5) 할례를 단지 신체를 훼손하는 의식에 불과하다고 생각했다고 보는 것이다. 혹은 바울이 육체적인 할례는 아무것도 아니며, 진정한 할례는 마음의 은유적인 또는 영적인 할례라고 주장한 것으로 보이는 로마서 본문을 증거로 제시한다. 이러한 주장은 로마서 2:28-29의 NRSV 번역에서 분명히 드러난다.

> 무릇 표면적 유대인이 유대인이 아니라 표면적이고 육체적인 할례가 할례가 아니다. 오직 이면적 유대인이 유대인이며 진정한 할례는 마음의 문제이며 영에 있고 율법 조문에 있지 않다. 그런 사람은 다른 사람에게서가 아니라 하나님에게서 칭찬을 받는다.

그러나 이 번역은, 역본과 주석에서 흔히 볼 수 있는 것임에도 불구하고, 바울이 실제로 한 말을 과도하게 해석한 것이다. 그리스어를 거칠게 번역하면 다음과 같다.

> 그것은 눈에 보이는 유대인도 아니고, 눈에 보이는 육체의 할례도 아니고, 숨겨진 유대인이며, 문자가 아닌 **프뉴마**에 의한 마음의 할례이며, 그 칭찬은 사람이 아니라 하나님으로부터 온 것이기 때문이다.

이 본문의 거의 모든 역본과 달리 바울은 여기서 "진짜" 또는 "참된"을 의미하는 단어를 단 한 번도 사용하지 않는다. 여기서 요점은 한 가지 형태의 할례는 진짜이고, 다른 형태의 할례는 거짓이라는 것이 아니라 하나님은 눈에 보이는 유대인이 되거나 육체적으로 할례를 받는 것 그 이상을 요구하신다는 것이다. 유대인이 되거나 성기에 할례를 베푼다고 해서 그 자체로 하나님의 칭찬을 받을 자격이 자동으로 주어지는 것이 아니다. 오히려 마음에 할례를 받은 사람이 하나님의 칭찬을 받을 자격이 있다는 것이다.

이것이 유대 율법을 훼손하거나 저버리는 어떤 급진적인 생각처럼 들릴지 모르지만, 절대로 그렇지 않다. 오히려 하나님은 유대인들이 육체뿐만 아니라 마음에 할례를 받기 원하셨고, 이는 이미 유대인들 사이에 널리 알려진 신념이었다. 우리는 신명기에서 이것을 확인할 수 있는데, 거기서 마음에 할례를 받는다는 것은 순응하고 복종하는 것을 의미하며(신 10:16; 참조. 레 26:41) 하나님에 대한 사랑으로 나타난다(신 30:6). 고대 유대인에게 이것은 양자택일의 문제가 아니었다. 신실한 유대인(남성)은 육체적으로 할례를 받고 **또** 마음에도 할례를 받았다. 예언자 예레미야도 할례받은 다른 여러 민족과 함께 이스라엘을 정죄하며 로마서 2장에서 바울이 했던 것과 똑같은 주장을 하는 것으로 보인다. 비록 이스라엘은 (육체에 할례를 **잘못** 받은 다른 할례받은 민족들과 달리) 육체에 할례를 올바르게 받았지만, 그 마음에는 할례를 받지 못했다(렘 9:25-26).

더군다나 바울은 그리스도인 독자들이 종종 바울의 말이라고 주장하는 것과 상반된 말을 한다. 바울은 하나님의 칭찬이 마음에 할례를 받은 자들을 위한 것임을 암시하는 이 구절 직후에 독자들에게 자신의 주장이 육체적인 할례를 비난하는 것이 아님을 분명히 밝힌다. 그의 문학적 질의자는 "[그렇다면] 유대인 됨이나 할례의 가치가 무엇이냐?"(롬 3:1)라고 묻는다. 어쩌면 혹자는 육체적인 할례는 아무런 가치가 없다고 결론지을 수도 있다. 하지만 바울은 이 거짓된 결론을 거부한다. "모든 면에서 많다"(롬 3:2).

안타깝게도 많은 바울 해석자들은 여기서 바울의 말을 액면 그대로 받아들이지 않았다. 만약 정말로 할례에 가치가 있다면 왜 바울은 할례를 조장하는 반대자들을 "신체 훼손"(빌 3:2)이라고 불렀을까? 바울의 빌립보 교인들이 이방인 메시아 추종자들이었음을 기억한다면 거기서 그 답을 찾을 수 있다. 바울의 생각에는 할례를 받는 이방인은 언약적인 할례를 받는 것이 **아니라** 오히려 육체를 훼손하고도 구원의 은총을 누리지 못하는 의식을 치르는 것이다. 할례를 신체 훼손으로 규정한 바울의 말은 할례의 가치에 대한 보편적인 진술이 **아니며**, 단지 할례를 받으려는 이방인의 노력을 정죄할 뿐이다. 유대인에게는 할례가 가치가 있지만(롬 3:1-2), 이방인에게는 할례가 해로운 신체 훼손일 뿐이다. 할례는 아무런 유익도 가져다주지 못하고 오히려 해만 입힌다.[23]

우리는 바울이 아브라함에 대해 길게 설명하는 로마서 4장에서도 비슷한 논리가 작동하는 것을 발견한다. 바울은 아브라함이 육신(sarx), 곧 할례와 관련하여 무엇을 발견했는지를 질문하는 것으로 논의를 시작한다.[24] 만약 바울의 이방인 독자들이 아브라함을 본받으려 했다면 아브라함이 육체의 할례에서 무엇을 발견했는지 살펴보는 것이 가치 있는 일이었을 것이다. 바울은 아브라함 이야기를 간략하게 소개하면서 이 이야기가 시간순으로 배열되어 있어 이방인 독자들에게 중요하다는 점을 넌지시 암시한다. 요약하자면 바울은 창세기 15장이 창세기 17장보다 먼저 등장하기 때문에 아브라함이 할례를 받기 전에 의롭다 함을 받았다고 주장한다. 이를 통해 그는 아브라함의 삶은 하나님이 할례받은 자의 죄를 용서하시듯이 포피를 지닌 자의 죄도 용서하신다는 것을 보여준다. 따라서 하나님의 용서의 축복은

....

23 다음을 보라. Neutel, "Circumcision Gone Wrong"; Smit, *Felix Culpa*.
24 암브로시아스터로 알려진 초기 기독교 해석가는 롬 4:1에 대한 그의 로마서 주석에서 이 본문을 이렇게 이해했다. Pelagius, *Commentary on Romans* 4:1도 마찬가지다. 이와는 대조적으로 "육신에 따른 우리 조상"이라는 NRSV의 번역은 단적으로 불가능하다. 바울이 비유대인 독자들을 대상으로 썼다는 점을 고려하면 그는 아브라함을 그들의 육신에 따른 조상이라고 묘사할 수는 없었을 것이다. 피스티스와 프뉴마에 따른 조상이라고는 말할 수 있어도, 사륵스(육신)에 따른 조상이라고는 절대 말할 수 없었다.

할례받은 자와 포피를 지닌 자, 유대인과 이방인 모두에게 주어진다.

그러나 이것은 중요한 질문을 야기한다. 하나님이 이미 아브라함에게 복을 주시고 그를 용서하셨다면 아브라함은 왜 창세기 17장에서 할례를 받아야 했을까? 바울의 대답은 상당히 의외였다. 하나님은 아브라함을 부르시고 할례를 받게 **하심으로써** 그가 모든 믿는 자들, 즉 포피를 가진 이방인과 할례받은 유대인 모두의 조상이 되게 하셨다고 바울은 주장한다. 이것은 만약 아브라함이 창세기 15장에서 하나님의 약속을 믿고 나중에 할례를 받지 않았다면 마치 그가 이방인 메시아 추종자들의 조상만 될 수 있었다고 바울이 믿은 것처럼 들린다. 왜냐하면 아브라함과 그들은 모두 포피를 지닌 자들이었기 때문이다. 결과적으로 그는 할례를 받을 필요가 있었고, 이를 통해 유대인 메시아 추종자들의 조상도 될 수 있었다는 것이다. 이것은 정말 놀라운 주장이다. 하지만 바울의 요점은 아브라함의 할례가 하나님이 먼저 이스라엘을 구별된 민족으로 세우시고 또 유대인 메시아 추종자들도 하나님의 구원에 참여한다는 것을 보여주는 수단이 되었다는 점에서 가치가 있다는 것이다.

아브라함의 아들들과 씨

갈라디아서에서 바울은 아브라함을 하나의 예로 들지 않고 오히려 사람이 어떻게 아브라함의 아들이자 씨가 될 수 있는지에 초점을 맞춘다. 따라서 그는 아브라함의 첫 두 아들에 초점을 맞춘다(아브라함에게는 종종 간과되는 그두라 사이에서 낳은 여섯 아들이 더 있었다. 창 25:1-4). 갈라디아서 4:21-31에서 바울은 노예가 되는 한 유형의 아들과 자유가 주어지는 두 번째 유형의 아들에 대해 이야기한다.[25] 이 구절은 바울 서신에서 가장 이해도가 떨어지는 구절 중 하나인데, 가장 주된 이유는 바울이 아브라함 이야기를 알레고리라고 말할 때 그가 말하고자 하는 의미를 사람들이 잘못 해석하기 때문이다(갈 4:24).

사실상 거의 모든 해석자들은 **바울**이 여기서 자신은 역사적인 책으로 알려진 창세기에 대한 알레고리적 해석을 제공하고 있다고 주장한다고 결론지었다. 즉 대다수 해석자들은 바울이 여기서 아브라함의 언약의 씨에 속하려면 모든 남자가 할례를 받아야 한다는 창세기의 원래 의도를 훼손하는 방식으로 알레고리화한다고 생각한다. 직설적으로 말하자면 이 독법은 바울이 창세기의 의미를 심각하게 오해했거나 단순히 창세기의 의미에는 관심이 없고 이방인 독자들을 기만하거나 혼동시켜 그들이 그가 원하는 대로 행동하도록 하려 했다는 것을 의미한다. 물론 역사가들은 이 두 가지 가능성 중 하나를 받아들이는 데 아무런 거리낌이 없겠지만, 나는 이 두 가능성이 모두 틀렸다고 볼

---

25   비록 나는 현대적 맥락에서 포용성과 평등성을 전적으로 지지하지만, 바울의 언어의 성별 특성을 가리는 방식으로 *huioi*(아들들)와 *adelphoi*(형제들)를 번역하는 것에는 반대한다. 바울이 이 표현을 남성과 여성 모두에게 사용하는 것은 맞지만, 요점은 남성과 여성 모두 하나님의 아들인 메시아에 참여하기 때문에 **아들**이자 **형제**라는 것이다. 다시 한번 강조하지만, 바울이 이상한 사람이라고 생각해보자.

만한 충분한 이유가 있다고 생각한다.

바울은 **자신**이 창세기를 알레고리로 해석하고 있다고 말하지 않는다. 대신 그는 아브라함 내러티브 자체가 알레고리라고 주장한다. 그 차이는 중요하다. 그것은 민권 운동에 관한 역사적인 작품을 예수에 대한 알레고리로 취급하는 것과 존 번연의 『천로역정』과 조지 오웰의 『동물농장』을 알레고리로 취급하는 것의 차이다. 전자의 경우 알레고리로 해석하는 것은 독자의 몫이다. 후자의 경우 알레고리는 작가가 의도한 것이며, 독자는 알레고리의 원래 의도를 정확하게 해독해야 한다. 바울은 아브라함 내러티브가 본래 알레고리로 쓰였다고 주장한다. 즉 아브라함 내러티브의 원래 의도는 원래부터 알레고리적인 의미를 담고 있는 아브라함과 그의 아들들의 이야기를 제공하는 것이었다. 그리고 갈라디아서 4:21-31에서 바울은 독자들에게 이 원래 의미가 무엇이며, 이제 그들의 현재의 삶에 어떻게 적용되는지를 보여주고자 한다. 헤라클레이토스나 트리폰과 같은 그리스-로마 작가와 요세푸스나 필론과 같은 유대인 작가의 작품에서 볼 수 있듯이 "알레고리아"(*allēgoria*)는 바울 시대에 일반적으로 이런 의미를 가지고 있었다. 알레고리는 저자가 사용한 문학적 장치였지, 후대의 독자들이 비(非)알레고리 텍스트에 적용할 외적 해석 전략이 **아니었다**.[26]

26　Tryphon, *On Tropes* 1.1; Heraclitus, *Homeric Problems* 1.1, 3; 5.13; 22.1; 29.4; 41.12; 75.12. 알레고리아의 이러한 의미가 기원전 6세기까지 거슬러 올라간다는 증거를 제공하는 다음을 보라. Russell and Konstan, *Heraclitus*, xiii-xv. 필론은 "율법서 전부 또

따라서 이 문제의 해결책은 어떤 텍스트가 원래부터 알레고리인지를 파악하고 그것을 정확하게 읽어내는 방법을 터득하는 것이다.

바울이 아브라함의 이야기에 알레고리적인 의도가 담겨 있다고 생각했다면 그는 과연 그 이야기가 자신과 독자들에게 무엇을 가르치고 있다고 생각했을까? 그것은 아주 단순명료하다. 갈라디아의 이방인 남자들은 할례받는 것을 고려하고 있었다. 그리고 그들 중 일부는 아브라함의 자손이자 씨가 되기를 바라며 이미 할례 의식을 치렀을지도 모른다. 바울은 이것은 막다른 길이며 치명적인 해악을 가져다준다고 생각한다. 그리고 그는 성경 자체가 이런 사실을 보여준다고 믿는다. 따라서 그는 아브라함에게 한 명 이상의 아들이 있었지만, 그들 모두가 언약을 맺은 것이 아니라는 사실을 독자들에게 상기시킨다. 실제로 오직 그중 한 명만 언약을 맺었고, 그중 한 명만 아브라함의 씨로 여겨졌다.

이어서 바울은 이방인의 할례에 반하는 성경적인 사례를 아브라함 내러티브에서 찾아내어 그 내용을 간략하게 요약한다. 그는 먼저 율법 아래 있기를 원하는 사람들이 실제로 율법을 제대로 듣거나 순종하는지를 묻는다(갈 4:21). 그들이 듣지 못하는 것이 무엇인가? 첫째, 아브라함은 두 아들이 있었는데, 두 아들의 기원과 결과는 매우 달

는 대부분이 알레고리"라고 주장하고(*On Joseph* 28), 요세푸스는 때때로 모세도 하나님에 대해 알레고리적으로 이야기한다고 말한다(*Jewish Antiquities* 1.24).

랐다. 한 아들은 노예였던 어머니(하갈)에게서 태어났고, 다른 한 아들은 자유인인 다른 어머니(사라)에게서 태어났다. 노예 여인에게서 태어난 아들은 육신을 따라 태어났다고 바울은 말한다. 이것은 전통적인 성관계, 즉 자연적·육체적 수단을 통해 태어난 이스마엘에게 잘 어울리며, 사라와 아브라함이 한 행동의 결과다(창 16:1-3). 창세기 16장의 해설자는 육체적이고 인간적인 노력을 강조한다. 사라는 아이를 낳지 못했고, 종이 있었으며, 아브라함에게 말했고, 아브라함은 그것을 들었고, 사라는 하갈을 아브라함에게 데려갔으며, 아브라함은 하갈에게 들어갔고, 하갈은 임신했다. 창세기 저자는 하나님이 사라가 잉태하지 못하게 하셨다는 사라의 고백(16:2) 외에는 단 한 번도 하나님의 행위를 언급하지 않는다. 저자의 언어는 아담과 하와가 에덴동산에서 범한 죄의 이야기를 연상시킨다.

> 하와가 그 열매를 따서(took) **자기 남편**에게 **주었다**(3:6).
> 사라가 하갈을 **데려가**(took) 그녀를 **자기 남편**에게 **주었다**(16:3).

> 아담은 **자기 아내의 말을 들었다**(3:17).
> 아브라함은 [**자기 아내**] **사라의 말을 들었다**(16:2).

반면 이삭은 하나님이 연로함과 불임으로 인해 자연적으로 아이를 가질 수 없는 두 노부부에게 하신 약속을 통해 태어났다(창 11:30; 16:2;

18:11). 여기서 강조점은 하나님의 행동에 있다. "여호와께서는 말씀하신 대로 사라를 돌보셨고 여호와께서는 말씀하신 대로 사라에게 행하셨다"(21:1). 창세기 21장의 해설자는 이삭이 잉태하는 데 있어 아브라함의 역할이 과연 무엇이었는지 의아해할 정도로 하나님의 행동을 강조한다. 두 어머니에게서 태어난 두 아들은 매우 다른 방식으로 세상에 태어났다. 이스마엘은 **육신**을 따라 태어났다고 주장한 후 바울은 이제 이스마엘의 출생과 할례(바울은 이것을 "육신"[*sarx*]이라는 용어로 표현함)를 통해 아브라함의 자손이 되려는 갈라디아 이방인들의 노력 사이에 연결 관계를 구축했다(갈 3:3; 6:12-13). 육체적인 할례 의식을 통해 아브라함의 자손이 되려 한다면 조심하라. 아브라함의 원래 육신의 아들 이스마엘은 상속을 받지 못했다.

아브라함의 이야기를 빠르게 훑어보면 길게 설명하지 않더라도 바울이 더 많은 것을 염두에 두고 있음을 알 수 있다. 아브라함의 두 아들은 모두 할례를 받았다. 이스마엘은 창세기 17:23-27에서, 이삭은 창세기 21:4에서 할례를 받았다. 따라서 바울의 반대자들의 논리에 따르면 이스마엘과 이삭은 **모두** 아브라함의 아들이며 아브라함의 씨이어야 한다. 둘 다 하나님과 아브라함이 맺은 언약의 일원이자 아브라함에게 주신 약속의 상속자이어야 한다. 그러나 절대로 그렇지 않다. 창세기 17장은 이 사실을 분명하게 보여준다. 하나님은 이미 아브라함에게 이스마엘이라는 아들이 있을 때 아브라함 및 그의 후손과 할례 언약을 체결한다(17:9-14). 그리고 하나님은 즉시 아브라함에게 아내 사라가 아들을 낳을 것이라고 말씀하신다(17:15). 아브라함은 이 약속이 암시하는 바, 즉 이스마엘은 약속의 아들이 아니라는 것을 여기서 깨달은 것 같다. 그래서 아브라함은 하나님께 이스마엘을 인정해 달라고 요구한다. 하나님은 이스마엘에게 복을 주겠다고 말씀하시지만, 단호하게 이스마엘은 자신과 영원한 언약을 맺을 아브라함의 아들이 아니라는 선언을 그 축복의 말씀 사이에 끼워 넣으신다. 언약의 아들은 사라를 통해 태어날 것이며 이삭이라는 이름을 갖게 될 것이다(17:19-21). 이 본문은 인용할 만한 가치가 있다.

> 아브라함이 이에 하나님께 아뢰되 "이스마엘이나 하나님 앞에 살기를 원하나이다."
>
> 하나님이 이르시되 "아니라. 네 아내 사라가 네게 아들을 낳으리니 너는 그 이름을 이삭이라 하라. 내가 그와 내 언약을 세우리니 그의 후손에게 영원한 언약이 되리라.
>
> 이스마엘에 대하여는 내가 네 말을 들었나니 내가 그에게 복을 주어 그를 매우 크게 생육하고 번성하게 할지라. 그가 열두 두령을 낳으리니 내가 그를 큰 나라가 되게 하려니와
>
> 내 언약은 내가 내년 이 시기에 사라가 네게 낳을 이삭과 세우리라"(창 17:18-21).

이 본문이 분명히 보여주는 것은 할례를 받았다고 해서 하나님께서

아브라함 및 그의 자손과 맺은 언약의 일원이 된다는 보장이 없다는 것이다. 아브라함은 그의 종들에게도 할례를 베풀었는데, 이는 의무 사항이기도 했지만(창 17:12), 할례받은 종들이 이를 통해 언약의 상속자가 되는 것은 물론 아니었다. 조상 아브라함은 실제로 많은 아들(과 종)이 있었는데, 아브라함의 상속자는 오직 단 한 명뿐이었다. "아브라함이 이삭에게 자기의 모든 소유를 주었고"(창 25:5).

따라서 우리는 적어도 고대의 한 저자(희년서 저자)처럼 이스마엘과 이삭의 중요한 차이점은 오직 이삭만이 할례 의식을 올바르게 받았다는 점이라고 결론 내릴 수 있다.[27] 아무튼 창세기 17:12과 17:14(그리고 레 12:3)은 태어난 지 8일째 되는 날에 할례를 치를 것을 요구한다. 그러나 창세기는 이스마엘이 열세 살 때 할례를 받았고(17:25) 오직 이삭만 태어난 지 8일 만에 할례를 받았다는 점을 강조한다(21:4).

이처럼 각자 할례받은 시점이 다르다는 점을 고려하면 우리는 8일 이후에 할례를 받는 사람은 이스마엘을 본받는 것이지, 이삭을 본받는 것이 아니라는 결론에 도달할 수 있다. 그리고 이스마엘은 여종이 낳은 아들이었으므로 그와 그를 본받는 사람들도 똑같이 종이 되는 것이다. 하지만 종은 상속받는 아들이 아니다. 그리고 아브라함의

---

[27] 창 17장을 다룬 희년서에 대해서는 다음을 보라. Thiessen, *Contesting Conversion*, 67-86.

이야기는 이것을 분명하게 보여준다. 비록 하나님께서는 임신한 하갈을 아브라함의 집으로 돌려보내면서 장차 태어날 아들에게 복을 주시겠다고 약속하셨지만(16:7-10), 이스마엘은 아브라함의 영원한 가족 구성원이 되지 못했다. 그리고 이스마엘은 아브라함의 상속자가 되지 못했기 때문에 그의 할례를 본받는 사람도 똑같이 상속자가 되지 못한다. 더 심각한 것은 아브라함의 이야기가 이스마엘이 아브라함 가문에 편입되는 것을 묘사하지 않고 그 집에서 추방당하는 장면을 묘사한다는 점이다. 사라는 이스마엘이 이삭과 노는 것을 보고 분개하여 아브라함에게 다음과 같이 요구한다. "이 여종과 그 아들을 내쫓으라. 이 종의 아들은 내 아들 이삭과 함께 기업을 얻지 못하리라"(창 21:10). 바울은 바로 이 구절을 인용하며 아브라함 이야기를 마무리한다(갈 4:30). 사실상 바울의 창세기 해석은 다음과 같다.

- 이방인 남자 그대들은 율법을 지키고 싶어 하지만, 율법을 충분히 제대로 읽지 않았습니다.
- 그대들은 할례를 통해 아브라함의 자손이 되고 싶어 합니다.
- 그러나 아브라함에게는 할례를 받은 아들이 두 명 있었습니다. 이스마엘(종)과 이삭(상속자)입니다.
- 성인 할례를 받으면 그대들은 이삭이 아니라 이스마엘을 본받는 것입니다.
- 결과적으로 그대들은 이스마엘의 운명을 공유하게 됩니다.

- 이스마엘처럼 그대들은 상속을 받지 못할 것입니다.
- 오히려 그대들은 아브라함의 집에서 완전히 쫓겨날 것입니다.
- 오직 이삭과 같은 자들, 프뉴마와 약속에 따라 태어난 자들만이 상속을 받을 것입니다.

결론

바울의 할례 반대 수사는 그가 실제로 편지를 쓰게 된 역사적인 맥락에서 이해해야 한다. 그는 이방인들에게 구원의 메시지를 전하는 유대인 메시아의 대사다. 그러나 이 메시아를 믿게 된 사람들 중 일부는 할례 의식에 대해 언급하는 유대 경전과 바울이 전혀 언급하지도 않은 것들로 인해 혼란에 빠졌다. 그중에 어떤 이들은 이자테스 왕처럼 당장 할례를 받아야 한다고 확신했다. 비록 이러한 조짐은 고린도전서와 빌립보서에도 어느 정도 나타나지만, 바울은 특히 갈라디아서와 로마서에서 이 가능성을 언급하면서 이방인의 할례가 언약의 할례와 같지 않다는 것을 성경 본문을 통해 보여준다. 언약의 할례는 이방인의 문제를 다루지 않으며, 이방인을 상속자, 즉 아브라함의 후손으로 만들어주지 않는다. 이방인의 할례는 아브라함처럼 보이기 위한 외형적인 노력에 지나지 않으며, 종말론적·영구적 가치를 갖기에는 너무 육체적이고 피상적인 관계만을 만들어낼 뿐이다.

8장
프뉴마의 유전자 치료

N. T. 라이트는 바울의 메시지는 "인종(race)이 아니라 은혜(grace)"를 강조했다는 유명한(또는 악명 높은) 말을 남겼다.[1] 이러한 주장은 반대로 유대교는 은혜가 아닌 인종을 강조했음을 암시한다. 라이트와 제임스 던이 바울은 유대교의 민족중심주의를 타파하려 했다고 주장한 것도 바로 이런 맥락에서다. 나는 이러한 주장이 인종주의와 민족주의와 관련하여 당대의 중요한 관심사를 잘 반영하지만, 그것이 바울의 생각을 적절하게 설명하지 못한다고 생각한다. 내가 이 장에서 주장하겠지만, 바울의 글은 고대의 민족적인 사고에 대한 그의 확고한 신념을 보여준다. 하나님께서 아브라함과 그의 자손에게 주신 약속을 이어받으려면 이방인들은 아브라함과 **관계를 맺어야 한다**. 바울이 이방인의 할례에 반대한 이유는 민족적인 경계를 허물기 위해서가 아니라 할례가 아브라함과 이방인 사이에 존재하는 족보상의 간극을 메울 능력이 없다고 생각했기 때문이다. 바울에 따르면 오직 프뉴마(종종 "성령"으로 번역됨)의 신적 능력만이 이방인과 아브라함을 진정으로 연결할 수 있다. 요컨대 하나님이 아브라함에게 약속하신 많은 것들을

---

[1] Wright, *Climax of the Covenant*, 194, 247.

물려받으려면 이방인들은 프뉴마의 유전자 치료를 받아야 한다.

1세기의 한 이방인을 상상해보라. 그리고 그 이방인은 바울이라는 유대인이 (유대인의 신이기도 한) 우주의 가장 위대한 하나님께서 보내신 사자라고 믿게 되었다고 상상해보라. 또 이 사람이 바울이 선포하는 예수라는 모호한 사람에 대한 다소 이상한 메시지가 사실이라고 확신하게 되었다고 상상해보라. 그러니까 갈릴리 오지에서 평생을 산 한 유대인이 실제로 오랫동안 고대했던 이스라엘의 메시아라는 얘기다. 그러나 예수는 메시아임에도 불구하고 로마의 십자가상에서 죽임을 당했다. 로마 제국은 수년에 걸쳐 많은 사람을 십자가에 못 박았는데, 그 사람들은 가족과 친구들을 제외하고는 모든 사람의 기억에서 금방 사라지고 말았다. 따라서 1세기 이방인들은 다음과 같은 질문을 던질 수 있었다. 지중해 전역에 흩어져 사는 사람들은 왜 여전히 예수에 대한 이야기를 듣게 되었을까? 소수의 유대인들은 왜 아직도 이 예수가 실제로 그들이 오랫동안 고대했던 메시아라고 주장할까? 그들은 왜 그가 하나님의 아들이라고 선포하는 것일까? 바울이라는 사람은 왜 로마 제국 전역을 돌아다니며 비유대인들에게 유대인의 왕에 대해 이야기하면서 하나님이 십자가에 못 박힌 예수를 죽은 자 가운데서 다시 살리셨다고 주장할까? 왜 이방인들은 이처럼 황당한 메시지에 설득당하는 것일까? 그리고 만약 그 이방인이 그 메시지를 믿으면 어떻게 그 메시아의 나라에 들어갈 수 있을까?

내가 앞 장에서 주장했듯이 만약 바울이 이방인은 유대인이 될 수 없다고 가르쳤다면 다른 어떤 선택지가 남아 있었을까? 바울은 할례와 유대 율법이 이방인에게는 전혀 효력이 없다고 말한다. 왜냐하면 이스라엘의 하나님은 비유대인이 할례를 받고 유대 율법을 수용하는 것을 전혀 의도하지 않으셨기 때문이다.[2] 바울은 이런 식으로 유대인이 되려는 시도를 불필요하고 보기 흉한 성형 수술—사실상 신체훼손—에 지나지 않는다고 조롱한다(빌 3:2). 만약 이방인 남자가 할례를 받으면 그는 자신을 유대인이라고 여길 수 있고(롬 2:17) 심지어 유대인처럼 보일 수도 있지만(롬 2:28), 그는 여전히 이방인일 수밖에 없다. 바울은 이 방법으로는 불충분하다(저자가 사용한 영어 표현은 "이 방법으로는 절대 잘리지 않는다"[this simply won't cut it]임—역자주)고 생각한다(말장난을 해서 죄송합니다).[3] 할례는 어떤 사람을 속일 수는 있지만, 할례받은 이방인의 근본적인 문제를 해결해주지는 못한다. 그는 오직 육체의 문제만 해결했을 뿐, 프뉴마의 문제는 해결하지 못했다. 성형수술은 그 사람을 아브라함과 연결해주지 못하며, 하나님의 약속과도 연결해주지 못한다. 포피를 지닌 아브라함에게는 하나님으로부터 받은 약속이 있었다(롬 4:10). 반대로 할례받은 이스마엘은 약속의 수혜자가 아니었다.

혹자는 이방인은 아브라함과 관계를 맺을 필요가 없다고 결론 내

---

2 Eisenbaum, *Paul Was Not a Christian*, 62-63.
3 사실 나는 죄송하지 않습니다.

릴 수도 있을 것이다. 어쩌면 이방인은 이방인으로서 구원을 받고, 이전처럼 단순히 호의적인 이방인으로서 이스라엘과의 관계를 계속 유지할 수도 있을 것이다. 어쨌든 바울은 이방인들이 이스라엘의 하나님 외에 다른 모든 신을 버리고 죽은 우상에서 살아 계신 하나님께로 돌아오기를 기대한다(예. 고전 5:11; 6:9; 12:2; 고후 6:6; 살전 1:9). 또 어쩌면 이방인은 단순히 유대인이 하나님을 기쁘시게 하는 의로운 이방인에게 기대하는 특정한 도덕적인 기준—많은 유대인들이 하나님이 노아와 그의 모든 후손들에게 최소한의 도덕적인 기준으로 주셨다고 생각하는 일종의 변형된 율법—을 받아들이는 (고대의) 유일신론자가 되어야 할지도 모른다.[4] 그러나 적어도 바울의 두 서신은 이러한 생각을 다소 복잡하게 만든다. 그의 세 편의 서신에서 아브라함을 언급하지만, 그중에서 로마서와 갈라디아서는 아브라함과 그의 자손에 대해 다소 길게 이야기한다(롬 4장과 갈 3-4장). 거기서 아브라함은 모든 믿는 자의 조상이며, 메시아를 믿는 자들은 그의 자손이다(롬 4:11, 13; 갈 3:6, 29). 이 본문에서 바울은 하나님이 약속하신 것을 상속받으려면 이방인도 아브라함과 관계를 맺어야 한다고 믿고 있다. 만약 할례와 율법이 이방인을 아브라함의 자손으로 만들 수 없다면 과연 그것을 가능케 하는 것은 무엇일까? 바울은 여기서 후대 해석자들이 종종 오해해온 해결책 하나를 제시한다. 예를 들어 일부 바울 독자들은 바울

....

[4]   Novak, *Image of the Non-Jew in Judaism*.

이 하나님과 관계를 맺는 방향으로 대화를 전환함으로써 아브라함과 관계를 맺는 것의 중요성과 적실성을 최소화했다고 주장했다.[5] 하나님의 아들이 될 수 있는데 과연 누가 아브라함의 아들이나 씨가 되려고 할까? 그러나 로마서 4장과 갈라디아서 3장에서 바울은 사람이 어떻게 아브라함의 씨가 될 수 있는지를 설명하기 시작한다. 갈라디아서 3:29은 이에 대한 바울의 생각을 가장 명료하게 전달하는 구절이다. "너희가 메시아의 것이라면[*ei hymeis Christou*] 너희는 아브라함의 씨/자손[*sperma*]이다." 이방인이 아브라함의 씨가 되려면 메시아에게 속하기만 하면 된다. 그렇게 하려면 메시아에게로 들어가 메시아로 옷 입어야 한다. 바울은 메시아에게로(*eis*) 들어가거나 메시아에 의해 둘러싸이거나 메시아로 옷 입는다(*enduō*)는 등 포섭의 언어를 사용한다(갈 3:27). 이러한 진술은 우리가 공간의 범주로 사고하도록 유도한다. 메시아는 이방인이 아브라함과 관계를 맺기 위해 반드시 들어가야 하는 장소, 용기 또는 영역이다.[6]

메시아와 함께 세례를 받는다는 표현은 이 사건을 프뉴마를 영접하는 것과 연결하여 설명하는데, 이것은 바울이 갈라디아서 3:1-7에서 아브라함의 혈통에 대한 논증을 시작할 때 이미 다룬 내용이다. 거기서 바울은 갈라디아의 이방인 메시아 추종자들이 어떤 행위를 통해

---

5   Martyn, *Galatians*, 374.
6   다음을 보라. Tappenden, *Resurrection in Paul*.

서가 아니라 믿음을 들음으로써 프뉴마를 받았다고 강조한다. 이방인들은 바울이 선포한 복음을 믿음으로 받아들임으로써 이 강력한 프뉴마를 받은 자들이 되었다(3:1-5). 바울은 계속해서 이 이방인의 믿음을 창세기 15:6의 아브라함의 믿음과 비교하면서 믿음으로 난 자들이 아브라함의 자손이라고 결론지었다(갈 3:6).[7] 그러므로 갈라디아서 3:1-7의 논리는 믿음을 통해 **프뉴마**를 받는다는 것이다(참조. 3:14). 동시에 믿음으로 태어난 자는 아브라함의 자손이 된다.

그렇다면 어떻게 그렇게 될 수 있을까? 바울은 이 생각을 그냥 뜬금없이 끄집어낸 것일까? 아니면 아브라함의 혈통을 영적으로 해석한 것일까? 사람은 단순히 아브라함과 같이 행동하거나 그와 같이 생각하면 그의 자녀가 되는 것일까? 그리스도인들은 수 세기에 걸쳐 후자의 결론에 도달했다. 창세기 15장에 나오는 아브라함의 믿음을 본받으면 사람은 아브라함 같이 되고, 아브라함의 자녀라고 할 수 있다.

그러나 이것은 바울의 주장이 아니다. 믿음 그 자체가 아니라 믿음이 **가져다주는** 것이 사람을 아브라함의 자녀가 되게 한다. 믿음은 **프뉴마**를 가져다주고, 프뉴마가 아브라함과 이방인 신자 사이의 연결고리를 만든다. 왜 그럴까? 그것은 바로 이방인들이 받는 **프뉴마**의 정

---

7   그리스어 "호이 에크 피스테오스"(*hoi ek pisteōs* 및 유사한 어구)가 단순히 "믿음을 가진 자들"이 아니라 "믿음으로 태어나다"를 의미한다는 주장은 다음을 보라. Hodge, *If Sons, Then Heirs*. 예를 들어 전치사 에크는 갈 4:22에서 누군가에게서 태어나는 것을 가리키는 데 사용되었다. "아브라함에게 두 아들이 있었는데 하나는 여종에게서, 하나는 자유 있는 여자에게서 났다."

체성 때문이다. 갈라디아서 4:6에 따르면 하나님은 이 갈라디아 이방인들의 마음속에 자기 아들 메시아의 **프뉴마**를 보내신다. 이 구절은 바울이 갈라디아서에서 유일하게 **프뉴마**를 그저 **프뉴마**라고 말하지 않고 더 구체적으로 언급하는 구절이다. 즉 **프뉴마**는 그저 일반적인 **프뉴마**가 아니라 구체적으로 메시아의 **프뉴마**다.

내가 십 대 소년이었을 때 어떤 목회자는 내게 예수가 사람의 마음속에 들어간다는 것은 그저 상징이나 은유에 불과한 우스꽝스러운 생각이라고 말했다. 하지만 나는 바울이 이에 동의하지 않으리라 생각한다. 메시아 예수는 자신의 **프뉴마**를 통해 그를 믿는 사람들의 몸에 침투한다. 이방인들이 믿음으로 **프뉴마**를 받아들여 이 **프뉴마**가 그들 마음속에 들어가면 메시아의 물질이 그들에게 주입되고 그들의 몸에 스며든다. 동시에 이 이방인들은 메시아로 옷 입게 된다. 그러면 메시아는 그들을 **감싸고** 그들 안에 **내주한다.**

당연히 이 말은 우리에게 이상하게 들린다. 내가 생각할 수 있는 가장 좋은 비유는 물통에 잠긴 스펀지다. 물속에 충분히 오래 담가두면 다공질의 스펀지는 물을 잔뜩 흡수하고 물에 감싸인다. 동시에 물은 스펀지 속으로 들어가 스펀지를 "감싼다." 나는 이것이 바울이 생각하는 것과 완전히 똑같지는 않겠지만 비슷하다고 생각한다. 나는 다른 글에서 캐롤라인 존슨 호지(Caroline Johnson Hodge)와 스탠리 스타워즈(Stanley Stowers)의 주장을 따라 바울이 메시아 추종자들에게 일어나는 현상을 묘사할 때 그는 낭대의 과학에 의존하고 있었다고 주장한 바 있다.[8] 고대 철학자들은 모든 중요한 사항에 대해 논쟁을 벌였다. 놀랍게도 그들이 논쟁한 것 중 하나가 바로 두 가지 물질이 **실제로** 섞일 가능성/불가능성에 관한 것이었다. 스펀지와 물에 대한 나의 예를 살펴보자. 스펀지를 물통에서 꺼내 세게 짜면 모든 물은 다시 물통으로 떨어진다. 물과 스펀지라는 두 물질은 서로 섞이지 않는다. 혹은 두 물질이 서로 섞여 제3의 새로운 물질로 변하는 화학 반응을 예로 들어보자. 고대 철학자들은 이것이 진정한 혼합물이라고 생각하지 않았을 것이다. 왜냐하면 본래의 두 물질은 더 이상 존재하지 않기 때문이다. 그렇다면 과연 진짜 혼합물은 존재할 수 있을까?

스토아 철학자들에 따르면 그 대답은 "그렇다"이며 그들은 그런 혼합물을 **크라시스**(*krasis*)라고 불렀다. 바로 이 지점에서 이 철학적인 논의가 바울(그리고 다른 사람들)과 관련이 있다. 스토아학파는 그들이 **프뉴마**라고 부르는 원소와 공기, 불, 흙, 물의 네 가지 하위 원소로 이루어진 다른 더 열등한 물질이 혼합된 것을 **크라시스**의 최고의 예라고 생각했다. 예를 들어 스토아 철학자들은 영혼이 **프뉴마**라는 물질로 구성되어 있으며, 이 물질은 혈과 육의 몸을 구성하는 원소와 완벽하게 결합(크라시스)하여 하나의 유기체를 형성한다고 믿었다. **프뉴마**는 프뉴마로서, 육체는 육체로서 계속 존재하지만 그것들은 서로 같은 공간을 공유한다. 스토아학파는 이것을 두 물질의 **상호침투**

---

8   Hodge, *If Sons, Then Heirs*; Stowers, "'Pauline Participation in Christ.'"

(interpenetration)라고 불렀다. 이 개념은 기묘해서 때로는 고대인들조차도 스토아 철학자들을 조롱했다. 예를 들어 철학자 플루타르코스는 이렇게 말한다. "그러나 [스토아학파]가 요구하는 방식으로 [크라시스]가 발생하려면 혼합된 물질이 서로에게 침투하여 그것을 받아들임으로써 서로에게 그것의 용기가 되어 그것을 포용하는 것이 필요하다."[9]

플루타르코스는 두 물체나 물질이 서로를 감싸거나 서로에게 감싸이는 방식으로 섞일 수 있다는 개념은 우스꽝스럽다고 생각했다. 그러나 이 설명이 로마서 8장의 난해한 본문에서 바울이 **프뉴마**의 실체에 대해 말하는 내용과 얼마나 잘 부합하는지 주목하라. "너희는 육신에 있지 않고 **프뉴마**에 있다. 이는 너희 속에 하나님의 **프뉴마**가 거하시기 때문이다. 누구든지 메시아의 **프뉴마**가 없으면 그의 일부가 아니다. 그러나 메시아가 너희 안에 계시면 몸은 죄로 인해 죽었지만 **프뉴마**는 의로 인해 살아 있다. 예수를 죽은 자 가운데서 살리신 이의 **프뉴마**가 너희 안에 거하시면 메시아를 죽은 자 가운데서 살리신 이가 너희 안에 거하시는 그의 **프뉴마**를 통해 너희 죽을 몸에도 생명을 주실 것이다"(8:9-11). 첫 번째 문장은 **크라시스**에 대한 스토아학파의 사고와 유사하다(바울이 이것에 대해 알든 모르든). 즉 메시아 추종자는 **프뉴마** 안에 있고, 동시에 **프뉴마**는 메시아 추종자 안에 있다는 것이

---

9   Plutarch, *Against the Stoics* 1078B-C.

다. 다시 말하지만 내가 들 수 있는 가장 좋은 예는 스펀지(사람)가 물(프뉴마)에 감싸여 완전히 포화 상태가 되는 것이다. 그렇다면 메시아는 자신의 **프뉴마**를 통해 자기 추종자 안에 거하고, 그들은 메시아 안에 거하는 것이다. 그들은 메시아 안에 있고 그의 것이며, 메시아는 그들 안에 계신다. 이것은 메시아와의 단순한 대외적인 관계가 아니라 메시아에 완전하고 미묘하며 친밀하게 참여하는 것이다.

나는 다른 학자들을 통해 **프뉴마**, 하나님의 **프뉴마**, 메시아의 **프뉴마**가 바울의 사고 안에서 어떤 비물질적인 것이 아닌 가장 섬세하고 완벽한 형태의 물질이라는 확신을 얻었다.[10] 이러한 주장은 다시 한번 고대 스토아학파의 사고에 의해 좌우된다. 무엇보다도 그동안 기독교의 전통 신학이 하나님의 비물질성(immateriality)을 주장해왔기 때문에 이 주장은 많은 바울 학자들에게 논란의 여지가 있다. 기독교 신학은 하나님이 물질로 구성될 수 없다고 주장하는데, 이는 하나님이 나뉠 수 있고 변화와 부패의 대상이 될 수 있음을 의미하기 때문이다. 그러나 고대인들은 **프뉴마**라는 물질을 그렇게 생각하지 않았다. **프뉴마**에 대한 철학적·과학적 사유는 적어도 **프뉴마**가 우주를 구성하는 다섯 번째 원소와 어떤 식으로든 관련이 있다고 주장한 아리스토텔레스에게까지 거슬러 올라간다. 이전의 철학자들은 네 가지 원소—불, 공기, 흙, 물—를 제안한 반면, 아리스토텔레스는 **아이테르**

---

10   특히 다음을 보라. Engberg-Pedersen, *Cosmology and Self*.

(aether)라고 불리는 천상의 원소를 하나 더 추가했다. 플라톤적인 사고에 따르면 모든 물질은 변화와 소멸의 과정을 거치기 때문에 열등한 존재이지만, 아리스토텔레스는 **아이테르**는 다른 네 가지 원소와 다르다고 믿었다. 그는 **아이테르**만은 변하지 않고 영원하며 신성하다고 믿었다.[11] 아리스토텔레스에 따르면 **아이테르**는 지상의 영역(달 아래의 모든 것)과 상호작용할 때 **프뉴마**로서 그러했다. 따라서 **프뉴마**는 지상의 네 가지 원소 중 하나에서 나온 것이 아닌 이 네 가지 원소와 상호작용하는 **아이테르**였다. 또한 아리스토텔레스는 **프뉴마**를 몸과 물질로 언급하는 데 전혀 문제가 없었다.[12] 왜 그랬을까? 그 이유는 이것이 불가분하고 불변하며 영원하기 때문이다. 그것은 이 세상에 존재하는 모든 것 중 단연 최고였다!

바울은 스토아학파도 아니고 고도의 훈련을 받은 철학자도 아니었다. 하지만 플라톤적인 사고와 스토아적인 사고의 기본 요소는 대다수 그리스-로마 세계 사람들이 호흡하는 개념적인 공기였다. 오늘날 모든 사람이 쿼크와 하드론에 대해 알고 있으리라는 추측은 잘못된 생각이지만, 우리 가운데 다수는 중력이 무엇인지 혹은 원자, 양성자, 중성자가 무엇인지에 대해서는 적어도 기본적인 지식을 갖고 있다. 따라서 바울과 같은 사람이 당대에 **프뉴마**라는 용어가 어떻게 널

---

11 Aristotle, *On the Heavens* 1.1-3.
12 Aristotle, *On Spirit* 9.485b6-7. 다음을 보라. Bos and Ferwerda, *Aristotle*, and Bos, *Aristotle on God's Life-Generating Power*.

리 사용되고 있었는지 몰랐다는 것은 가히 믿기 어렵다. 그리고 우리가 이 점에 대해 사도행전을 신뢰할 수 있다면 바울은 스토아 철학의 온상으로 알려진 다소 출신이었다. 이것이 바로 그의 세상이었다. 비록 그것이 우리가 사는 세상이 아니었더라도 말이다.

따라서 바울이 **프뉴마**에 대해 언급했을 때 그는 그리스어로 번역된 유대 경전뿐만 아니라 **프뉴마**가 우주에서 최고의 물질로 여겨졌던 당시의 지적 맥락의 영향 아래서 **프뉴마**를 언급한 것이다. 다시 말해 바울이 전혀 다른 의미를 전달하려 하지 않은 한, 그의 독자들은 **프뉴마**를 당연히 주변 사람들이 일반적으로 사용하는 의미로, 즉 영원하고 신성한 물질을 지칭하는 것으로 이해했을 것이다. 우리는 바울이 무슨 생각을 하고 있었는지 정확히 알 순 없지만, 만약 그가 주변의 대다수가 사용하는 의미와 전혀 다른 방식으로 이 용어를 사용하려 했다면―또 그가 의사소통에 매우 서투른 사람이 아니었다면―그는 자신이 의미하는 바를 명확히 밝혀야 한다는 점을 잘 알고 있었을 것이라고 나는 생각한다. 그렇지 않다면 그는 당연히 불가피한 오해를 불러일으켰을 것이다.

육아와 관련된 웃긴 예를 하나 들어보자. 어느 날 나는 가족과 함께 버펄로 시내를 드라이브하고 있었는데, 나의 4살배기 딸내미가 갑자기 뜬금없이 소리를 쳤다. "난 메노나이트(Mennonites)가 싫어!" 깜짝 놀란 우리는 딸에게 그 이유를 물었다. 딸의 대답은 이러했다. "그들은 항상 사람들에게 상처를 입히니까!" 당황한 우리는 "매기, 우리도 메노나이트인데, 우리가 사람들에게 항상 상처를 주나요?"라고 물었다. 그러자 그 아이는 이렇게 말했다. "잠깐만! 그게 아니라 기사들(knights), 난 기사들이 싫어." 평화주의를 적극적으로 지지하는 사람을 가리키기도 하는 메노나이트라는 단어를 거의 정반대로 폭력을 사용하는 사람을 가리키는 데 사용한 우리 딸 덕분에 차 안은 한바탕 웃음바다가 되고 말았다.

따라서 바울이 갈라디아서 4:6, 로마서 5:5, 고린도후서 1:22에서처럼 사람들의 마음속에 **프뉴마**가 들어가는 것에 대해 이야기하거나 더 광범위하게 메시아를 따르는 사람들이 **프뉴마**를 받는 것에 대해 이야기할 때(고전 2:12; 고후 5:5) 현대 독자들은 이것을 가능한 한 물질적인 의미로 이해해야 한다. **프뉴마**는 인간의 몸의 진원지라고 할 수 있는 인간의 마음속으로 들어가는 하나님의 물질적인 선물―하나님과 하나님의 메시아의 현존―이다. 거룩한 **프뉴마**는 인간의 몸 안에 물질적으로 거주한다(롬 8:11; 고후 6:16[변형된 형태의 레 26:11을 인용]; 참조. 딤후 1:14).[13]

이 모든 것이 비유대인이 아브라함의 씨와 자손이 되는 것과 어떤 관계가 있을까? 바울은 갈라디아 교인들에게 그들이 믿음을 통해

---

13 바울 서신에서 다른 두 본문이 그리스어 동사 에노이케오(*enoikeō*, 거주하다)를 사용하지만, 프뉴마에 대해서는 언급하지 않는다. 골 3:16은 사람들 안에 거하시는 메시아의 말씀에 대해 이야기하는 반면, 딤후 1:5은 사람들 안에 거하는 믿음(*pistis*)에 대해 이야기한다. 나는 두 본문 모두 프뉴마가 물질적으로 거주하는 것과 밀접한 관계가 있다고 생각한다.

받은 **프뉴마**는 그저 오래된 불특정한 **프뉴마**도 아니고 이 우주의 **프뉴마**(고전 2:12)는 더더욱 아니며, 하나님의 아들 메시아 예수의 **프뉴마**라는 사실을 분명히 밝힌다(갈 4:6). 그러므로 이 이방인들은 부활때 스스로 **프뉴마**가 되신 메시아의 불변하고 영원한 것으로 채워졌다 (고전 15:45; 고후 3:17-18). 하나님은 이방인에게 메시아의 **프뉴마**를 주입하심으로써 이를테면 이방인의 유전자 코드를 편집하여 이방인의 DNA를 수정함으로써 이방인의 문제에 개입하셨다. 이방인의 몸에 삽입된 **프뉴마**는 이제 메시아의 유전자 코드가 담긴 매개체다. 누구든지 주님과 연합한 자는 그와 한 **프뉴마**다(고전 6:17).

갈라디아서 4:6 바로 앞에서 바울은 메시아가 아브라함의 자손이라는 주장을 개괄한다(갈 3:16). 이 구절에서 바울은 메시아에 관한 본문을 창세기의 아브라함 및 아브라함의 씨에 관한 이야기와 연결한다. 갈라디아서 3장 전반에 걸쳐 바울은 아브라함이 하나님의 약속을 신뢰함으로써 이 신뢰가 의로 여겨진 창세기 15장의 이야기를 생생하게 전달한다(창 15:6; 참조. 갈 3:6). 바울은 아브라함의 씨를 메시아와 동일시할 때 이 이야기를 염두에 두고 있다. 하나님의 약속을 믿기 바로 직전에 아브라함은 자신에게 하나님의 약속을 이어받을 자식이 아직 없다는 사실을 하나님이 전혀 모르시는 것 같다고 불평한다. 아브라함은 "주께서 내게 씨[*sperma*]를 주지 아니하셨으니"(창 15:3) 라고 말한다. 하지만 하나님은 또 다른 약속으로 그에게 응답하신다.

"네 몸에서 날 자가 네 상속자가 되리라"(15:4).[14] 따라서 창세기 15장은 아브라함의 씨(*sperma*)를 "네 몸에서 날 자"로 규정한다. 이 표현은 유대 성경에서 단 두 군데서만 나오는데, 두 곳 모두 다윗의 후손을 가리킨다. 한 번은 다윗을 죽이려는 다윗의 아들 중 한 명을 가리킨다(삼하 16:11). 다른 하나는 사무엘하 7장에서다. 거기서 하나님은 예언자 나단을 통해 "네 몸에서 날 자"(7:12), 곧 다윗의 씨(*sperma*)를 일으켜 세우겠다고 그에게 약속하신다. 두 본문의 히브리어가 같기 때문에 바울의 머릿속에서는 아브라함의 씨와 다윗의 씨가 서로 연결되었을 가능성이 있다.[15]

예수가 메시아라면 그는 다윗의 후손일뿐더러, 창세기 15장에서 하나님이 약속하신 아브라함의 후손이다. 그리고 이방인 신자들이 메시아의 **프뉴마**를 가지고 있다면 그들은 자신 안에 메시아의 물질을 가지고 있으며, 동시에 메시아로 옷 입고 있는 것이다. 그들은 메시아 안에 있고, 메시아는 그들 안에 계신다. 이를테면 그들은 메시아의 DNA를 주입받은 것이다. 결과적으로 그들은 이제 물질적으로든 유

---

14 이 번역은 히브리어 성경에 기초한 것이다. 창 15:4의 70인역은 "너에게서 나오는 자"로 되어 있다. 이 텍스트 관련 문제에 대한 논의는 다음을 보라. Thiessen, *Paul and the Gentile Problem*, 125.

15 그리고 아마 다른 생각도 있었을 것이다. 예컨대 예수를 다윗의 자손이자 아브라함의 자손으로 언급하는 마 1:1을 보라. 시 132:11(LXX 131:11)에도 이와 비슷한 표현의 약속이 나온다. "여호와께서 다윗에게 성실히 맹세하셨으니 변하지 아니하실지라. 이르시기를 '네 몸의 소생을 네 왕위에 둘지라.'"

전적으로든 족보상으로 메시아뿐만 아니라 아브라함과도 연결되어 있다. 그들은 과거에 아브라함과 아무런 관련이 없었다는 사실에 대응하는 차원에서 신적·프뉴마적 유전자 치료를 받았다. 프뉴마적 유전자 치료는 아브라함과 이방인 사이의 족보상의 간극을 메우는 성형수술보다 훨씬 더 첨단 기술이다. **프뉴마**를 통해 그리고 메시아 안에서 이방인들은 아브라함의 자손이자 씨가 되었다.

요약하자면 바울의 반대자들은 할례를 통해 이방인과 아브라함 사이에 어떤 연결고리를 만들려 했다. 이것은 바울에게 몇 가지 이유에서 문제가 된다. 할례 의식은 외적인 문제만을 다루었고, 오직 육신(*sarx*)에만 변화를 가져왔다. 그것은 더 심각한 문제를 해결하기 위한 육체적·피상적 노력에 불과했다(갈 3:2-5). 따라서 그것은 신체를 훼손하는 결과만을 가져왔다(빌 3:2). 이방인들은 **프뉴마**를 율법의 행위로 받지 않았다. 그런데 왜 그들은 **프뉴마**가 이미 해결하지 못한 것을 율법의 행위가 해결해주리라고 생각했을까? 그들은 **프뉴마**에 율법의 행위를 더하면 **프뉴마**가 할 수 없는 것을 율법의 행위가 할 수 있다고 생각했을 것이다(비록 의도적이진 않았겠지만). 물론 이러한 생각은 메시아가 이방인의 문제를 완전히 해결하지 못했다는 것을 의미한다.

이러한 주장을 제기할 때 바울은 다시 한번 당대의 물리학에 의존한다. 인간의 육체는 네 가지 하위 원소의 조합으로 이루어져 있으므로 변할 수 있고 영원하지도 않다. 따라서 할례와 같은 관행을 신뢰하는 것은 없어질 것을 신뢰하는 것이다. 갈라디아 교인들이 할례를 통해 아브라함과의 연결고리를 만들려 했다면 그것이 어떤 것이든 단순히 피부 표면의 것만으로는 종말의 시험을 견뎌내지 못했을 것이다. 그들은 육신을 따라 아브라함의 자손이 되고자 했고(갈 4:29), 기껏해야 "지금 있는 예루살렘"의 시민, 즉 종말에는 존재하지 않을 예루살렘의 유한한 지상 시민(4:25)이 되고자 한 것이다. 이와는 대조적으로 메시아의 **프뉴마**를 통해 아브라함과 연결된 이방인들은 **프뉴마**를 따라 아브라함의 자손이 되었고(4:29), 불변하고 불멸하며 영원한 물질을 통해 아브라함과 연결되어 위에 있는 예루살렘, 즉 하늘에 있는 영원한 예루살렘의 시민이 되었다(4:25).

바울의 주장을 간결하게 요약하면 다음과 같다.

- 이방인이 하나님의 약속을 상속받으려면 아브라함의 자손이자 씨가 되어야 한다.
- 메시아는 아브라함의 자손이자 씨다.
- 이방인은 믿음을 통해 메시아의 본질, 즉 그의 **프뉴마**를 받았다.
- 믿음과 **프뉴마**를 통해 그들은 메시아 안에 배치되었다.
- 메시아의 **프뉴마**는 또한 그들의 몸으로 스며든다.
- 그들은 메시아의 본질을 가지고 있으며 메시아의 본질 안에 존재한다.
- 이방인들은 아브라함의 자손이자 씨가 되었다.

9장
메시아의 몸들

비유대인들은 메시아의 **프뉴마**를 통해 족보상 아브라함과 연결됨으로써 하나님이 아브라함에게 약속하신 많은 것을 상속받을 수 있을 뿐만 아니라 이제 그들의 정체성과 삶에도 새로운 변화가 일어난다. 그들은 메시아를 통해 아브라함의 자손과 씨가 되었다. 또한 그들은 유대인 메시아의 **프뉴마**로 충만하여 (비록 혈과 육의 몸은 비유대인으로 남아 있을지라도) 근본적으로 유대인의 삶의 방식을 따라 살게 되었다.

나는 바울이 기독론에 대한 완벽한 논문을 썼으면 좋겠다고 생각하지만, 그는 그렇게 하지 않았다. 따라서 바울 서신에서 예수와 이스라엘의 유일신 하나님을 서로 동일시하는 초기 "고 기독론"의 증거를 제공하는지, 아니면 예수가 죽고 나서야 비로소 신으로 승격되는 초기 "저 기독론"의 증거를 제공하는지, 아니면 그 어느 중간인지에 대해 학자들의 의견이 여전히 분분한 것이 그리 놀라운 일일까? 바울은 삼위일체 교리를 믿는 사람은 아니었지만, 그의 글은 어쩌면 불가피하게 삼위일체론적인 방향으로 가고 있는 것은 아니었을까? 로마서 9:4-5과 같은 고전적인 본문들은 여전히 격론의 장으로 남아 있다. 바울은 거기서 메시아에 대해 언급하면서 "만물 위에 계셔서 세세에 찬양을 받으실 하나님"이라는 말로 마무리한다. 여기서 **하나님**이라는 단어는 메시아를 가리키는 것일까, 아니면 바울은 메시아를 포함하여 육체적 이스라엘에 속한 많은 복에 대한 설명을 마치고 나서 이스라엘의 하나님을 찬양하고 있는 것일까?

바울 서신의 다른 본문은 메시아가 태어나기 전부터 선재했음을 암시하고 그가 신적 존재임을 증언하는 것 같다. 예를 들어 바울은 하나님께서 적절한 때에 그의 아들을 보내사 여자에게서 태어나게 하시고 율법 아래서 유대인으로서 살게 하셨다고 말한다(갈 4:4). 하나님은 그의 아들이 태어나기 이전에 이미 존재했어야만 그를 이 땅에 **보낼** 수 있었다. 그리고 바울은 이스라엘 백성이 이집트에서 나와 광야에서 방황할 때 그들을 따라다니던 프뉴마적 반석으로부터 물을 마셨다는 이야기를 고린도 교인들에게 들려준다(고전 10:1-4). 바울은 여기서 적어도 두 번 이상 이스라엘 백성에게 물을 공급해준 반석을 언급하는데(출 17:5-6; 민 20:8-11), 이것은 이미 유대인들 사이에서 널리 알려진 전승이다(신 8:15; 느 9:15; 시 78:20; 105:41; 114:8; 사 48:21; 지혜서 11:4). 그런데 바울은 이 프뉴마적 반석이 실제로 메시아였다고 주장한다(고전 10:4). 일부 해석자들은 이 본문을 바울이 알레고리로 해석한 예로 이해하지만, 그것은 결코 사실이 아니다. 아무튼 바울은 이 반석이 메시아**라고**(is) 말하지 않고 메시아**였다**(was)라고 말한다. 이 메시아는 혈과 육을 지닌 몸으로 태어나기 훨씬 전부터 존재했고, 광야에서 이스라엘 백성에게 **프뉴마적** 자양분을 제공했던 반석으로 체화되었다. 메시아의 석화(petrification, 石化)는 성육신 이전에 이루어졌다.

고대 신들은 다양한 몸을 취할 수 있었다.¹ 따라서 바울에게 있어 메시아는 인간의 육신을 입기 전에도 일종의 신적 존재였다.

이스라엘 백성이 이집트의 노예 생활에서 해방된 사건의 중요한 시점에서 메시아는 반석으로 체화되었다. 그리고 바울은 이제 때가 차매 메시아가 사람들을 이 악한 세대(갈 1:4)와 참된 신이 아닌 신들의 노예 생활(4:8)에서 구원하기 위해 여자에게서 태어나 율법 아래에서(4:4) 혈과 육의 몸으로 육화되었다고 말한다. 앞에서 언급했듯이 바울은 예수의 생애와 가르침, 즉 그의 성육신 기간에 대해 많이 언급하지 않는다. 그러나 갈라디아서 4:4에서 그는 예수의 인성과 그의 유대인 됨을 강조한다. 그리고 그는 로마서 서문에서 육신에 따르면 예수가 다윗의 씨임을 강조하는데(롬 1:3), 이러한 주장은 다시 한번 예수의 성육신, 유대인 됨, 메시아 계보를 강조하는 것이다.² 예수의 생애에 대한 바울의 가장 긴 설명은 그가 빌립보 교인에게 보낸 편지에서 수용하고 각색한 것으로 보이는 찬송 본문에서 찾아볼 수 있다. 이 편지에서 바울은 독자들에게 메시아를 본받을 것을 당부한다.

그는 비록 신의 형체를 지니셨지만

---

1 이러한 흥미로운 기록은 다음을 보라. Sommer, *Bodies of God*. In 나는 "'Rock Was Christ'"에서 고린도전서에 나타난 메시아의 여러 몸을 제대로 이해하기 위해 Sommer의 연구를 적용하려고 노력했다.
2 바울 서신에 나타난 예수의 메시아 되심에 관해서는 다음을 보라. Novenson, *Christ among the Messiahs*.

신과 동등하다고 여기지 않으시고

오히려 자기를 비워

종의 형체를 가지사³ 사람들과 같이 되셨고

사람의 모양으로 나타나사

자기를 낮추시고

죽기까지 복종하셨으니

곧 십자가에 죽으심이라.

그러므로 하나님이 그를 지극히 높여

모든 이름 위에 뛰어난 이름을 주사

하늘에 있는 자들과 땅에 있는 자들과 땅 아래에 있는 자들로

모든 무릎을 예수의 이름에 꿇게 하시고

모든 입으로 예수 그리스도를 주라 시인하여

하나님 아버지께 영광을 돌리게 하셨느니라(빌 2:6-11).⁴

여기서와 바울 서신의 다른 본문에서 발견되는 것은 천상의 영역에

---

3   Nijay Gupta("To Whom Was Christ a Slave?")는 이러한 종의 형체가 죄와 죽음의 세력 아래 노예가 된 인간의 상태라는 주장을 설득력 있게 펼친다.
4   여기서 나의 번역은 "테오스"가 정관사 없이 사용된 경우 "신"으로 번역하고, 정관사와 함께 사용된 경우에는 "하나님"으로 번역했음을 보여준다. 내가 이렇게 번역한 것은 바울이 예수와 이스라엘의 하나님, 즉 하위 신과 최고 신을 구별하려는 의도를 가지고 있다고 내가 확신하기 때문이 아니라 그저 이러한 해석이 가능하다는 것을 보여주기 위함이다.

서 지상의 영역으로, 프뉴마적 존재에서 혈과 육의 존재로, 신적인 존재에서 노예가 된 인간의 존재로 하강하는 메시아의 삶의 패턴이다. 이 메시아는 너무 멀리 내려와 자신을 너무 낮추어 심지어 로마 세계에서 가장 처참한 처형 제도로 여겨지는 십자가에서 죽임을 당하셨다. 바울은 틀림없이 독자들이 이러한 메시아에 관한 묘사를 신들/하나님과 동등하게 되리라고 믿고 금지된 과일을 따먹은 아담과 하와(창 3:5)와 대조하도록 의도했을 것이다. 그는 또한 독자들이 메시아의 모범을 창세기 6장(그리고 관련 이야기)의 하나님의 아들들이든, 다양한 그리스-로마 신들의 이야기이든, 남을 섬기는 대신 자기의 것을 움켜쥐는 신들과 대조하도록 유도했을 수도 있다. 메시아가 기꺼이 복종하고 자신을 낮춘 결과, 유대인의 하나님은 그를 죽은 자 가운데서 살리시고, 다른 모든 이름 위에 뛰어나게 하시며, 천상의 영역으로 높여 다시 **프뉴마**로 존재하게 하시고(참조. 고후 3:17; 고전 15:45), 천상, 지상, 지하의 모든 권세가 그를 주님으로 고백하게 하셨다(빌 2:10).

바울은 메시아 예수가 주님(*kyrios*)임을 주장하며 이 찬송을 마무리한다. 데이비드 리트와(David Litwa)는 바울이 빌립보서 2:6-11에서 예수에 관한 짧은 이야기를 들려준다고 주장한다. "이 짧은 본문에서 예수는 인격화(hominified)되고 신격화된다(deified). 그가 **인격화**될 수 있었던 이유는 역사적으로 기원후 40년대에 이미 일부 그리스도인들이 예수를 하나님의 형체와 영광을 지닌 선재적·신적 존재로 여겼기 때문이다(빌 2:6). 이 찬송에서 또한 예수는 숭귀와 경배를 받고 '모든 이름 위에 뛰어난 이름'을 부여받음으로써 **신격화**되는데, 이 모든 것은 사실 야웨(여기서는 '아버지'로 지칭됨)께 마땅히 돌아가야 하는 영예다."[5]

만약 우리가 예수의 생애를 바울 서신으로만 재구성해야 한다면 다음과 같은 모습이 드러날 것이다. 메시아 또는 하나님의 아들은 태어나기 전부터 존재했고, 유대 여인에게서 태어났으며, 유다 지파 출신이었다. 그는 나중에 십자가에 못 박혀 죽었지만, 유대인의 하나님이 그를 죽은 자 가운데서 살리시고 다른 모든 권세와 이름 위에 뛰어나게 하셨다.[6] 바울은 나중에 복음서에서 강조하는 예수의 능력 행함에 관해서는 전혀 언급하지 않는다. 바울은 율법에 대한 예수의 입장을 단 한 번 언급한다. 즉 사람은 이혼하려 하지 말고, 만약 이혼했다면 절대 재혼해서는 안 된다는 입장 말이다(고전 7:10-11). 학자들은 다른 본문에서 바울이 예수의 다른 가르침도 알고 있었다는 증거를 포착하지만,[7] 바울이 "예수가 명한 대로"라고 말할 필요성을 전혀 느끼지 못했다는 점은 시사하는 바가 크다. 바울은 선재적 메시아의 성육신에 대해 짧게 언급하지만, 그의 초점은 메시아의 죽음 및 승리의

---

5   Litwa, *Iesus Deus*, 5-6.
6   여기서는 다음을 보라. D. Campbell, "Story of Jesus."
7   한 가지 가능한 예는 롬 14장에 나오는 음식 먹는 것에 대한 바울의 지침인데, 거기서 그는 복음서에서 예수가 음식에 대해 사용한 것과 동일한 단어(*koinos*, 예. 막 7:1-19)를 사용한다. 하지만 나는 마가가 롬 14장을 알고 있었을 개연성이 더 높다고 생각한다.

부활과 승귀에 맞추어져 있다. 바울에게는 메시아의 중요성이 바로 여기에 있기 때문이다.

메시아는 혈과 육을 지닌 몸을 입기 전부터 존재했다. 그는 (정확히는 알 수 없는 기간 동안) 유다 지파 출신의 유대인 남자로 살았다. 그는 십자가에 못 박혀 죽고 매장되었다. 그러나 죽은 지 사흘째 되던 날에 하나님은 그를 죽은 자 가운데서 다시 살리셨다. 그는 그 후 수많은 사람들에게 나타났다. 그는 베드로, 열두 제자, 500명의 메시아 추종자, 야고보, 모든 메시아의 사자에게 나타났고, **마지막으로** 바울에게 나타났다(고전 15:1-8). 바울이 이 부활을 예수의 혈과 육을 지닌 몸의 부활이라고 믿었는지는 불확실하지만, (N. T. 라이트의 연구에도 불구하고[8]) 그럴 가능성은 있다. 그러나 **분명한** 것은, **처음에** 어떻게 부활했는지와는 무관하게 예수는 **더 이상** 혈과 육의 몸을 갖고 있지 않다는 점이다. 바울은 고린도 교인들에게 "주는 **프뉴마**이시다"라고 말한다(고후 3:17-18).

바울은 그 이전에 고린도 교인에게 보낸 편지에서 마지막 아담인

8　Wright, *Resurrection of the Son of God*. 확실히 누가복음과 요한복음은 모두 예수의 육체적 부활을 묘사하고 있다. 요 20:24-29에서 부활하신 예수는 여전히 십자가 처형의 육체적 상처를 지니고 있고, 눅 24:39에서 예수는 제자들에게 자신을 만져보라고 말하며, 프뉴마는 살(*sarx*)과 뼈가 없으므로 자기는 프뉴마가 아니라는 것을 확인해보라고 말한다. 그러나 이 복음서 저자 중 한 명이라도 예수가 하늘로 승천하여 거기서도 계속 혈과 육의 몸을 지니고 있다고 믿었는지는 확실하지 않다. 다음을 보라. Heim, "In Heaven as on Earth?"

메시아가 "생명을 주는 **프뉴마**"가 되었다고 말한다(고전 15:45). 오해의 소지가 많지만, 예수가 **프뉴마**가 되었다고 말하는 것은 이제 그가 더 이상 몸이 없거나 비물질적인 존재라고 말하는 것과 같지 않다. 바울과 그의 초기 독자에게 **프뉴마**는 불변하고 영원하기 때문에 이 세상에 존재하는 최고의 물질이었다는 것을 기억하라. 따라서 메시아가 생명을 주는 **프뉴마**라고 주장하면서 그가 더 이상 혈과 육의 몸이 없다고 말하는 것은 메시아가 더 이상 몸이 없다거나 그의 부활이 육체적인 부활이 아니었다고 말하는 것과 같지 않다. 천상의 영역에서 메시아의 몸은 프뉴마적인 몸이며, 영광스럽고 강하며, 하늘에 있고 부패하지 않으며, 불멸하는 최고의 물질로 구성된 몸이다(고전 15:41-43, 47-48, 53-54).

　기원후 2세기에 이미 많은 그리스도인들은 더 이상 **프뉴마**가 물질이라는 믿음을 공유하지 않으면서 바울 서신을 새로운 시각에서 이해하려고 했다. 우리는 바울의 이름으로 고린도3서를 저술한 사람이 고린도전서 15장에 기록된 바울의 주장을 완전히 무시해버린 행동에서 이러한 변화를 엿볼 수 있다. 후대의 그리스도인들은 바울의 물리학을 공유하지 않을 순 있지만, 그렇다고 해서 바울을 자신이 상상하는 이미지로 개조하려 해서도 안 된다. 그가 아무리 이상한 사람으로 변한다 하더라도 우리는 바울을 그의 모습 그대로 내버려 두어

야 한다.[9]

    내가 앞 장에서 언급했듯이 바울은 당시 만연해 있던 과학 이론에 따라 **프뉴마**가 물질이며 일종의 몸이라고 믿었다.[10] 바울의 물리학은 후대 기독교의 전통 신학과 달랐으며, 이러한 깨달음은 일부 독자들에게 불편하게 느껴질 수 있다. 다시 말하지만 기독교의 전통 신학은 모든 물질은 변하고 파괴되며 부패하기 때문에, 하나님은 몸을 가질 수 없고 물질로 이루어져서는 안 된다고 규정한다. 전통적 기독교 신학자들은 이러한 과학적 가정에 입각하여 하나님은 필연적으로 몸을 가지거나 물질로 이루어질 수 없다는 결론을 내릴 수밖에 없었다. 최고의 하나님은 영원하고, 파괴될 수 없으며, 불멸의 존재여야만 한다. 하나님은 **프뉴마**이시므로 기독교 신학자들은 **프뉴마**를 비물질적·비육체적 존재로 정의하게 되었다(하나님은 **프뉴마**라고 간단명료하게 말

---

9   바울의 이질적인 사고와 진술하게 씨름하면서도 그 신학적 가치를 유지하고자 하는 노력의 일환으로는 다음을 보라. Padgett, "Body in Resurrection."
10 일부 초기 기독교 신학자들은 여전히 여기서 스토아학파의 과학을 지지했다. 예를 들어 기원후 3세기 초에 테르툴리아누스는 다음과 같이 말했다. "어떤 형태의 하나님? 분명히 무형은 아니고 어떤 형태일 것이다. 비록 하나님은 영이시지만 누가 하나님이 몸이라는 것을 부인할 수 있겠는가? 이는 영은 자신의 종류, 자신의 형태의 몸이기 때문이다"(*Against Praxeas* 7; trans. Evans). 오리게네스는 이들의 견해에 동의하지 않으면서도 일부 그리스도인들이 하나님을 불이나 프뉴마로 언급하는 것을 하나님이 몸을 지니고 있다는 증거로 이해했다고 지적한다. "많은 사람들이 하나님과 그의 본질에 대해 장황한 토론을 벌였다. 어떤 이들은 심지어 그분이 미세입자로 구성되어 아이테르와 같은 육체적 본질을 가지고 있다고 말하기도 했다"(*Commentary on the Gospel according to John* 13.123; trans. Heine; 참조. *First Principles* 1.1.1; trans. Butterworth).

하는 요 4:24을 그저 제거할 수가 없어서). 바울과 전통 기독교 신학은 **프뉴마**가 물질인지와 몸을 지니고 있는지에 대해 서로 동의하지 않지만, 몇 가지 본질적인 것에 대해서는 서로 동의한다. 즉 하나님은 **프뉴마**로서 부패나 파괴의 대상이 아니시다. 하나님은 **프뉴마**로서 영원한 불멸의 존재이시다.

그리고 이것이 바로 부활 이후의 메시아의 모습이다. 메시아는 완전한 프뉴마적 존재로서 **이제** 동시에 여러 가지 방식으로 존재할 수 있는 능력을 지니게 되었다. 따라서 바울은 하나님이 메시아를 만물보다 지극히 높이셨다고 말할 수 있고(빌 2:9, 이는 메시아가 하늘로 승천하신 것을 말함), 또 메시아가 다른 방식으로 동시에 존재하는 것을 상상할 수 있다. 이것이 바로 바울 신학의 핵심인 메시아의 몸이다. 부활하고 승천하신 프뉴마적 메시아도 지상의 몸을 갖고 계시며, 신자는 그 몸의 일원이 되거나 그 몸과 하나가 되어야 한다. 바울 문헌은 "메시아 안에(서)", 즉 "엔 크리스토"(*en Christō*)라는 그리스어 어구를 70회 이상 사용한다. 한 세기 전에 알베르트 슈바이처(Albert Schweitzer)는 "'그리스도 안에 있음'은 바울의 가르침에서 가장 어려운 난제로서 일단 그것을 깨닫게 되면 전체의 실마리가 풀린다"고 주장했다.[11] 그는 바울 사상에서 이 측면을 그의 "신비주의"(mysticism)라고 명명

---

11 Schweitzer, *Mysticism of Paul the Apostle*, 3. 문제는 우리가 그것을 완전히 이해했는지에 달려 있다. 바울 서신에 나타난 "메시아 안에서"라는 표현과 씨름하려는 최근의 노력으로는 다음을 보라. Hewitt, *Messiah and Scripture*; Morgan, *Being "in Christ."*

한다. 비록 많은 사람들은 E. P. 샌더스가 바울에 대한 새 관점의 창시자라고 주장하지만, 그가 실제로 바울을 다루는 방식은 (비록 **신비주의**가 아닌 **실제적인 참여**라는 언어를 사용함에도 불구하고) 슈바이처의 중요한 주장을 상당 부분 되풀이한 것이다.[12]

이 두 용어는 모두 한계가 있다. **신비주의**는 무엇을 의미하는가? **참여**는 무엇을 의미하는가? 내 생각에 메시아 안에 있다는 개념을 가장 잘 설명하는 것은 종종 간과되곤 하는 캐롤라인 존슨 호지(Caroline Johnson Hodge)의 연구인데, 그녀는 우리가 이 개념을 신체적·생물학적 관점에서 생각해야 한다고 주장한다. 우리는 이 언어를 추상적으로 생각하기보다는 신체 또는 용기(容器)의 관점에서 이해해야 한다.[13]

---

12   안타깝게도 Sanders에 대한 오해는 넘쳐 난다. Sanders는 유대교에 대한 새로운 관점—유대교는 행위의 의를 추구하는 종교가 아니며, 고대 유대인들은 그들의 하나님이 은혜의 하나님이라고 믿었다—을 제시했다. 유대교에 대한 새로운 관점(비록 다른 학자들도 이전에 비슷한 주장을 했지만)은 먼저 N. T. Wright에 의해 채택되었고, Wright의 1978년 틴데일 강의, 출간되지 않은 1981년 옥스퍼드 논문 "The Messiah and the People of God: A Study in Pauline Theology with Particular Reference to the Argument of the Epistle to the Romans", 그리고 후속 출판물에서 바울에 대한 새로운 관점을 제시하는 데 사용되었다. James D. G. Dunn도 "The New Perspective on Paul"이란 제목의 1983년 소논문에서 이 용어를 대중화시켰다. Dunn과 Wright는 계속해서 이 용어를 사용했다. 두 학자는 모두 바울이 유대교에 이의를 제기한 것은 유대교가 행위의 의 종교이기 때문이 아니라 민족 중심적이기 때문이라고 주장했다. 내가 느끼는 바로는 Wright의 이 점에 대한 강조는 시간이 흐름에 따라 감소하고 있다. 하지만 Dunn은 고대 유대교를 민족 중심적이라고 특징짓고 풍자하는 것을 멈춘 적이 없다.

13   Hodge, *If Sons, Then Heirs*. 또한 다음을 보라. Stowers, "'Pauline Participation in Christ.'" 용기의 언어에 대해서는 다음을 보라. Tappenden, *Resurrection in Paul*.

메시아는 추종자들의 몸을 담아내는 그릇이다. 그들은 메시아의 **프뉴마**에 둘러싸여 있으며, 따라서 물질적으로 메시아 **안에** 있다. 가장 중요한 것은 메시아가 자신의 몸이 생존할 수 없는 하늘의 영역이 아닌 지상 영역에서 계속 혈과 육의 몸을 지니고 있다는 것이다. 그리고 이 몸은 메시아가 처음 육신을 입었을 때 가졌던 지상의 몸에 비해 다소 더 복잡하다. 이제 그의 몸은 남자와 여자, 노예와 자유인, 유대인과 비유대인 등 수많은 혈과 육을 지닌 몸으로 구성되어 있다. 메시아의 몸은 다양한 성별, 인종, 사회 계층으로 구성된 수많은 몸의 지체를 담고 있다.

현대 독자들에게는 바울이 "단순히 은유적인 언어"(그것이 무엇을 의미하든)를 사용하고 있다고 이해하는 것이 자연스럽겠지만, 그렇게 하는 것은 바울을 우리의 합리적인 사고에 꿰맞추는 것이지, 그가 자기 생각을 표현하도록 허용하는 것이 아니다. 바울은 유대인의 하나님이 모든 종류의 혈과 육을 지닌 인간의 몸을 취하여 하나의 유기체, 즉 메시아의 몸으로 조합했다고 생각한다. 메시아를 따르는 자들은 지상에 있는 그의 혈과 육의 몸이다. 그들은 메시아 안에 잠겨 있다. 그들은 메시아로 옷 입었다. 그들은 메시아 안에서 하나가 되었다(갈 3:26-28). 바울은 고린도전서 12장에서 신자들을 메시아의 몸으로 묘사하지만, 로마서 12:4-8에서도 그렇게 묘사한다. 두 서신에서 그는 몸의 건강과 온전성을 위해서는 다양성이 필요하다고 강조한다.

스토아 철학자들은 다양한 유형의 사물에 신체의 언어를 사용할 수 있었다. 따라서 그들은 군대, 까마귀 떼, 박쥐 떼 또는 나귀 무리를 하나의 **몸**으로 표현할 수 있었다. 스토아 철학자는 그런 몸이 양 한 마리의 몸처럼 서로 유기적으로 연결되어 있다고 생각하진 않았다. 그리고 그들은 집이나 배처럼 서로 다른 물체로 이루어진 사물을 언급할 때 **몸**이라는 용어를 사용했다. 다시 말하지만 스토아학파는 그런 것들이 서로 유기적으로 연결되어 있다고 생각하지 않았을 것이다. 서로 유기적으로 연결된 몸을 언급할 때는 스토아 사상에서 서로 다른 것을 하나의 유기체로 만드는 존재론적 "접착제"로서 기능하는 **프뉴마**라는 존재를 통해 이를 표현했다.[14]

메시아를 따르는 자들이 지상에서 개인적으로나 공동체적으로 메시아의 혈과 육의 몸을 구성한다는 개념은 분명 당시에도 충격적인 생각이었을 것이다. 각자의 몸이 행하는 것이 곧 메시아의 몸이 행하는 것이다. 이런 이유에서 바울은 메시아의 **프뉴마**가 고린도 교인들에게 주입되었지만, 여전히 그들은 혈과 육의 존재이며 혈과 육은 중요하다고 말한다. 왜 그럴까? 혈과 육의 몸은 벽돌과 회반죽으로 만든 성전과 똑같은 방식으로 기능하기 때문이다. 그것은 하나님의 신성한 현존을 모시는 용기다. 다시 말하지만 몸이 성전이라는 이 개념은 공동체적인 측면(모든 메시아 추종자들의 몸은 한 성전을 구성한다)과 개인적인 측면(**각각의** 메시아 추종자의 몸도 성전이다)을 모두 가지고 있다. 바울

---

14   다음의 중요한 연구를 보라. Michelle Lee, *Paul, the Stoics, and the Body of Christ*.

은 몸-성전의 공동체적인 측면을 다음과 같이 강조한다. "너희는 너희가 하나님의 성전인 것과 하나님의 **프뉴마**가 너희 안에 계시는 것을 알지 못하느냐? 누구든지 하나님의 성전을 파괴하면 하나님이 그 사람을 파괴하실 것이다. 이는 하나님의 성전이 거룩하고 너희도 모두 그 성전이기 때문이다"(고전 3:16-17).[15]

몇 장 뒤에 바울은 공동체의 몸과 개인의 몸을 결합한다. 한 개인의 몸이 행하는 것이 곧 메시아 공동체의 몸이 행하는 것이다. 바울은 고린도에 있는 메시아 추종자 중 일부가 육체를 성적으로 부도덕한 삶을 위해 사용하고 있다는 점을 우려하며, 이러한 몸은 미래에 갖게 될 몸에 비하면 하찮은 것이지만, 현재는 신성한 공간으로 기능하고 있기 때문에 계속 올바르게 사용해야 한다고 강조한다. "너희[복수] 몸은 너희가 하나님께 받은, 너희 가운데 계신 거룩한 **프뉴마**의 성전이며 너희 자신의 것이 아닌 줄을 알지 못하느냐? 너희는 값으로 산 것이 되었으니 그런즉 너희[복수] 몸[단수!]으로 하나님께 영광을 돌려라"(고전 6:19-20).[16]

나는 혈과 육을 지닌 인간의 몸이 하나님의 성전이라고 말하는 것 자체가 심지어 예루살렘 성전의 중요성까지 부정하는 것은 **아님**을

---

15 나는 여기서 그리스어가 복수형임을 보여주기 위해 "너희도 모두"라고 번역했다.
16 이것은 바울과 동시대인인 세네카의 말과 연관되어 있으면서도 구별된다. "영혼이 순수하고 거룩하지 않는 한, 그 안에는 신을 위한 공간이 없다"(*Moral Epistles* 87.21). 바울은 몸의 순결을, 세네카는 영혼의 순결을 강조한다.

강조하고 싶다. 폴라 프레드릭슨이 지적하듯이 "바울은 새로운 공동체를 자신이 가장 귀하게 여기는 것에 비유하며 이를 높이 평가한다. 그가 성전을 소중히 여기지 않았다면 그는 자신의 공동체를 본보기로 삼지 않았을 것이며, 만약 그가 제사법의 기능과 고결성을 탐탁지 않게 여겼다면 자신의 사명을 강조하는 은유로 사용하지 않았을 것이다."[17] 이것은 또한 바울이 이스라엘의 하나님이 더 이상 예루살렘 성전에 계시지 않는다고 생각하는 것을 의미하지도 않는다. 많은 유대인들을 포함한 고대의 지중해 세계 사람들은 자신이 섬기는 신이 한 번에 두 개 이상의 몸으로 구현될 수 있다고 믿었다. 아무튼 이스라엘의 하나님은 성전에도 계셨고 하늘에도 계셨다. 바울은 하나님이 예루살렘 성전에도 거하시고 하늘에도 거하시며 메시아 추종자들 안에도 거하신다는 것을 어렵지 않게 믿을 수 있었다.[18]

---

17 Fredriksen, *Sin*, 38.
18 하나님이 몸 안에 거하셔서 몸을 성전으로 삼으실 수 있다는 생각의 길고 다양한 역사에 대한 자세한 논의는 다음을 보라. Harrington, *Purity and Sanctuary of the Body*. 보다 더 신학적인 관점에서는 다음을 보라. Wyschogrod, *Body of Faith*.

10장
부활의 삶을 살기

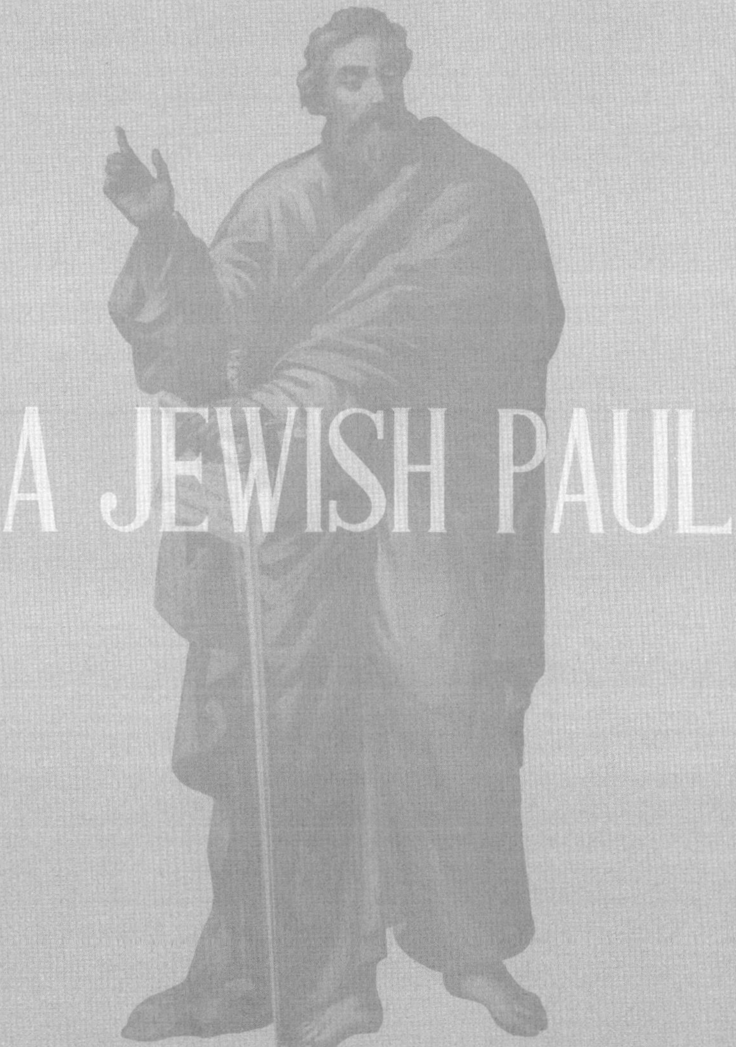

바울의 메시지는 다윗의 후손이자 부활하실 때 능력의 하나님의 아들로 선포된 예수에 초점이 맞추어져 있다(롬 1:3-4). 그리고 바울은 이 특별하고 독특한 하나님의 **아들**의 성육신, 죽음, 부활을 통해 완전히 새로운 하나님의 **자녀들**이 **탄생했고** 또 **탄생할** 것이라고 믿었다. 유대교의 종말론적인 인물인 메시아는 죽은 자 가운데서 부활했으며, 이는 유대교에서 흔한(그러나 보편적이지는 않은) 종말론적인 소망이었다. 그리고 인간이 천사 또는 신적 존재가 되는 것도 유대인들 사이에서 널리 알려진 소망이었다. 바울의 생각은 여전히 유대교 범주 내에 머물러 있었지만, 그는 한 가지 난관에 부딪혔다. 비록 부활이 예수라는 한 사람으로부터 시작되었지만, 대다수가 기대했던 것처럼 온 우주를 송두리째 변화시키지는 못했다. 오히려 바울과 다른 메시아 추종자들은 부활이 시작되어 그들 안에서 역사하기 시작했음에도 아직 완전히 드러난 것과는 거리가 먼, 점점 더 이상한 시대를 살고 있었다.

    메시아가 이제 자기 **안에** 산다고 주장하는 바울이 바로 이 새로운 존재의 대표적인 예라고 할 수 있다(갈 2:20). 하나님의 아들이 바울 안에 거한다면 바울도 당연히 하나님의 아들이 틀림없다. 그는 이렇게 주상한다. 하나님의 **프뉴마**의 인도를 받는 사람은 하나님의 아들이며, 언젠가는 온 우주에 그런 존재로 드러날 것이다(롬 8:14, 19). 심지어 비유대인들도 살아 계신 하나님의 자녀라고 일컬음을 받을 것이며, 바울은 예언자 호세아가 오래 전에 이미 이것을 예언했다고 생각한다(롬 9:26; LXX 호 2:1). 그 이유는 메시아로 옷 입고 메시아가 자기 안에 거하는 사람은 바울처럼 하나님의 자녀이기 때문이다(갈 3:26). 메시아 안에 있다는 것은 메시아의 **프뉴마**의 내주하심으로 하나님의 아들이신 메시아(갈 4:6)를 그 속에 모시는 것을 의미한다.[1] 메시아의 **프뉴마**에 감염되거나 침투되거나 사로잡힌 자는 이제 하나님의 자녀이며 하나님을 아바 아버지라고 부른다.[2]

바울은 로마 교인에게 보낸 편지에서 하나님이 신자들로 하여금 자기 아들의 형상(*eikōn*)을 본받게 하셨다고 말한다. 바울은 독자들에게 메시아가 많은 형제 중 맏아들이라고 말한다(8:29). 비록 젠더 포용성을 추구하는 NRSV의 노력은 높이 평가할 만하지만, "폴로이스 아델포이스"(*pollois adelphois*)를 "대가족"으로 번역하는 것은 바울의 독자들도 **형제로서** 하나님의 자녀라는 사실을 모호하게 만든다는 점에서 바람직하지 않다. 하나님의 자녀가 새롭게 창조되었다는 사실은 바울 서신에서 왜 가족적인 언어가 널리 사용되었는지를 잘 설명해준다. 바울은 로마서, 고린도전서(고린도후서는 아님), 데살로니가전서 및

---

1 Hodge, *If Sons, Then Heirs*; Stowers, "'Pauline Participation in Christ.'"
2 메시아의 프뉴마에 사로잡히는 것에 대해서는 다음을 보라. Bazzana, *Having the Spirit of Christ*.

데살로니가후서(참조. 골로새서)에서 독자들을 "아델포이"(*adelphoi*)라고 지칭하며 편지를 시작하고, 이 편지들과 다른 편지에서도 그들에게 형제의 용어를 사용한다.³ 왜 그럴까? 그들은 참으로 형제로서 **프뉴마**를 통해 하나님의 아들, 그리고 궁극적으로는 이스라엘의 하나님과 연결된 새로운 인종의 하나님의 자녀들이기 때문이다.

모세오경과 다른 성경 본문에서는 하위 신들을 "하나님의 아들들"(히브리어, 베네 하-엘로힘[*bene ha-elohim*] 또는 베네 엘림[*bene elim*]; 그리스어, 호이 휘오이 투 테우[*hoi huioi tou theou*] 또는 휘오이 테우[*huioi theou*])로 지칭하기 때문에 이 표현은 더 광범위한 유대 전통 안에서 이해해야 한다.⁴ 후대의 많은 유대 본문은 이러한 하위 신들을 "천사들"이라고 부르면서 이러한 일부 다신론적인 본문들의 의미를 약화시킨다.⁵ 하지만 이 다신론은 때때로 최고의 하나님 한 분이 천사로 불리는 하위 신들 위에 여전히 군림하고 계시는 것으로 이해할 필요가 있다.

---

3   바울에게 귀속된 열세 편의 편지는 *adelph*- 언어를 139번 사용한다. 바울은 또한 롬 8:16-17, 21; 9:8; 빌 2:15에서 *teknon* 또는 *teknion*을 사용한다.
4   창 6:2-4; 욥 1:6; 2:1; 38:7; 시 29:1 (LXX 28:1); 89:7 (LXX 88:7).
5   예를 들어 70인역 욥기 번역자는 히브리어 단어를 "천사"로 번역한다. 일부 창세기 그리스어 사본도 창 6:2-4의 베네 하-엘로힘을 "천사들"로 번역한다. 참조. 에녹1서 6장, 희년서 5장, 솔로몬의 유언 5.3. 후대의 다른 유대교 본문도 유일신론이 어떠해야 하는지에 대한 일부 (현대) 개념에 별다른 관심 없이 "하나님의 아들들"이라는 언어를 계속해서 사용한다. 참조. 예. Pseudo-Philo 3.1; Prayer of Joseph 1.6. 이 다신론에 대해서는 다음을 보라. M. Smith, *Origins of Biblical Monotheism*.

바울과 거룩한 자들

바울은 메시아를 따르는 자들을 천상의 존재들과 동일시하는 언어를 사용한다. 바울은 자주 메시아 안에 있는 자들을 "호이 하기오이"(*hoi hagioi*)라고 부른다.[6] 현대 번역가들은 이 용어를 saints(성자들, 성도들)로 번역하여 프란치스코나 파트리치오, 요안나 테레사 같은 후광이 드리워진 인간의 이미지를 머릿속에 떠올리게 한다. 그렇다면 1세기 독자들은 이 용어를 어떻게 이해했을까? 유대 작가들은 특히 시적인 글에서 하위 신들을 언급할 때 "거룩한 자들"이라는 표현을 사용했다. 예를 들어 모세의 노래에서는 하나님을 거룩한 자들 가운데 계신 영광스러운 분으로 묘사하고(출 15:11), 신명기에서는 하나님이 시내산에서 수많은 거룩한 자들과 함께 강림하신다고 말한다(33:2-3). 욥기도 거룩한 자들을 언급하는데, 70인역은 이를 "거룩한 천사들"로 번역한다(5:1). 혼란스럽게도 시편은 하나님의 백성(15:3; 33:10)과 하위 신들(88:6, 8)을 모두 "거룩한 자들"이라고 부른다. 그리고 스가랴는 하나님이 모든 거룩한 자들과 함께 강림하시는 모습을 묘사한다(14:5).

초기 유대 작가들도 이 용법을 계속 사용한다. 벤 시라에 따르면

---

[6] 롬 1:7; 8:27; 12:13; 15:25, 26, 31; 16:2, 15; 고전 1:2; 6:1, 2; 7:14; 14:33; 16:1, 15; 고후 1:1; 8:4; 9:1, 12; 13:12; 빌 1:1; 4:22; 몬 5, 7. 저작설 논쟁이 있는 서신: 엡 1:1, 15, 18; 2:19; 3:8, 18; 4:12; 5:3; 6:18; 골 1:2, 4, 12, 26; 살후 1:10; 딤전 5:10.

하나님은 모세가 거룩한 자들과 동등한 영광을 누리게 하셨다(집회서 45:2). 마카베오3서의 저자에 따르면 대제사장 시몬은 하나님은 "거룩한 자들 중에" 거룩하신 분이라고 주장한다(3:2, 21). 유다서 저자는 에녹1서 1:9을 인용하면서 "보라! 주께서 그 수만의 거룩한 자와 함께 임하신다"(14절)라고 말한다. 그리고 솔로몬의 지혜서는 의인의 운명에 관해 질문하면서 거룩한 자들과 하나님의 아들들을 동일시한다.

> 왜 그들은 하나님의 아들들 가운데 포함되었는가? 그리고 왜 그들의 몫이 거룩한 자들 가운데 있는가?(5:5)

하지만 "거룩한 자들"이라는 표현은 쿰란에서 발견된 여러 두루마리에서 집중적으로 사용되었는데, 우리는 그것을 통해 이 어구가 다수의 작품에서 거의 100번이나 사용된 것을 알 수 있다.[7] 이 증거에 따르면 이 어구는 이스라엘과 하늘의 천사들에게 모두 적용될 수 있으며, 특정 인간과 천사 사이의 모호하고 불투명한 경계를 암시하는 것으로 보인다.

따라서 바울은 신자들을 "거룩한 자들"이라고 부를 때 적어도 그들이 하나님께 성별된 백성임을 시사한다. 그러나 바울이 이 거룩한 자들과 하나님의 아들들을 **천사와 같은 존재가 되는 과정에 있는 인**

---

[7] 쿰란의 천사론에 대해서는 다음을 보라. Walsh, *Angels Associated with Israel*.

간으로 생각한다고도 볼 수 있는 근거가 있다. 바울은 종말에 거룩한 자들과 함께 강림하시는 하나님을 언급하는 스가랴 14:5을 인용하면서 재치있는 주해를 즉석에서 선보인다(살전 3:13). 스가랴의 문맥에서 이 거룩한 자들은 하나님과 함께 이스라엘을 구원하기 위해 전쟁터에 나가는 천사들이다. 그러나 바울 서신 전체의 "하기오이"(*hagioi*) 용법을 보면 데살로니가전서 3:13에서 거룩한 자들에 대한 바울의 언급은 메시아 안에 있는 자들을 가리키는 것이 틀림없다. 그렇다면 바울은 왜 하나님의 신적 존재들을 인간으로 교체한 것일까? 그 이유는 예수를 믿는 자들은 온전히 신적인 존재로 변화할 최후의 부활을 기다리는 동안에도 예수의 신성에 참여한다고 바울은 생각했기 때문이다. 바울은 천사와 인간 사이의 경계가 무너진 것에 대한 좋은 선례를 이미 가지고 있었다. 왜냐하면 스가랴는 다윗의 집이 주의 사자처럼 신들과 같이 될 것을 예언하며, 이미 이러한 범주의 붕괴를 예고했기 때문이다(슥 12:8).

따라서 하나님께서 강림하실 때 그의 백성은 신적 존재 또는 천사와 같은 존재가 될 것이다. 바울에게 이런 일은 이미 메시아의 사자로서 그의 사역 가운데 일어나고 있었다. 메시아 안에 있는 사람들은 신적 정체성을 이미 부여받았지만, 그것은 대부분 여전히 감추어져 있었다. 하지만 그것은 미래에 완전히 드러날 것이며, 메시아 안에 있는 자들이 현세에서 도덕적으로 지금 어떻게 살아야 하는지를 결정하는 기준이 된다.

메시아와 그의 백성의 천상 통치

로마서 1장에서 바울은 이방인들이 우상숭배와 부도덕에 빠지는 고통스러운 악순환을 자세히 서술한다. 그가 신랄하게 표현한 것처럼 **불멸**의 하나님의 영광을 필멸의 존재의 형상과 바꾸기로 한 것이 그 촉매제가 되었다(1:23). 인간은 자신이 숭배하는 것을 본받기 때문에 이러한 잘못된 처사는 **이제** 그들이 하나님의 영광을 잃어버리고(3:23), 자신들이 숭배하는 필멸의 것들과 같이 되어 욕구와 욕망의 노예가 되는 결과를 초래했다. 그들의 우상숭배는 부도덕한 삶으로 이어졌고, 그 결과로 죽음이 찾아왔다(1:32). 생명이 없는, 죽을 수밖에 없는 존재의 형상을 숭배하면 필연적으로 무가치한 행동을 낳고, 결국에는 자신도 죽음에 이르게 된다.

비록 바울은 로마서 1장에서 이러한 죽음의 악순환을 자세히 서술하지만, 나중에 죄와 죽음의 기원이 최초의 인간인 아담에게로 거슬러 올라간다고 주장한다. "한 사람으로 말미암아 죄가 세상에 들어오고 죄로 말미암아 사망이 들어왔나니 이와 같이…사망이 모든 사람에게 이르렀느니라"(롬 5:12). 바울의 요점은 죄가 무엇인지를 가르치는 율법이 있기 전에도 죄와 사망은 존재했다는 것이다. 즉 모세의 율법이 없었음에도 여전히 사망이 아담부터 모세까지 다스렸다는 것이다. 따라서 비록 바울의 수사학적인 초점이 율법, 모세 또는 이스라엘에 있지 않음에도 불구하고 로마서 5장은 죽음의 통치권이 모든 인류에게까지 확대되었음을 암시한다. 오히려 바울은 이방인들이 율법 없이도 죄의 결과 아래 있었고, 죽음의 통치 아래 있었음을 단순히 증명하려고 시도한다. 이방인의 율법 없는 존재는 죄의 결과와 죽음의 강력한 통치로부터 자유로울 수 없었다.

그러나 바울이 다른 곳에서 언급했듯이 그가 죽음의 영역을 되찾아온 새로운 통치자 메시아 예수의 대사로 임명되고 나서 이방인들은 다시 생명을 얻게 되었다(롬 6장). 메시아에 관한 메시지는 이방인들이 우상, 즉 필멸의 것들의 형상을 섬기는 노예의 삶에서 벗어나 살아 계신 하나님의 노예가 되게 했다(살전 1:9). 바울이 선포한 메시아의 새로운 통치는 이방인들로 하여금 부활한 메시아와 살아 계신 하나님께 복종하며 충성을 맹세하게 하고, 그들에게 영생을 가져다준다(롬 5:21). 비록 이 영생은 미래에 가서야 온전히 누릴 수 있는 것이지만, 신자들의 도덕적인 삶에서 분명히 드러나듯이 지금 신자들의 몸에 흐르고 있다.

이전에는 도덕적으로 타락하고 윤리적으로 파산하여 스스로는 일어설 수 없었던 이방인들이었지만, 이제는 비교할 수 없을 정도의 가치와 힘을 선물로 받았다. 이스라엘의 하나님은 도덕적 스테로이드에 해당하는 물질을 그들에게 주입해주셨다. 그들은 사실 그 선물을 받을 자격이 없었다. 그것은 자신들의 행위로 얻은 것도 아니었다. 그러나 그들은 그것이 절대적으로 필요했다. 메시아 예수에 대한 메시지를 통해 하나님은 거룩한 **프뉴마**라는 보물을 도덕적으로 연약한 그들에게 투자하셨다(갈 3:1-5). 바울은 이 **프뉴마**를 단지 **프뉴마**, 거룩한 **프뉴마**, 성경의 **프뉴마**, 하나님의 **프뉴마**, (하나님) 아들의 **프뉴마**, 메시아의 **프뉴마** 등으로 다양하게 묘사한다. 이러한 다양한 묘사는 현재 메시아에게 충성을 다하는 사람들이 개인적으로나 공동체적으로 참여하는 삶의 형태를 가리킨다.

메시아 안에 있는 사람들의 영광스러운 미래는 하위 신들은 물론, 온 우주를 통치하는 것을 포함하며(롬 4:13), 천사나 통치자나 권세는 현재에도 신자들을 하나님의 사랑에서 끊을 수 없다고 바울은 말한다(롬 8:38). 그리고 하나님은 곧 사탄을 신자들의 발아래 굴복시킬 것인데(롬 16:20), 이는 창세기 3:15과 시편 8:6(참조. 시 110:1)을 암시할 개연성이 높다. 만약 바울이 후자 구절을 염두에 두었다면 사탄은 인류의 발아래 무릎을 꿇을 천사 중 하나가 된다. 신자들은 마지막 때에 천사들보다 더 높아져 우주와 천사들의 옛 체제를 심판할 것이다(고전 6:2-3). 바울의 사역이 낳은 하나님의 **새로운** 아들들은 언젠간 옛 하나님의 아들들까지 다스리게 될 것이다. 그들은 메시아와 함께 다스릴 것이다. 바울이 전한 복음에 따르면 새롭고 우월한 신들이 더 많이 생겨날 것이며, 심지어 과거에는 사악하고 부도덕했던 비유대인들도 하늘로 올라가게 될 것이다(다음 장을 보라). 이것은 유일신 하나님에 대한 바울의 믿음을 위협하기보다는 오히려 그의 믿음을 확증한다. 최고의 하나님은 본질적으로(*physis*) 하나님이시며, 다른 존재들을 신으로 만들 권세가 있다. 다른 모든 신들은 오직 하나님의 선물이나 은혜에 의해서만 신으로 존재하며, 이 선물은 메시아 안에서 그리고 메시아의 **프뉴마**를 통해 인류에게 주어진다.⁸

거룩한 정체성에서 나오는 거룩한 삶

프뉴마라는 선물은 예수를 따르는 자들에게 거룩한 삶을 살 수 있게 하는 본질과 힘을 부여하는데, 이는 "거룩한"(*hagios*)이라는 형용사를 76회 사용하는 바울 서신(진정한 서신과 논쟁의 여지가 있는 서신 모두)에서 핵심적인 주제다.⁹ 메시아를 따르는 자들은 거룩하게 되었고, 거룩한 자라고 일컬음을 받으며, 이제는 거룩한 삶을 살아야 한다. 바울은 여러 가지 덕목—예를 들어 그들 안에 거하시는 **프뉴마**의 열매(갈 5:22-23)—을 열거한다.

제이콥 밀그롬(Jacob Milgrom)이 주장했듯이 거룩함은 현재 모세 오경에 보존되어 있는 제사장 문헌에서 생명과 직결되어 있다.¹⁰ 우리

---

8 일부 그리스도인 독자들은 바울이 여러 신과 신격화를 믿었다는 말에 거부감을 느낄 수 있다. 그러나 (적어도) 오리게네스 이래로 신학자들은 최고의 신 아래 여러 신이 존재하는 것을 상상하는 데 전혀 문제가 없었다. 예컨대 Origen, *Homilies on Exodus* 6.5. "'신 중에 주와 같은 자가 누구니이까?'라는 말씀은 은혜와 하나님에 대한 참여로 신이라고 불리는 존재들을 의미한다"(출 15:11에 대하여; trans. Heine). 지극히 높으시고 본질적으로(*physis*) 신이신 하나님과 참여 또는 선물(*charis*)로 신이 된 신들의 현대 신학적인 구분은 다음을 보라. Tanner, *Christ the Key*.
9 갈라디아서는 거룩함의 언어를 전혀 사용하지 않는다.
10 Milgrom, "Dynamics of Purity."

는 거룩한 **프뉴마**와 관련하여 이러한 연관성을 바울 서신에서도 발견한다. 바울은 로마 교인들에게 성결의 **프뉴마**가 예수를 죽은 자 가운데서 살리셨다고 말하며(롬 1:4; 8:11), 이 **프뉴마**가 신자들을 죄와 죽음에서 해방시킨 생명의 **프뉴마**라고 말한다(8:2, 10, 13). **프뉴마**의 생각이나 목적은 생명이며, **프뉴마**에 속한 것을 생각하는 것이 생명이다(8:6). 바울은 부활하신 예수가 생명을 주는 **프뉴마**가 되었다고 주장한다(고전 15:45). 또한 바울은 고린도후서에서 사람을 살리는 살아계신 하나님의 **프뉴마**에 대해 이야기하며(3:3-6), 갈라디아서에서는 **프뉴마**를 위해 심으면 영생을 거둔다고 주장한다(6:8). 바울은 이스라엘의 제사장적 사고에 따라 거룩함은 생명과 동일시되거나 생명으로 이어지므로(롬 6:22) 거룩한 **프뉴마**의 현존과 사역은 필연적으로 생명으로 이어진다고 말한다.

반대로 죄와 죽음은 서로 밀접하게 연관되어 있는데, 이는 죄가 부정함, 즉 죽음의 세력과 연결되어 있기 때문이다. 죄, 즉 **도덕적**인 부정함은 죽음을 가져온다(롬 6:16, 23).[11] 하나님께 대한 순종은 의를 가져오고, 그 결과는 또 거룩함을 가져온다(6:19). "그러므로 너희는 죄가 너희 죽을 몸을 지배하지 못하게 하여 몸의 사욕에 순종하지 말고 또한 너희 지체를 불의의 무기로 죄에 내주지 말고 오직 너희 자신을 죽은 자 가운데서 다시 살아난 자 같이 하나님께 드리며 너희

11　롬 5:12, 14, 21; 7:5, 13; 8:2; 고전 15:56.

지체를 의의 무기로 하나님께 드리라. 죄가 너희를 주장하지 못하리라"(6:12-14).[12] 바울은 메시아를 따르는 자들은 천국에 갈 것임을 확신했다. 그는 내세에 대한 소망에 의문을 제기하지 않았으며, 그런 소망은 고대 지중해 세계의 유대교 안팎에서 꽤 흔한 것이었다.[13] 하지만 그렇다고 해서 그가 지상의 영역에 아무런 관심이 없었던 것은 아니다. 실제로 그는 고린도 교인에게 보낸 편지에서 혈과 육을 지닌 육신은 그들의 **프뉴마**에 비해 하찮은 것이므로 육신으로 무엇을 하든 상관없다고 생각했던 교인들을 향해 자신의 가르침이 잘못 적용되는 것과 맞서 싸워야 했다.

메시아 안에 있으면 죄와 사망의 권세에서 벗어날 수 있다. 왜 그럴까? 메시아 안에 있는 인간에게는 죄와 사망의 법보다 더 강력한 힘, 곧 율법보다도 더 강력한 거룩한 생명의 **프뉴마**가 주입되어 있기 때문이다. 비록 죄와 육신은 유대 율법보다 훨씬 강했지만, 하나님이 주시는 **프뉴마**와 대항하여 이길 만큼 강하진 않았다(롬 8:2-3). **하나님의 프뉴마**는 이제 메시아를 따르는 자들의 몸 안에 거하신다(8:9). 이것은 십자가에 못 박힌 예수를 살리심으로써 죽음에 대한 권능을 드러내신 바로 그 하나님의 **프뉴마**다. 예수를 죽은 자 가운데서 다시 살렸다면 이 **프뉴마**는 자신이 거하는 필멸의 육신에도 쉽게 생명(여기

---

12 이와 비슷하게 살전 4:7: "하나님은 우리를 부정함**으로**[*epi*] 부르지 않고 거룩함 **안으로**[*en*] 부르셨다"(NRSV).
13 다음을 보라. Long, *Immortality in Ancient Philosophy*.

서는 생명을 주는 도덕적 능력을 의미)을 부여할 수 있을 것이다(8:11). 바울이 몸 안에 거하는 죄와 관련하여 "거하다"(*oik-*)라는 동사를 세 번 사용한 것처럼 이제 그는 몸 안에 거하는 **프뉴마**와 관련하여 이 동사를 세 번 사용한다. **프뉴마**는 사람의 구조를 개조하여 거룩한 삶을 살 수 있게 함으로써 죄와 죽음을 제압하고 극복한다. **프뉴마**의 "유전자 치료"는 메시아를 따르는 자들에게 새로운 도덕적 능력을 부여한다.

메시아 추종자들은 연약하고 부패하며 죽을 수밖에 없는 혈과 육의 몸을 여전히 가지고 있다. 그러나 이제 이 육신을 가진 자들도 생명과 능력을 부여하는 하나님의 거룩한 **프뉴마**로 충만해 있다.[14] 바울이 고린도후서에서 "우리가 이 보배를 질그릇에 가졌으니"(4:7)라고 말한 것처럼 그들은 신성한 **프뉴마**가 내주하는 흙으로 지어진 몸이다. 일반적으로 매우 고귀한 물건은 아무 상자에 마구 보관하지 않으므로, 이 말은 논리에 잘 맞지 않아 보인다. 그러나 하나님은 메시아를 따르는 자들이 가진 도덕적인 힘이 그들 자신, 즉 질그릇에서 나오는 것이 아니라 그들 안에 계신 그분의 현존에서 나온다는 것을 보여주기 위해 그렇게 하셨다.

하지만 여전히 육신은 존재하기 때문에 메시아를 따르는 자들의

---

14 바울 서신에서 하나님의 프뉴마 또는 메시아의 프뉴마가 인간의 몸 안에 거한다고 묘사하는 본문은 고전 3:16; 고후 6:16이다. 저작설 논쟁의 대상인 서신에서도 이 주제를 찾아볼 수 있다. 메시아는 메시아를 따르는 자들의 마음속에 거하고(엡 3:9), 하나님의 충만함이 메시아 안에 거한다(골 1:19; 2:9). 그리고 딤후 1:14은 "우리 안에 서하시는 성령의 노우심으로 네게 맡긴 좋은 보물을 지키라"(NRSV)고 말한다.

몸 안에서는 투쟁이 일어난다. 육신과 **프뉴마**가 서로 대립하지만(갈 5:16-17), 바울은 **프뉴마**가 이길 것이라고 믿는다. 궁극적으로는 **프뉴마**가 더 강력한 힘을 가지고 있기 때문이다. 메시아를 따르는 자들은 이제 거룩한 삶을 살 수 있는 자유와 능력, 즉 죄가 육신을 사로잡을 때 그들에게 부족했던 자유와 능력을 갖추게 되었다. 이제 그들은 양자택일할 수 있다. 이것은 크리스틴 헤이즈(Christine Hayes)가 말했듯이 저절로 되는 것도 아니며 "로봇-의"(robo-righteousness)도 아니지만, 사실은 그것과 매우 흡사하다(또는 바울의 생각에는 그래야만 했다).[15] 이제는 메시아 추종자들이 죄 지을 이유가 전혀 없다. 그들은 이제 선하고 거룩하고 정의로운 것을 하고 싶어 해야 하며, 거룩한 **프뉴마**가 그들을 조종하므로 그들은 이제 그럴 능력을 소유하고 있어야 한다.[16]

물론 바울의 여러 편지에서는 초기 메시아 추종자들이 자주 그가 생각한 것과 달리 능력 있는 삶을 살지 못했다는 증거를 명백하게 보여준다. 그러나 바울은 그들이 그런 삶을 살 것을 기대했다. **프뉴마**는 도덕적 스테로이드와 같아서 도덕적으로 연약한 육신에 새로운 힘을 부여해준다.

---

15   Hayes, *What's Divine about Divine Law?*, 48.
16   다음을 보라. Boakye, *Death and Life*.

11장
메시아의 재림의 절정으로서의 부활

좋은 소식이란 무엇인가? 그것은 무엇보다도 하나님의 아들(롬 1:9), 메시아(고전 9:12)에 관한 메시지다. 그렇다면 예수에 관한 이 메시지가 **좋은** 소식인 이유는 무엇일까? 바울 서신을 읽는 많은 독자들은 예수가 죽음으로써 하나님이 인류의 죄를 용서하실 수 있게 되었다는 것이 좋은 소식이라고 말하고 싶은 유혹을 받을 수 있다. 바울이 이런 말을 실제로 한 것이 사실이지만, 놀라운 사실은 그 빈도가 극도로 낮다는 것이다. 고린도전서 15:3은 바울이 예수의 죽음을 인간의 죄와 명시적으로 연결한 몇 안 되는 구절 중 하나다. "성경대로 메시아께서 우리 죄를 **위하여** 죽으시고." 그러나 곧이어 바울은 이 이야기가 예수의 죽음으로 끝난다면 교인들의 예수에 대한 충성은 공허할 것이며, 그들은 여전히 죄 가운데 있을 것이라고 주장한다(15:17). 다시 말해 예수의 죽음은 필요하지만, 죄를 해결하기에는 불충분하다는 것이다. 그리고 갈라디아서에서 바울은 "메시아가 우리 죄를 위하여 자신을 내어주셨다"(1:4)라고 주장하지만, 여기서 그 결과는 죄 용서가 아니라 현재의 악한 세대로부터의 해방과 연결된다. 다른 이들은 바울의 다른 본문(예. 롬 3:25)에서 예수의 속죄적인 죽음의 개념을 발견했다. 그러나 바울은 **죄 사함**에 대해 거의 언급하지 않는다. 바울은 한 중심 구절에서 시편 32편을 인용한다. "불법의 행위가 용서함을 받는 사람들은 복이 있고"(롬 4:7, 그리스어 동사 "아피에미"[*aphiēmi*]를 사용하는 시 32:1을 인용함). 이 동사가 죄를 가리키는 또 다른 예는 저작설 논쟁이 있는 서신에서 나타난다(엡 1:7; 골 1:4). 내가 이 점을 지적하는 이유는 바울에게 예수의 죽음이 중요하지 않다는 것을 말하려는 것이 아니다. 당연히 중요하지만 그것은 예수의 부활로 절정에 달하는 더 큰 내러티브의 일부에 불과하다. 예수의 부활은 예수의 십자가의 죽음에 의미를 부여한다. 그리고 바울에게 있어 가장 중요한 것은 예수의 부활과 우주 전체에 그 부활이 파장을 일으키는 방식이다.[1]

메시아에 관한 이 메시지의 절대적인 핵심은 그가 **죽었지만**, 이스라엘의 하나님이 그를 죽은 자 가운데서 다시 살리셨다는 것이다(롬 1:4). 바울의 영향을 받은 후대의 한 작가는 그것을 이렇게 표현한다.

> 내가 전한 복음대로
>
> 다윗의 씨로
>
> 죽은 자 가운데서 다시 살아나신
>
> 예수 그리스도를 기억하라(딤후 2:8).

---

1 이제는 히브리서에서 죽음과 부활의 논리를 밝혀내면서도 바울 서신 해석을 위해서도 여전히 적용될 수 있는 결과를 가지고 있는 다음 책을 보라. Moffitt, *Rethinking the Atonement*.

바울은 이 메시지가 유대인과 비유대인을 모두 구원하는 하나님의 능력이라고 주장한다(롬 1:16; 참조. 엡 1:13). 이 구원의 능력은 바로 죄와 죽음, 부도덕과 사망의 이중 권세로부터 사람들을 구출해내는, 죽은 자 가운데서 다시 살아나는 부활과 관련이 있다. 바울 전승은 이것을 분명히 밝힌다. 에베소서에 따르면 이 좋은 소식은 사람이 메시아 예수 안에 있는 약속에 참여할 수 있게 하는데(3:6), 저자는 이것을 측량할 수 없는 풍성함이라고 묘사한다(3:8). 이것은 메시아이신 주 예수의 영광을 얻게 하며(살후 2:14), 이것은 복되신 하나님의 영광의 복음이다(딤전 1:11). 이와 관련하여 예수는 이 좋은 소식을 통해 죽음을 폐하고 생명과 불멸을 밝히 드러내신다(딤후 1:10).

그러므로 좋은 소식은 하나님이 메시아 예수를 죽은 자 가운데서 다시 살리셨고, 이로써 다른 사람들도 죽음을 이기고 현재 메시아가 누리고 있는 영광, 생명, 불멸, 부활 등 모든 풍성함을 공유할 수 있게 한다.

"일으키다"(*egeirō*)라는 동사는 바울 서신(진정한 서신과 논쟁의 여지가 있는 서신)에서 41회 등장하는 반면, "부활"(*anastasis*)이라는 명사는 10회 등장한다. 예를 들어 바울은 로마서에서 메시아의 부활(*anastasis* 2회; *egeirō* 9회; *anistēmi* 1회)을 자주 언급하지만, 신자들의 부활은 단 한 번만 언급한다. 바울은 고린도전서에서 "에게이로"(*egeirō*) 동사를 메시아의 부활과 관련하여 7회 사용하고, 신자들의 부활과 관련해서는 11회 사용하며, "아나스타시스"(*anastasis*)를 신사들에게 3회 사용한다. 고린도후서에서는 "에게이로"(*egeirō*) 동사를 메시아에게 두 번 사용하고, 메시아 추종자들에게 두 번 사용한다. 갈라디아서는 "에게이로"(*egeirō*)를 메시아에게 한 번 사용한다. 그리고 빌립보서는 "아나스타시스"를 메시아에게 한 번 사용한다(참조. 디모데후서에서 한 번). 데살로니가전서는 "에게이로" 언어를 메시아에게 한 번 사용하고, 신자들에게 한 번 사용한다(4:14, 16). 에베소서는 골로새서에서와 마찬가지로 "에게이로" 언어를 메시아에게 한 번, 신자들에게 한 번 사용한다(1:20; 5:14). 바울에게 귀속되거나 바울이 쓴 편지 중에서 디모데전서, 디도서, 빌레몬서만 부활을 명시적으로 언급하지 않는다.

바울은 로마서 15장에서 예언자 이사야를 인용한다.

> 이새의 뿌리
> 곧 열방을 다스리기 위하여 일어나시는 이[*ho anistamenos*]가 있으리니
> 열방이 그에게 소망을 두리라(롬 15:12; 70인역 사 11:10).

바울은 이 구절을 다윗계 메시아가 죽은 자 가운데서 부활하여 이방인들을 다스릴 권세를 얻게 될 것에 대한 옛 예언으로 받아들인다. 그리스어 동사 "아니스테미"(*anistēmi*)가 바울 서신에서 단 한 번만 제외하고 모두 부활을 가리킨다는 점을 고려하면 이러한 해석이 더 타당

해 보인다.[2]

우리는 생명을 주시는 하나님의 사역에 관한 바울의 이야기가 로마서 4장에서 간결하게 요약되어 있는 것을 볼 수 있다. 거기서 바울은 하나님의 우주 창조, 조상 아브라함, 예수, 메시아를 믿는 신자들의 삶을 하나로 묶어 하나님이 어떻게 역사하시는지에 대한 포괄적인 내러티브를 소개한다. 창조와 관련하여 바울은 이스라엘의 하나님을 "없는 것을 있게 만드시는 분"이라고 말한다(롬 4:17; 참조. 고전 1:28). 하나님은 무(無)에서(창 1:2의 히브리어는 이 땅이 형이상학적 무가 아니라 혼돈의 상태를 나타내는 "토후 바-보후"[*tohu va-bohu*]라고 말함)[3] 유(有) — 생명이 번성할 수 있는 질서 정연한 우주 — 를 창조하셨다. 아브라함은 그렇게 하실 수 있고 또 그렇게 하신 하나님을 신뢰했는데, 이것은 자기와 사라가 젊지 **않고**(창 18:12), 임신하지 **못하며**(11:30), 자식이 **없는**(11:30; 15:2; 16:1) 존재라는 점을 고려할 때 더욱더 애절한 신뢰가 아닐 수 없다. 아브라함과 사라는 많은 민족의 조상이 되기에 좋은 재목이 아니었다(17:5). 비록 백 살이 다 된 아브라함과 불임의 자궁을 가

---

2 유일한 예외는 출 32:6의 그리스어 역본을 인용한 고전 10:7이다.
3 나는 창 1장이 절대적 무(無)에서의 창조(*creatio ex nihilo*)를 묘사하고 있다고 확신하지 않으며, 오히려 하나님이 무의미한 것들, 무질서한 물, 흑암, 토후 베-보후, 혼돈의 상태를 취하여 질서와 생명이 번성할 수 있는 서식처를 창조하셨다는 것이 요점이다. 요셉과 아스낫 12,1-2, 바룩2서 21.4, 48.8에서도 이와 비슷한 정서를 볼 수 있다. 알렉산드리아의 필론은 이를 잘 표현했다. 하나님은 "존재하지 않는 것에서 존재를, 무질서에서 질서를 창조하셨다"(*Special Laws* 4.187).

진 아흔 살이 다 된 사라는 생식적으로 죽은 것이나 다름없었지만, 하나님은 없는 것을 있는 것처럼 부르시므로, 아브라함은 씨를 주시겠다는 약속을 결국 지키신 하나님을 신뢰했다(롬 4:18; 창 15:5).[4] 하나님은 죽은 것과 다름없는 몸에서 새 생명을 불러일으키셨다. 이 동일한 하나님은 이스라엘의 메시아에게도 같은 방식으로 역사하셨다. 예수는 인간의 죄 때문에 처형당했지만, 하나님은 그를 죽은 자 가운데서 다시 살리셨다(롬 4:24-25; 참조. 고후 1:9; 갈 1:1; 엡 1:20; 골 2:12). 그리고 마지막으로 바울은 이 동일한 하나님이 자신을 신뢰하는 자들에게도 같은 방식으로 역사하신다고 주장한다. 그들도 아브라함과 같이 의롭다 여김을 받을 것이며, 예수의 부활을 통해 의롭다 함을 받게 될 것이다(롬 4:22-25; 10:9).

따라서 좋은 소식은 죽음에서 생명으로 옮겨지는 것이다. 왜냐하면 이것이 하나님이 과거에 창조와 그 이후에 이스라엘 역사 전반에 걸쳐 보여주신 행동 방식이었기 때문이다. 그리고 이것이 하나님이

---

4 오리게네스(*Commentary on Romans* 4.7.3; trans. Scheck)는 아브라함의 믿음 자체가 부활 신앙이었다고 믿었다. "[아브라함은] 외아들을 제물로 바치라는 명령을 받았을 때 하나님이 그를 죽은 자 가운데서 살리실 수 있다고 믿었고, 이 일이 그 당시 이삭에게만 성취될 뿐만 아니라 신비의 온전한 진리가 그의 후손, 곧 그리스도를 위해 마련될 것이라고 믿었다." 마찬가지로 Origen, *Homilies on Genesis* 8.1(trans. Heine): "그러므로 사도는 부활에 대한 믿음이 이미 그 당시 이삭에게서 시작되었다는 신실한 사람의 생각을 우리에게 알려주었다. 그러므로 아브라함은 이삭의 부활을 소망하고 아직 일어나지 않은 미래를 믿었다. 그렇다면 아브라함이 이삭에게 일어날 것으로 믿었던 그리스도 안에서 일어난 일을 믿지 않는 그들이 어떻게 '아브라함의 자손'이 될 수 있겠는가?"

현재 메시아의 죽음 이후에도 역사하시고 앞으로도 메시아를 따르는 자들에게 역사하실 방식이다. 이 하나님은 생명의 하나님이시며, 살아 계신 하나님이시다(롬 9:26; 고후 3:3; 6:16; 참조. 딤전 3:15; 4:10). 이 하나님은 죽음과 마주할 때 생명을 창조하시는 하나님이시다.

죽음	생명
혼돈/무	창조
늙은/불임의 아브라함과 사라	이삭 → 야곱 → 이스라엘
십자가에 못 박힌 예수	부활한 예수
죽고 죄 많은 인류	부활한 도덕적인 인류

바울 서신은 부활을 자주 언급한다. 왜냐하면 그것이 그의 메시지의 핵심이기 때문이다. 얼마 전에 일어난 예수의 부활과 이 좋은 소식을 듣고 헌신하여 메시아의 운명과 하나가 된 모든 사람들에게 임박한 부활이 바울의 핵심 메시지다(롬 6:5, 14; 고전 15; 고후 4:13-14). 바울은 육체의 부활이 머지않은 미래에 일어날 것이라고 믿고 있지만, 메시아를 신뢰하는 자들은 죽음에서 생명으로 옮겨지는 것을 이미 경험했다고 주장하는데, 이는 앞 장에서 주장했듯이 도덕적인 삶을 통해 확인된다.

다시 말하면 바울의 소망의 중심이자 그의 신학의 핵심은 메시아가 죽은 자 가운데서 다시 살아나셨고, 메시아 안에 있는 자들은 머지않아 메시아의 부활에 참여할 것이라는 믿음이다. 바울은 이미 죽음을 맛본 자들도 부활에서 제외되지 않을 것이며, 자신과 살아남은 자들도 부활을 경험하게 될 것이라고 믿는다. 그렇다면 바울이 생각하는 부활은 정확히 어떤 것일까?

N. T. 라이트는 이 질문에 답을 제시하기 위해 한 권의 긴 단행본을 집필했다. 그는 부활은 제2성전기 유대교 내에서 **언제나** 한 사람의 혈과 육의 몸이 되살아나고 완전해지는 것과 관련이 있다고 제안했다.[5] 결과적으로 그는 바로 이것이 바울이 의미한 바라고 결론짓는다. 즉 메시아 안에 있는 자들은 그들의 혈과 육의 몸으로 부활할 것이다. 라이트는 바울의 부활 사상을 비육체적인 방식, 즉 몸과 분리된 영혼은 사후에도 계속 남아 있지만 몸은 없는 것으로 간주하는 방식으로 잘못 해석한 영지주의적인 부활의 개념을 거부한다. 하지만 라이트의 주장에는 몇 가지 문제가 있다.

마카베오2서 안에는 부활에 관한 가장 명확하고 가장 초기의 본문 중 하나가 들어 있다. 마카베오2서는 신실한 유대인들이 그들의 하나님과 율법에 대한 충성으로 인해 외국 왕 안티오코스 에피파네스 4세의 손에 고통받는 모습을 묘사한다. 어머니와 일곱 아들은 끔찍한 고문을 당하면서도 돼지고기를 먹고 유대 율법을 범하라는 왕의 요구에 굴복하지 않는다(마카베오2서 7장). 고통스러운 죽음을 견디는 두 형의 모습을 지켜본 셋째 아들은 고문하는 자들에게 손과 혀를 내밀며

---

5   Wright, *Resurrection of the Son of God*.

"나는 이것들을 하늘로부터 받았지만, [하나님의] 율법 때문에 이것들을 멸시한다. 나는 그분으로부터 이것들을 다시 받을 것을 소망한다"(7:11)라고 말한다. 넷째 아들도 고문과 죽음 앞에서 이 가족에게 활기를 불어넣어 주는 것은 하나님께 충성하면 하나님이 그들을 죽은 자 가운데서 다시 살리실 것이라는 그들의 믿음이라는 것을 분명히 밝힌다(7:14).

그렇다면 부활의 소망은 사후의 삶에 대한 믿음뿐만 아니라 전인적으로 완전한 몸을 지닌 삶에 대한 믿음을 의미한다. 적어도 마카베오2서의 저자에게 있어 부활은 전적으로 몸과 관련이 있다. 그러나 저자가 반드시 혈과 육의 몸을 생각하고 있다고 보아야 할지는 분명치 않다. 바로 이 부분에서 우리 현대 독자들은 고대 텍스트와 무관한 개념—인간의 몸과 피와 살의 등식—을 무의식적으로 떠올릴 수 있다. 이러한 생각은 마카베오2서와 같은 본문에서 정당화될 수 있지만, 그렇지 않을 수도 있다. 셋째 아들은 안티오코스 4세가 자기의 팔과 혀를 앗아간다 해도 부활할 때는 하나님이 그것을 되돌려주실 것을 확신한다고 말한다. 저자는 이 남자가 절단된 손과 혀를 원래대로 되돌려받는다고 생각했을까, 아니면 대체된 손과 혀를 받는다고 생각했을까? 이 남자의 주장은 얼마나 문자적이며 정확할까? 그리고 우리는 그것을 얼마나 문자적으로 받아들여야 할까? 이 남자는 처형되기 전과 **정확히** 똑같은 것을 돌려받을 것을 고집하기보다는 하나님이 자신의 신체를 온전히 회복시켜주실 것을 과연 말하려고 한 것일까? 그리고 만약 그것이 가능하다면 죽은 자 가운데서 다시 살아나는 부활도 정확히 죽을 때와는 전혀 다른 몸으로 회복되는 것을 의미한다고 할 수 있을까? 이것은 전혀 터무니없는 질문이 아니다. 만약 누군가가 사지 없이 태어났다면 부활한 몸에는 과연 사지가 있을까? 또 만약 누군가가 생전에 사지를 잃고 나서 나중에 죽었다면 그는 과연 어떤 몸으로 부활할까? 유아가 죽으면 유아로 부활할까, 아니면 성인의 몸으로 부활할까? 백 살에 죽은 사람은 노쇠한 몸으로 되돌려받을까, 아니면 젊고 강한 몸으로 되돌려받을까?[6]

현대 과학도 이러한 질문에 영향을 미친다. 우리는 우리 몸이 끊임없이 변화한다는 것을 알고 있다. 우리 몸의 세포 대부분(일반적인 상식과는 달리 전부는 아님)은 10년마다 교체된다. 그리고 우리 몸이 평생 내어버린 물질은 다른 생명체의 몸에 흡수된다. 게다가 우리 몸 안에 있는 세포 대부분은 인간을 닮은 휴머노이드도 아니다.[7] 이러한 현대 지식에 비추어 우리는 어떻게 육체의 부활에 대해 현명하게 이야기할 수 있을까? 혈과 육을 지닌 몸이 죽은 자 가운데서 다시 살아난다면 그것은 죽기 전의 것과 같은 살인가, 아니면 새로운 살과 피인가?

궁극적으로 이러한 현대적인 질문은 몸에 대한 고대의 질문 및

---

6 다음을 보라. Moss, *Divine Bodies*. 현대 기독교 신학에 대해서는 다음을 보라. Eiseland, *Disabled God*.
7 이러한 현실을 다루려는 하나의 건설적인 시도에 대해서는 다음을 보라. Malcolm, "Body without End."

지식과 크게 다르지 않다. 메시아를 따르는 고린도인들에게 편지를 보냈을 때 바울은 기독교의 부활 신앙에 제기되는 것과 동일한 비판에 직면한다. 바울이 고린도전서 15:35-56에서 다루고 있는 핵심 질문은 메시아를 믿은 자들이 부활할 때 과연 그들은 어떤 몸을 갖게 될 것이냐는 것이다. 우리는 초기 기독교를 비판했던 2세기 철학자 켈수스의 입에서도 이와 유사한 질문을 발견하는데, 오리게네스에 따르면 그는 다음과 같이 질문한다. "언급조차 하기 싫은 나쁜 것으로 충만한 육신과 관련하여 하나님은 그것을 이성에 반하는 영원한 것으로 만들고 싶지도 않으셨고 그럴 수도 없었을 것이다.…이미 썩어버린 육체를 어떤 영혼이 또다시 갖고 싶겠는가?"[8] 이것이 바로 일부 고린도 교인들의 생각이었다. 사람은 죽을 때 가지고 있던 몸을 그대로 되찾을 수 있을까? 아니, 누가 이미 썩은 몸을 되찾고 싶어 할까? 그리고 설령 썩지 않은 혈과 육의 몸을 되찾는다 하더라도 여전히 썩고 부패하고 늙어서 결국에는 다시 죽음을 맞이하지 않겠는가? 그렇다면 그러한 부활은 **실제로** 좋은 소식일까? 우리는 죽은 사람이 썩어가는 좀비로 다시 살아나는 세상을 그린 인기 TV 드라마 시리즈 〈워킹 데드〉(*The Walking Dead*)만 봐도 죽음에서 다시 돌아온다는 것이 항상 좋은 것만은 아니라는 것을 금방 알 수 있다.

바울은 자신이 믿는 부활은 사람이 죽을 때 가지고 있던 그 똑같

---

[8] Origen, *Against Celsus* 5.14 (trans. Chadwick).

은 몸을 그대로 되돌려받는 부활이 아님을 독자들에게 보여줄 필요가 있다고 생각했다. 바울은 이 사실을 설명하기 위해 당대의 과학 지식을 활용한다. 농부는 땅에 심은 것이 땅에서 그대로 다시 나오지 않는다는 것을 잘 안다. "또 네가 뿌리는 것은 장래에 형성될 몸을 뿌리는 것이 아니라 어쩌면 밀이나 다른 것의 씨앗뿐이다. 그러나 하나님은 그 뜻대로 그것에 몸을 주시고 각 종자에 그 몸을 주신다"(고전 15:37-38 NRSV). 이 유비는 바울이 혈과 육의 몸은 죽어서 땅에 묻히는 한 알의 씨앗에 지나지 않는다고 생각했음을 암시한다. 이 단순한 씨앗에서 **새로운** 몸, 즉 하나님이 원하시는 몸이 생겨난다. 니콜라스 메이어(Nicholas Meyer)는 이것을 다음과 같이 표현한다. "바울이 42절에서 '…심고…다시 살아나고…'라는 말로 죽은 자의 부활에 대해 말하기 시작할 때 우리는 부활 이전과 이후, 즉 창조와 재창조에서 서로 대조를 이루는 몸의 **존재론**에 대해 무언가를 배우게 될 것이다."[9]

농업의 영역에서 논의를 시작한 바울은 곧바로 우주론의 영역으로 전환한다. 다른 씨앗은 다른 종류의 몸을 생성한다. 바울은 "사람의 육체도 있고, 짐승의 육체도 있고, 새의 육체도 있고, 물고기의 육체도 있다"(고전 15:39 NRSV)고 말하면서 이 세상에 존재하는 동물의 다양성을 지적한다. 바울이 동물의 육체를 분류하는 방식은 의도적으로 유대 경전의 분류 방식을 연상시킨다. 예를 들어 그의 분류 방식은

9　N. Meyer, *Adam's Dust and Adam's Glory*, 121-22.

물고기, 새, 육지 동물에 이어 마지막으로 인간의 창조를 이야기하는 창세기 1장의 창조 기사와 역순으로 전개된다(1:21, 25, 27). 창조 때 정해진 하나님의 분류 방식은 부활의 모습이 어떠할지에 대해서도 알려준다. 만약 하나님이 모든 육체를 똑같이 만드셨다면 동물의 세계는 그리 다양하지도 않고, 각기 다른 서식지에서 살 수도 없었을 것이다. 물고기의 몸을 지닌 새가 있었다면 하늘에서 살아남지 못했을 것이다. 물고기의 몸을 지닌 인간은 문자 그대로 물 밖에 있는 물고기와 같았을 것이다. 각 생태계에는 각자에게 맞는 적절한 몸이 있다.

이러한 바울의 주장은 피조물 가운데 육지의 동물, 새, 물고기보다도 훨씬 뛰어난 위치에 있는 인간을 찬양하는 시편 8편을 상기시킨다(8:7-8). 바울이 이 시편을 염두에 두고 있었다는 것은 그가 앞서 이스라엘의 하나님이 이 세상 모든 만물을 부활하신 메시아의 발아래 두실 것에 대해 이야기하면서 시편 8:6을 인용한 것을 보면 분명히 알 수 있다(고전 15:25-27).[10] 이 시편은 또한 하나님이 사람(그리고 인자)을 신들(히브리어, 엘로힘[*elohim*]) 또는 천사들(70인역)보다 조금 못하게 만드셨다고 말하는데, 바울은 고린도전서 15장에서 이 개념을 풀어나간다.

지상의 동물에게도 각 서식지에 적합한 다른 몸이 필요하다면 하

---

10 안타깝게도 NRSV는 시 8:6의 "그의 발아래"(및 다른 단수 명사와 동사)를 "그들의 발아래"로 바꾸어 이 구절의 메시아 본문 잠재력을 감춘다.

물며 천상의 존재에게는 천상의 생태계에 적합한 다른 몸이 얼마나 더 필요하겠는가? 그리고 천상의 영역에도 다른 몸들이 있다. 이 시점에서 바울은 주목할 만한 변화를 시도한다. 그는 육신(sarx)에 대한 언급을 멈추고, "영광"(doxa)이란 단어를 사용하기 시작한다. 그 함축적인 의미는 분명하다. 지상의 몸(지상, 수중, 공중)은 육체를 지닌 몸이지만, 천상의 몸은 그렇지 않다. 비록 해와 달과 별의 몸은 서로 다르지만, 모두 영광(doxa)의 몸으로 특징지어진다.

많은 현대 독자들이 인식하지 못하는 것이 바로 바울이 해와 달과 별이 생물학적인 몸을 가진 생명체라는 고대의 매우 일반적인 우주론적인 믿음에 의존하고 있다는 것이다. 예를 들어 플라톤은 「티마이오스」라는 매우 영향력 있는 우주론에 관한 책에서 생물을 다음과 같이 분류한다. "그리고 그 형태는 네 가지인데, 하나는 천상의 신들[즉 별들]; 또 하나는 날개를 가지고 공중을 나는 종이며, 세 번째는 물속에 사는 종이고, 네 번째는 마른 땅을 걸어 다니는 종이다." 그리고 그는 최고의 신은 천상의 신성한 동물들을 "대부분 불로 만들었는데, 이는 이것들이 가능한 한 밝고 아름답게 보이도록 하기 위해서였다"라고 주장한다.[11] 밝게 타오르는 불의 언어는 태양과 별(달은 아님)을 불타는 가스 덩어리처럼 이해하는 현대의 보편적인 이해와 일치한다. 그러나 우리는 플라톤이 이것들을 살아 있는 신성한 동물, 즉 하늘

....

11   Plato, *Timaeus* 40A.

에 거하는 하급 신들로 생각했다는 사실을 간과해서는 안 된다.[12] 많은 유대인들은 "독사"(*doxa*) 또는 히브리어 "카보드"(*kavod*)를 무언가 빛을 발하는 것으로 생각했으므로, 바울이 해, 달, 별에 "독사"라는 단어를 사용한 것은 천체를 불처럼 밝게 빛나는 것으로 간주하는 당대의 일반적인 이해와 일치한다. 예를 들어 출애굽기는 하나님이 모세에게 율법을 수여하기 위해 시내산으로 강림하시는 장면을 다음과 같이 묘사한다. "산 위의 여호와의 영광[*kavod/doxa*]이 이스라엘 자손의 눈에 맹렬한 불 같이 보였고"(24:17; 참조. 신 5:24).[13]

많은 유대인들은 천체에 대한 플라톤의 생각을 공유했으며 그의 생각에 영향을 받았을 것이다. 바울과 동시대를 살았던 유대인 필론은 다음과 같이 주장한다. "창조주는 우주의 모든 부분을 생명체로 채우는 것을 좋게 생각하신 것 같다. 그는 땅에는 육지 동물을, 바다와 강에는 수생 생물을, 하늘에는 별을 두셨는데, 이것들은 단지 생명체였을 뿐만 아니라 가장 순수한 종류의 정신(mind)이었다고 한다."[14] 다시 말해 별은 별들이 사는 영역의 환경에 맞는 몸이 필요하다. 그러한 환경은 당연히 살과 피에 적대적이다. 닐 암스트롱(Neil Armstrong)은 최초로 달에 도착한 사람으로서 아폴로 11호 기내에서 턱시도를

---

12 고대 세계에서 이러한 믿음이 거의 보편적이었다는 사실에 대해서는 다음을 보라. Scott, *Origen and the Life of the Stars*.
13 유대 경전에서 영광과 광채를 서로 연결하는 다른 본문은 다음과 같다. 신 33:2; 사 10:16-17; 합 3:3-4; 시 84:11; 104:1-2.
14 Philo, *On Dreams* 1.135.

입고 나오는 대신, 달에서 생존하기 위해 특별히 제작된 의복(또는 우주복)을 입어야 했다. 고대의 과학자들도 생명체가 하늘에 거하려면 제대로 갖추어진 몸이 필요하다는 것을 알고 있었다.

우리가 고린도전서 15장을 읽을 때 현대의 천체물리학이 끼어들면 문제가 생길 수밖에 없다. 우리 대다수(어쩌면 우리 모두)는 물질적인 영역과 영적인 영역을 뚜렷하게 구분하므로, 바울이 "영적"이라고 표현하면 우리는 그가 비물질적인 것을 의미한다고 생각할 수 있다. 고린도전서 15:44의 NRSV 번역은 심기어진 첫 번째 몸과 심기어진 씨에서 나오는 두 번째 몸을 구별한다. "육체적인 몸으로 심고, 영적인 몸으로 다시 살아난다. 육체적인 몸이 있다면 영적인 몸도 있다." 적어도 이 번역에는 두 가지 문제가 있다. 첫째, "육체적인"이라고 번역된 그리스어 단어는 "프쉬키코스"(*psychikos*)인데, 이 단어는 육체를 의미하지 않고, 오히려 영혼을 뜻하는 단어인 "프쉬케"(*psychē*)와 관련이 있다. 따라서 비록 바울이 물질적인 몸을 언급하고 있지만, 그것이 그가 두 몸을 구분하는 이유는 아니다. 오히려 그는 하나님이 흙으로 만든 인간을 살아 있는 영혼으로(*eis psychēn zōsan*) 만드셨다고 말하는 창세기 2:7을 암시한다. 이 본래의 "영혼 같은"(*psychikos*) 몸과 달리 부활의 몸은 **프뉴마적인** 몸이 될 것이다. 둘째, 내가 **영적**이라는 용어 대신 **프뉴마적**이란 용어를 선호하는 이유는 그것이 현대 독자들로 하여금 영적인 것은 물질적인/육체적인 것과 상반된다는 추론으로부터 거리를 두게 하기 때문이다. (예를 들어 당신은 물질적인 복보다 영적인 복을 감사해야 한다는 말을 얼마나 자주 듣는가?)

바울은 **아이테르**(*aether*)라는 고대의 과학 언어를 사용하지 않는다. 하지만 천체의 영광(*doxa*)에 대해 말할 때 그는 이와 상당히 유사한 것에 대해 이야기하고 있음이 분명하다. 아리스토텔레스에 따르면 별의 본질인 **아이테르**는 신성하고, 영원하며, 불변하고, 부패하지 않는(*aphtharsia*) 존재다. 아리스토텔레스는 또한 **아이테르**를 **프뉴마**와 연관시킨다. "**프뉴마** 속에 있는 본질은…별의 원소[즉 **아이테르**]와 유사하다." 그는 **프뉴마**에 대한 이해를 다룬 저서에서 **프뉴마**가 하나의 몸임을 분명히 밝힌다.[15] 아리스토텔레스의 생각에 따르면 **아이테르**는 천상의 영역에서 제 기능을 발휘하지만, 지상의 영역에서는 **프뉴마**라는 매개체를 통해 활동한다. 바울은 고린도전서 15장에서 이러한 수준의 형이상학적인 정교함을 보여주진 않지만, 하나님의 **프뉴마**는 천상과 지상의 영역에서 모두 역사한다고 믿는다.

라이트의 부활에 관한 논의의 또 다른 문제점은 비유대인이 그리스인 및 로마인들이 몸을 가진 사후의 존재를 보편적으로 거부했다는 그의 주장이다. 그들이 (일반적으로) 혈과 육을 지닌 천상의 존재를 거부했다고 해서 그들이 몸의 관점에서 사고할 수 없었다는 것은 아니다. 우리는 몸이 없는 영혼에 관한 주장에 대해서는 매우 신중해야 한다. 많은 사람들에게 영혼은 몸**이었다**. 예를 들어 로마의 철학자 세네

15　아리스토텔레스의 인용문은 *Generation of Animals* 2.736b38-2.737a1에서 발췌함.

카는 영혼을 묘사하면서 "천상의 것과 지상의 것이 분리되는 날이 오면 나는 육신을 발견한 곳에 그것을 그대로 두고, 내 의지로 나 자신을 신들에게 맡길 것이다"라고 말하면서 때로는 몸이 없는 사후의 존재를 암시하는 것처럼 보인다. 이것은 마치 그가 사후에는 영혼이 무형화될 것임을 믿는 것처럼 들린다. 죽음에 관한 이보다 더 자세한 묘사는 심지어 현대 독자들에게도 오해를 불러일으킬 수 있다. "당신의 몸을 덮고 있는 마지막 보호막인 피부가 벗겨질 것이다. 당신의 육신은 벗겨지고, 당신의 온 몸에 도는 피도 사라지고, 일시적이고 연약한 부분의 골격인 뼈와 힘줄도 벗겨질 것이다."[16] 그러나 여기서 강조점은 영혼이 어떤 종류의 몸—"무겁고 세속적인 감옥"—을 남기느냐에 있다. 세네카는 마르시아에게 보낸 위로의 편지에서 사후에 영혼은 "세속의 찌꺼기를 덜 짊어진다"라고 말한다.[17] 이는 전혀 무게가 **없다**는 것이 아니라 단지 그 무게가 **덜** 하다는 것이다. 혈과 육을 지닌 몸은 물리적으로 영혼을 짓누르고, 이로 인해 영혼은 하늘로 올라가지 못한다. 일단 **육체적으로** 이 닻과 분리되면 영혼은 가볍기 때문에 위로 뜨게 된다. 그러나 헬륨으로 채워진 풍선도 무게가 있듯이 영혼도 여전히 무게가 있고, 몸이긴 하지만 주변 공기보다는 가벼운 몸이다. 그리고 그가 분명히 밝히듯이 영혼 역시 여전히 몸이다. "이는 영혼도

....

16   Seneca, *Moral Epistles* 102.22–23, 25.
17   Seneca, *To Marcia on Consolation* 23.1.

몸을 가지고 있기 때문이다."[18]

각기 다른 서식지에 각기 다른 몸이 있다. 고대 물리학의 일관된 주제다. 기원전 5세기 철학자 아낙사고라스는 몸들은 우주의 다양한 원소를 닮기 때문에 그 원소에 어울리는 장소에 거한다고 주장한다. "어떤 것은 흙처럼 무거워서 아래 영역을 차지하고, 어떤 것은 불처럼 가벼워서 위 영역을 차지하며, 물과 공기는 중간에 위치한다."[19] 아낙사고라스가 여기서 의미하는 바는 불이라는 한 가지 원소가 특히 천상의 영역에 적합하다는 것이다. 요하네스 필로포누스에 따르면 기원전 4세기 철학자 폰토스의 헤라클레이데스는 영혼이 천상의 몸(*ouranion sōma*)을 가지고 있다고 주장했다.[20] 이것은 나중에 루크레티우스가 분명히 밝히듯이 신들의 몸에 적용되었다. "그러므로 그들[신들]의 거처 역시 그들의 몸처럼 가늘기 때문에 우리의 거처와 다를 수밖에 없다."[21] 여기서 우리가 주목할 점은 신들도 몸이 있고, 그 몸은 마른 몸이 아닌 매우 부드럽고 가벼운 물질의 "가느다란" 몸이라는 데 모든 사람이 동의할 것이라는 점을 루크레티우스가 당연하게 여겼다는 것이다. 그는 이에 근거하여 신들의 거처도 유사한 물질로 구성될 수밖에 없다고 주장한다.

....

18   Seneca, *Moral Epistles* 106.5.
19   Diogenes Laertius, *Lives of Eminent Philosophers* 2.8.
20   John Philoponus, *Commentary on Aristotle's On the Soul* 1, prologue.
21   Lucretius, *On the Nature of Things* 5.153-154.

나는 바울의 논리를 다음과 같이 요약할 수 있다고 생각한다.

- 생명체는 특정 서식지에 살기에 적합한 몸을 가져야 한다.
- 해와 달과 별은 생명체다.
- 생명체로서 이것들은 천상의 거주공간에 적합한 몸을 가져야 한다.
- 이 몸은 육신(sarx)의 몸이 아니라 영광(doxa)의 몸이다. 이 영광의 몸은 **프뉴마**라는 물질로 구성되어 있다.
- 메시아는 혈과 육의 몸을 가지고 있었다.
- 부활 이후에 그는 **프뉴마**가 되었다.
- 인류는 두 인종으로 나뉜다.
- 한 인종은 육신(sarx)으로 특징지어지는 첫 번째 아담을 따르는 인류이고,
- 다른 인종은 **프뉴마**(pneuma)로 특징지어지는 마지막 아담(메시아)을 따르는 인류다.

트로엘스 엥베르-페데르센(Troels Engberg-Pedersen)은 이것을 이렇게 표현한다. "그렇다면 기본적으로 바울은 죽음과 연관된 지상의 몸과 영생과 연관된 천상의 몸 사이의 단도직입적인 대조에 의존하고 있다."[22] 다시 한번 강조하지만 바울은 죽은 자의 육체적 부활을 믿는다.

---

22   Engberg-Pedersen, *Cosmology and Self*, 27.

죽은 자는 몸과 함께 부활할 것이다. 이 점에 대해서는 라이트의 견해가 옳다. 그러나 이 몸은 혈과 육의 몸과는 매우 다른 몸일 것이다. 씨앗이 땅속으로 들어가면 새로운 몸체가 생긴다. 첫 번째 아담의 인종을 따르는 첫 번째 몸은 땅의 티끌에서 나온다. 그것은 이 흙의 형상을 첫 번째 아담과 공유한다. 그러나 이 티끌로 만들어진 몸은 구성적으로, 존재론적으로 열등하다. 비록 하나님의 숨결이 주입되었지만, 그것은 열등한 원소로 만들어졌다.[23] 흙이라는 열등한 물질은 변화와 파괴와 필멸의 대상이다. 그러한 몸은 늙고 쇠퇴하고 부패하고 죽는다. 이 몸은 제약과 한계로 가득한 지상 환경에 맞게 창조되었다. 과연 누가 그런 몸을 영원히 갖고 싶어 하며, 누가 완전히 다른 환경에서 그런 몸으로 살고 싶어 하겠는가? 마지막 아담인 메시아는 비록 혈과 육의 몸을 가지고 있었지만, 부활 이후에는 생명을 주는 프뉴마가 **되었다**. 내가 부활 **때**라고 말하지 않고 부활 **이후**라고 말하는 이유는 바울이 예수의 부활을 그가 프뉴마로 변화한 **시점**으로 생각했는지, 아니면 이것을 별개의 사건으로 생각했는지를 내가 확실히 알 수 없기 때문이다. 바울은 빈 무덤에 대해 아무런 언급도 하지 않으며, 부활 이후에 추종자들(그리고 나중에 바울)에게 나타난 예수의 모습이 어떠했는

---

23 이것이 창 2장에 근거한 몸에 대한 유대인의 일반적인 견해였다. 쿰란의 *Hodayot*은 인간이 흙으로 만들어졌기 때문에 얼마나 비천한 존재인지를 반복해서 강조하고, 후대의 랍비 문헌은 이 물질을 인간의 비천한 동물적 측면으로 지적한다(예. Genesis Rabbah 8.11).

지에 대해서도 자세히 서술하지 않는다. 바울도 누가처럼 부활한 예수가 혈과 육의 몸을 가지고 있었다고 생각했을까? 그런 생각은 그가 지상의 환경에서 계속 살았기 때문에 상당히 그럴듯하다. 만약 그렇다면 예수가 생명을 주는 **프뉴마**로 변화하는 사건은 그가 승천할 때 일어났다고 보는 것이 마땅하다.

죽은 자의 부활에 대한 믿음의 명료함과 매력을 드러내 보이려는 바울의 노력은 근본적으로 그가 활용한 당대의 일반화된 과학적인 신념에 근거한다. 천상의 삶은 적합한 몸, 즉 천상의 존재들이 이미 가지고 있던 몸을 필요로 한다. 고대인들은 이 몸에 **독사**(*doxa*), **아이테르**(*aether*), **프뉴마**(*pneuma*) 등 다양한 이름을 붙였다. 바울은 그의 과학적인 전제를 공유하지 않는 많은 사람들의 오해를 불러일으킨 **프뉴마**에 주로 초점을 맞추었다. 그들의 귀에 **프뉴마**는 물질적인 것도 아니고, 물리적인 것도 아니며, 육체적인 것도 아니었다. 따라서 그들은 바울이 육체적 부활을 믿지 않았다는 잘못된 결론을 내리거나, "부활의 몸은 **프뉴마**의 몸이다"라는 진술을 몸의 종류에 관한 것이 아니라 혈과 육을 지닌 몸이 어떻게 작동하는지에 관한 것으로 생각하여 그가 육체적 부활을 믿었다고 결론 내린다. 다시 말하면 **프뉴마**는 혈과 육을 지닌 몸에 불멸성을 제공한다. 그러나 이 두 결론은 모두 잘못된 것이며, 바울 이후에 널리 알려진 다른 유형의 물리학에 빚지고 있다. 이러한 과학의 변화 때문에 초기 기독교와 후대 기독교에서는 부활의 몸

이 (완벽해진) 혈과 육의 몸이어야 한다는 견해가 필요했다.[24]

바울은 죽은 자의 육체적 부활을 믿었다. 이 육체는 혈과 육으로 이루어진, 즉 하늘 영역에는 존재하지 않는 열등한 물질로 만들어진 몸이 아니었다. 그것은 오히려 **프뉴마**라는 물질로 이루어졌다. **프뉴마**는 영원하고 불변하고 불멸하는 물질이다. **그것은 참으로 최고의 물질이다.** 우리는 바울의 물리학에 동의하지 않을 수도 있지만(지난 2천 년에 걸친 과학의 발전을 고려하면 우리가 동의하는 것이 더 이상할 수도 있다), 부활의 몸이 파괴되지 않고, 영원하며, 불멸한다는 그의 주장은 기독교가 그 동안 다양한 방식으로 인정해온 것이다. 메시아의 부활은 "죽음을 삼키고 승리했다"(고전 15:54). 이제 남은 것은 죽음의 세력에 대한 최종적인 승리와 마지막 아담에게 속한 온 인류의 부활뿐이다.

---

24 다음을 보라. Bynum, *Resurrection of the Body*. Bynum은 **육신**의 부활에 대한 믿음의 출현을 신생 기독교 운동의 교리 논쟁과 연결한다. "'죽은 자'나 '몸'(*soma* 또는 *corpus*)이 아닌 '육신'(*sarx* 또는 *caro*)의 부활은 (그리스도의 몸을 어떤 의미에서 비현실적이거나 은유적인 것으로 취급한) 가현설과 ('실현된 종말론'을 지나치게 강조한 나머지 부활을 이생의 영적, 도덕적 진보로 이해하고 결과적으로 육체로부터의 탈출로 이해한) 영지주의와의 싸움에서 핵심적인 요소가 되었다"(26).

12장
메시아와 유대인들

A JEWISH PAUL

그렇다면 바울의 동족 유대인들은 어떤가? 이방인들은 유대 율법에서 어떤 부분이 자신들에게 적용되는지 파악하는 데 어려움을 겪었다. 그렇다면 바울의 가르침과 진술 가운데 어떤 부분이 그의 동족 유대인들에게 적용되는 것일까? 만약 바울이 (전적으로는 아니더라도) 주로 비유대인들을 대상으로 편지를 썼다면 이러한 생각은 유대인과 어떤 관련이 있었을까? 이 질문에 대한 두 가지 가능한 답변은 아무리 매력적으로 보일지라도 피해야 한다.

첫째, 우리는 유대인이든 비유대인이든 모든 사람에게 똑같은 방식으로 적용되도록 바울의 진술을 보편화할 수 있다. 이것이 기독교 역사 전반에 걸쳐 바울 서신에 대한 일반적인 접근 방식이었다. 하지만 바울 서신을 대충 읽어보아도 일반적으로 이러한 읽기 전략이 얼마나 불가능한지를 알 수 있다. 예를 들어 빌레몬서를 읽고 바울이 곧 도착할 것을 예상하고 손님방을 깔끔하게 정리해야겠다는 결론을 내리는 사람은 아무도 없다(몬 22절). 그리고 다시 돌아올 오네시모를 맞이하기 위해 그를 문 앞에서 기다릴 사람도 없다(몬 12절). 이것은 너무나 당연한 예다. 바울은 과거에 일어난 실제 상황에 대처하기 위해 특정 편지를 특정한 사람들에게 보낸다. 그의 편지는 구체적인 상황에 어울리는 지침과 가르침으로 가득 차 있어 후대의 독자들은 각자의 삶에 적용하기 위해 그것을 신중하고 창의적으로 해석해야만 했다. 그리고 나는 민족과 관련하여 바울이 로마서 1:18-32에서 (대다수 현대 해석자들과 달리) 인간의 죄악된 상태를 묘사하려는 의도가 없었다고 이미 앞에서 주장한 바 있다. 오히려 이 본문은 이방인들의 저급한 상태를 개괄적으로 묘사한다. 즉 그들은 우상숭배와 부도덕으로 얼룩진 삶을 살면서 하나님을 거부했다. 거의 모든 고대 해석자들은 이 본문의 민족적 특수성을 인식했고, 그것을 자연스럽게 받아들였다.

둘째, 우리는 바울의 글에서 유대인들과 관련된 내용은 하나도 없다고 결론 내릴 수 있다. 어쨌든 바울은 자신이 이방인에게 복음의 메시지를 전하도록 부르심을 받았다고 거듭 주장한다. 갈라디아서에서 바울은 심지어 태어나기도 전에 이스라엘의 하나님이 이방인들에게 하나님의 아들을 선포하도록 자신을 선별하셨다고 주장한다(1:16). 그리고 로마서에서 바울은 하나님이 이방인들에게 믿음의 순종을 끌어내기 위해 자신에게 은혜와 사명을 주셨다고 주장한다(1:5). 바울은 이 서신에서 이와 비슷한 주장을 두 차례나 더 반복한다(11:13; 15:16). 그리고 바울(또는 그를 모방한 저자)은 골로새서와 에베소서에서 자신이 이방인을 위해 갇힌 자이며, 하나님이 그들을 대신하여 자신에게 사명을 주셨다고 주장한다(골 1:24-28; 엡 3:1-2). 그리고 바울을 모방한 또 다른 저자는 이 전통을 이어받아 바울을 이방인의 사자, 사신, 교사로 묘사하고(딤전 2:7), 이방인들을 하나님의 메시지를 접할 수 있는 하나님의 그릇으로 묘사한다(딤후 4:17).[1] 결과적으로 최근 들어 몇몇 해석자들은 바울이 메시아에 관한 좋은 소식을 오직 비유대인에게만 적용되는 것으로 생각했다고 결론지었다. 즉 이방인은 메시아이신 예수를 통해 구원을 받아야 하지만, 유대인은 그렇지 않다는 것이다. 이러한 바울 읽기는 종종 존더베크 읽기(*Sonderweg*, 독일어로는 "특별한 길"이라는 뜻)로 불리며, 영어권에서는 로이드 개스톤(Lloyd Gaston)과 존 게이거(John Gager), 독일어권에서는 프란츠 무스너(Franz Mussner)를 통해 가장 널리 알려졌다.[2] 이들을 비롯하여 다른 저자들은 바울의 머릿속에는 구원에 이르는 별개의 두 길이 있다고 제안했다. 바울은 유대인은 예수를 믿을 필요 없이 율법을 준수하는 삶을 계속 이어나가면 된다고 생각한 반면, 이방인은 메시아가 필요하다고 생각했고, 그것이 바로 예수가 메시아임을 선포하기 위해 그가 로마 제국 전역을 돌아다닌 이유였던 것이다.

바울 서신을 읽는 많은 독자들은 그가 서신에 쓴 내용에 비추어 존더베크 읽기가 역사적으로 타당성이 없다고 생각했다. 바울의 사고에서 메시아가 차지하는 위치를 고려할 때 과연 그는 정말로 어떤 사람은 예수 없이도 구원을 받을 수 있다고 믿었을까? 바울은 이 독법

---

[1] 후대의 기독교 해석자들은 또한 바울에게 주어진 임무의 민족적 특성을 강조했다. 예. 행 13:47; 클레멘스1서 5.7; 바울행전 11.3.

[2] Gaston, *Paul and the Torah*, 33, 148; Gager, *Reinventing Paul*; Mussner, "'Christus (ist) des Gesetzes Ende.'" 이와 관련이 있는 다음 저서도 보라. Boccaccini, *Paul's Three Paths to Salvation*. 『바울이 전하는 세 가지 구원의 길』(도서출판 학영 역간).

이 (에큐메니컬 운동에 부여하는 가치가 무엇이든 간에) 자신의 생각을 제대로 읽지 못했음을 보여주는 다양한 주장을 펼친다. 아무튼 바울은 이방인 메시아 추종자들만을 염두에 두고 로마서를 썼다고 내가 주장했듯이 그는 이 편지에서도 이 복음(**그의** 복음이 아님. 물론 바울은 롬 2:16과 16:25에서 그의 복음에 대해 이야기한다)이 **우선** 유대인을 구원하고, 그다음에 이방인을 구원하는 하나님의 능력이라고 선포한다(1:16). 그리고 바울은 유대인도 믿음을 통해 복음에 순종해야 한다고 주장하는데(10:14-16), 이것은 그가 이방인에게도 똑같이 요구한 믿음의 순종이었다(1:5; 16:26). 그리고 바울은 갈라디아의 이방인 메시아 추종자들에게 하나님은 자신에게 메시아의 메시지를 이방인들(문자적으로는 포피)에게 전하는 임무를 맡기셨고, 그 동일한 하나님은 베드로에게 유대인들(문자적으로는 할례)의 사자가 되는 임무를 맡기셨다고 강조한다(갈 2:7-9). 베드로가 유대인들에게 전한 메시지의 세부 내용이 무엇이든 간에 거기에는 분명 예수가 이스라엘의 메시아임을 주장하는 내용이 들어 있었을 것이다. 이스라엘의 메시아가 동족 유대인의 역사 및 구원과 아무런 상관이 없는 인물이었다면 그것이 과연 무슨 의미가 있을까? 바울에 대한 존더베크 읽기는 당연히 대다수 독자들에게 전혀 설득력을 발휘하지 못했다.

전통 기독교 신학은 마치 바울 서신에서 유대교가 종교로서 무엇이 잘못되었는지에 대한 거창한 이론을 제시할 수 있는 것처럼 그의 글을 읽을 때가 많다. 특히 종교개혁 이후 그리스도인들은 바울이 유대교를 저버린 이유가 유대교가 각 사람의 선행과 노력으로 구원받는 종교라는 사실을 깨달았기 때문이라고 주장해왔다. 즉 자신의 죄악된 모습을 보게 된 바울은 깊은 절망에 빠질 수밖에 없었고, 하나님은 사람들이 자신의 의가 아니라 메시아를 신뢰함으로써 구원받기를 원하신다는 사실을 깨닫게 되었다는 것이다. 예수를 믿지 않는 유대인들은 자력으로 하나님을 기쁘시게 하고 그분께 순종할 수 있다는 잘못된 자신감이나 오만한 마음을 가지고 있었다. 이것은 바울 서신에 대한 일반적인 해석이긴 하지만, 사실은 마르틴 루터의 삶의 이야기를 더 잘 설명해준다. 아무튼 바울은 예수를 따르기 전에 자신이 얼마나 죄인이며 절망적인 사람이었는지에 대해서는 일절 언급하지 않는다. 대신 바울은 자신이 메시아 추종자가 되기 이전의 경험을 서술하는 몇몇 본문에서 자신의 과거를 생생한 언어로 소개한다. 바울은 하나님이 이방인의 사자로 삼기 위해 갑자기 그의 삶에 개입하셨을 때 동료들보다 "유대교 신앙"에 훨씬 앞서 있었다(갈 1:14-15). 그리고 루터의 입장에서는 상당히 당혹스럽겠지만, 바울은 심지어 자신은 율법에 대한 의에 있어서는 흠이 없는(*amemptos*) 사람이라는 자랑까지 늘어놓는데(빌 3:6), 이 동일한 표현은 욥에게 자주 사용되었고(욥 1:1, 8; 2:3), 하나님이 아브라함을 부르실 당시 그의 상태를 나타낼 때에도 사용되었다(창 17:1).

그리고 바울 연구의 패러다임을 바꾼 E. P. 샌더스의 1977년도 저서 『바울과 팔레스타인 유대교』(*Paul and Palestinian Judaism*) 이래로

학자들은 고대 유대교를 행위 의의 종교로 묘사하는 것은 역사적으로 정확한 설명이 아니며, 유대교를 단지 기독교의 허울로 삼는 신학적 변증에 불과하다는 것을 깨닫게 되었다. 최근에 존 바클레이가 재확인해주었듯이 "은혜는 제2성전 시대 유대교 문헌 모든 곳에 나타나지만, 그렇다고 이 모든 곳에서 동일한 의미로 사용되는 것은 아니다.…바울은 이러한 다양성의 한가운데 서 있다. 바울의 은혜 신학은 유대교와 대립하지 않는다. 그렇다고 해서 일반적인 유대교의 견해와 완전히 일치하는 것도 아니다."[3]

바울이 유대교에서 아무런 문제점을 발견하지 못했다는 주장과 가장 조화를 이루기 어려운 본문은 바로 로마서 11장이다. 많은 독자들에게 바울은 여기서 유대인의 행위와 기독교의 은혜를 서로 대조하는 것처럼 보인다. "그러나 만약 은혜로 된 것이면 더 이상 행위에 근거한 것이 아니다. 왜냐하면 은혜는 더 이상 은혜가 아니기 때문이다"(11:6). 나는 여기서 이 말씀이 바울 서신에 대한 모든 해석에 문제를 일으킬 소지가 많다는 점을 강조하고 싶다. 바울은 과연 여기서 하나님이 과거에는 행위에 근거하여 사람들을 구원하셨지만, 이제는 은혜를 베푸시기로 작정하셨다는 것을 암시하고 있을까? 그것은 하나님의 경륜과 성품의 극적인 변화를 의미하며, 구약의 인색하신 하나님과 신약의 사랑의 하나님을 대조하는 지독한 대체주의적인 냄새를

---

[3] Barclay, *Paul and the Gift*, 6. 『바울과 선물』(새물결플러스 역간).

풍긴다. 그리고 정말로 바울은 엘리야 시대에는 어떤 이들이 행위로 구원을 받았다고 주장했을까?(그는 그것을 반복해서 거부한다. 예. 롬 3:20; 갈 2:16) 만약 사람들이 행위로 구원을 받을 수 있었다면 그들에게 과연 메시아는 왜 필요했을까?(갈 2:21)

이것은 바울이 의도한 의미일 수 없으며, 오직 문맥을 통해서만 그의 요점을 명확히 밝혀낼 수 있다. 우리가 기억해야 할 것은 로마서 9-11장 전체가 왜 그렇게 소수의 유대인들만 예수가 메시아이며, 이스라엘의 하나님이 그를 죽은 자 가운데서 살리셨다는 사실을 확신하게 되었는지를 설명하는 역할을 한다는 점이다. 바울은 일부 유대인들이 예수를 믿고 있다는 사실이 말해주듯이 하나님은 자기 백성을 거부하지 않으셨음을 독자들에게 상기시킨다. 그리고 이스라엘의 역사는 현재의 위기에 대한 선례를 제공한다. 엘리야 시대에는 많은 하나님의 백성이 바알 숭배에 빠졌다. 그러나 그때에도 이스라엘에는 하나님을 버리지 않은 신실한 백성이 여전히 남아 있었다. **하나님은 바알을 숭배하지 않은 7천 명을 남겨두셨다.** 충성스러운 남은 자(loyal remnant) 개념은 바울보다 앞서지만, 여기서 바울은 현재의 상황을 설명하기 위해 이 개념을 활용한다. 엘리야 시대의 충성스러운 남은 자는 바알이 아닌 이스라엘의 하나님을 충성스럽게 섬기는 행위로 구별되었다. 이와는 대조적으로 바울 시대의 이스라엘의 남은 자들은 우상숭배에 빠진 다른 이들과 달리 이스라엘의 하나님께 대한 충성으로 구별되지 않는다. 아무튼 바울 시대의 대다수 유대인들은 그들의 하나님에 대한 믿음을 지키려고 노력했으며, 다른 신들을 숭배하는 것을 거부했다. 따라서 이 새로운 남은 자들은 이런 방식으로 구별될 수 없었다. 또한 그들의 존재는 하나님의 은혜에 달려 있었다. 즉 그들이 존재할 수 있었던 것은 오직 하나님이 그것을 허용하셨기 때문이다. 그들의 존재는 바로 이 은혜와 예수에 대한 신뢰로 확인될 수 있다. 그렇다면 바울은 이 남은 자들에 속하지 않는 유대인들의 문제는 무엇이라고 생각했을까?

모든 유대인이 하나님의 은혜를 믿었다면, 설령 그들이 그 은혜의 우선성, 유효성, 비상응성 등 은혜의 다른 여러 측면을 강조했다 하더라도, 유대교는 행위 의의 종교로 묘사될 수 없다. 만약 유대인들이 은혜를 믿었다면 그들은 과연 이미 바울이 전혀 문제 삼지 않을 만큼 좋은 "개신교인들"이었을까? 샌더스의 연구 이후 제임스 던과 N. T. 라이트는 또 다른 치명적인 결함의 관점에서 유대교를 재설명했다. 즉 유대인들은 천국에 들어갈 자격을 얻고자 애쓴 율법주의자들이 아니라 (아니 어쩌면 더 나쁘게) "은혜가 아닌 인종"을 강조하는 민족중심적인 사고를 하는 사람들이었다는 것이다.[4] 다시 한번 강조하지만, 유대교에 대한 이러한 묘사는 절대 공정하지 못하다.

바울은 자신을 이방인의 사자로 거듭 묘사하며, 그의 편지는 그

---

4   바울은 "인종이 아닌 은혜"를 선포했다는 점에서 유대교와 달랐다는 것이 N. T. Wright의 주장이 함의하는 바다(*Climax of the Covenant*, 194, 247).

가 의도한 독자들의 이방인 정체성을 거듭 강조하므로, 우리는 이방인에 대한 그의 진술을 유대인에게 잘못 적용하지 않도록 조심해야 한다. 그러므로 본 장의 질문과 관련하여 바울이 로마서 9-11장에서 동족 유대인에 관해 정제된 진술을 남긴 것이 얼마나 다행스러운 일인지 모른다.

바울은 로마에 있는 비유대인들에게 편지를 쓰면서 동족 유대인들을 위해서라면 자신이 메시아에게서 끊어지는 것도 원하는 바라고 절규한다(롬 9:3). 부차적으로 이 세 장에서는 바울이 유대인 신자나 유대인 신자와 이방인 신자가 섞여 있는 청중을 염두에 두고 이 편지를 쓰고 있지 않는다는 강력한 증거를 제공한다. 이것은 이미 로마서 9:4에서도 확인할 수 있는데, 바울은 거기서 동족 유대인들을 3인칭("그들", "그들에게" 등)으로 언급한다. 바울이 그들을 위해서라면 메시아에게서 끊어지는 것도 원하는 바라는 사실은 그들의 처지를 그가 얼마나 심각하게 생각하고 있는지를 잘 보여준다. 그러나 이 극적인 도입부 직후에 바울은 **여전히** 유대인에게 주어진 혜택을 재차 언급한다. "그들은 이스라엘인들이다. 그들에게는 양자 됨과 영광과 언약들과 율법 수여와 예배와 약속들이 있다. 그들에게는 조상들이 있고 그들에게서 육신을 따라 메시아가 나왔다"(9:4-5).[5]

---

5 암브로시아스터(*Commentary on Romans* 9:4)처럼 "구세주를 영접하지 않음으로써 [유대인들은] 조상들의 특권과 약속의 공로를 잃고 이방인들보다 더 못해졌다"고 말하는 것은 바울이 여전히 진실이라고 믿고 있는 것을 무시하는 것이다. 안타깝게도

이러한 주장은 마치 바울 역시 던과 라이트가 초기 유대교에 대해 비판했던 바로 그 "민족중심주의"를 지지하는 것처럼 들린다. 유대인들은 여전히 하나님의 양자들이다. 하나님의 언약과 그의 영광, 율법, 성전, 그의 약속의 선물은 여전히 그들의 것이다. 비록 메시아가 그들에게서 나왔지만, 많은 유대인들은 바울의 기대와 달리 예수를 메시아로 인정하지 않았다.

바울이 예수를 이스라엘의 메시아로 믿지 않는 동족 유대인들을 유일하게 비난한 것은 바로 그들이 예수를 이스라엘의 메시아로 믿지 않았기 때문이었다. 이 비난은 행위 의나 율법주의 또는 민족중심주의라는 일부 추상적인 이론과 아무런 관계가 없다. 그들은 이런 것에 걸려 넘어진 것이 아니다. 오히려 바울은 성경을 인용하면서 그들이 "걸림돌에 걸려 넘어졌다"(롬 9:33; 참조. 사 8:14; 28:16)고 주장한다. 바울은 이방인 독자들에게 동족 유대인들이 하나님께 올바른 열심을 내고 있지만, 그들 가운데 많은 이들이 여전히 하나님의 정의나 의를 알지 못한다고 선언한다(10:3). 이 의와 이 걸림돌은 다름 아닌 율법의 텔로스(*telos*) 또는 정점인 메시아 자신이었다(10:4). 바울은 많은 유대인들이 바로 그 율법에만 몰두했기 때문에 율법의 목표에 도달하지 못했다고 믿는다. 비유하자면 이러한 상황은 마치 지도에만 너무 몰두한 나머지, 목적지에 도달하는 데 필요한 마지막 회전을 하지 못한

대다수 그리스도인들은 여기서 바울이 아닌 암브로시아스터의 생각을 따랐다.

사람과 같다. 이것이 현재의 상황에 대한 바울의 평가다.

이것이 예수를 메시아로 인정하지 않는 유대인들에 대한 비판이나 율법에 대한 비판처럼 들릴 수도 있지만, 바울은 여기서 비교적 신중한 태도를 보인다. 로마서 11장에서 바울은 많은 동족 유대인들이 메시아의 도래를 깨닫지 못하는 이 안타까운 종말론적인 상황을 설명하기 위해 뒤로 한걸음 물러선다. 일부 유대인들은 예수가 메시아라고 확신했고, 바울은 자신을 그 대표적인 예로 제시한다. 그러나 바울은 믿지 않는 다른 유대인들을 악마화하거나 정죄하지 않는다. 오히려 그는 이스라엘의 **하나님**이 다른 유대인들의 마음을 완악하게 하여 그들이 예수를 메시아로 인식하지 못하도록 하셨다고 주장한다. 하나님은 보는 눈과 듣는 귀를 그들에게 허용하지 않으셨다(롬 11:8. 또다시 사 29:10에 의존하여). 하나님은 왜 이렇게 하셨을까? 그 이유는 바로 그 메시아에 대한 불신앙을 통해 하나님의 구원이 이방 세계로 확장될 수 있었기 때문이다(11:11-12). 유대인들이 메시아의 복음을 거부함으로써 온 우주가 화해를 경험할 수 있게 된 것이다(11:15). 바울은 하나님이 많은 유대인들의 마음을 완악하게 하신 것은 일시적인 것이며, 이방인들이 이를 통해 뜻하지 않게 구원을 받게 될 것임을 확신한다(11:25). 이것은 영원한 것이 아니다. 이것은 끝이 아니다. 왜냐하면 하나님은 이스라엘의 조상들을 위해 이스라엘을 선택하셨기 때문이다. 그리고 하나님의 부르심과 하나님의 선택은 결코 되돌릴 수 없다. 하나님이 주시는 선물은 다시 뺏는 법이 없다(11:28-29).

로마서 9-11장 전체가 시사하는 바는 바울에게 "유대교"는 아무런 문제가 없었고 또 지금도 아무런 문제가 없다는 것이다. 그의 많은 (전부는 아니지만) 동족 유대인들에게 일어난 일은 하나님이 신비스럽게 그리고 일시적으로 그들의 마음을 완악하게 하여 그들이 메시아를 알아보지 못하게 하신 것이다. 이것은 하나님의 심판이 아니라 하나님의 구원 및 화해의 사역이 온 인류에게 미치게 하기 위함이다. 그러므로 하나님께서 이방인들을 위해 이스라엘을 완악하게 하심으로써 모든 유대인이 거의 배제된 채 이방인들이 구원을 받는다는 것은 매우 아이러니한 일이 아닐 수 없다. 바울에게 있어 그것은 불가능한 일이었다. 하나님은 설령 자기 백성이 메시아의 도래를 인식하지 못했다 하더라도 결코 그들을 버리시지 않을 것이기 때문이다. 하나님은 지금 예수 운동 안으로 마구 몰려드는 이방인들에게 자비를 베푸시듯이 일시적으로 믿지 못하게 만든 유대인들에게도 자비를 베푸실 것이다. 즉 하나님은 모든 사람에게 자비를 베푸실 것이다.

따라서 로마서 11:28-32은 바울이 생각하는 유대교의 문제점을 한마디로 요약한다. 고대의 유대 작가들이 창세기부터 바울 시대에 이르기까지 이스라엘의 많은 잘못을 거침없이 묘사했음에도 불구하고 바울은 우상숭배 등 그들이 역사적으로 잘못한 일들을 부각시키지 않는다. 오히려 이스라엘의 역사를 바라보는 바울의 관점은, 설령 유대인들이 어떠한 죄를 지었다 하더라도, 여전히 하나님의 백성이라는 점을 암시한다. 바울은 이방인들과 달리 유대인들을 이전에는 순종적이었던 사람들로 분류한다. 이스라엘의 대다수는 이제 메시아 시대에 이르러서야 비로소 자신들의 단절된 모습을 발견했다. 그리고 이러한 현재의 불순종은 하나님의 뜻에 의한 것이며, 이런 상태가 계속 유지되는 것을 원치 않으시는 하나님의 경륜 안에 들어 있다. 하나님은 미래의 어느 한 시점에 이방인과 유대인에게 모두 자비를 베푸시며 이 완악한 마음을 제거하실 것이다.

현대의 에큐메니컬 논의에서 이러한 주장은 일부 진영에서 원치 않는 것일 수도 있다. 어쩌면 바울이 유대인들은 예수를 메시아로 믿지 않아도 된다고 주장했더라면 더 좋았을지도 모르겠다. 그리고 하나님이 많은 동족 유대인들의 마음을 일시적으로 완악하게 하셨다고 주장하지 않았더라면 분명 더 편리했을 것이다. 하지만 로마서 9-11장은 메시아가 실제로 오셨다는 신념과 당대의 많은 유대인들이 메시아의 도래를 깨닫지 못했다는 사실을 서로 조화시키려는 바울의 노력을 반영한다. 바울의 생각에는 이러한 완악함은 일시적이고 오래가지 못한다. 2천 년이 지난 지금에도 과연 바울은 여전히 이러한 견해를 고수할까, 아니면 자기 생각을 수정해야겠다고 생각할까?

결론

바울은 유대교 안에서 잘못된 점을 전혀 발견하지 못했다. 그의 생각에는 유대교에 아무런 결함이 없었다. 반율법주의적 읽기와 달리 바울은 유대교가 사람들에게 구원을 위해 무언가를 요구하는 종교라고 생각하지 않았다. 반민족중심적 읽기와 달리 바울은 유대교가 민족적인 자부심과 인종적인 배타심을 유발한다고도 생각하지 않았다. 바울의 글을 해석하는 열쇠는 바울을 당시의 더 광범위한 유대 세계 안에 포함시키는 것이다. 유대 율법과 할례에 대한 그의 많은 진술은 비유대인들이 이스라엘의 하나님, 이스라엘, 이스라엘의 율법과 어떻게 관계를 맺어야 하는지에 대한 유대 논쟁 속에서 이해해야 한다. 이러한 논쟁과 의견 충돌은 고대 유대인들 사이에서 빈번하게 나타나는 일이었고, 바울을 비롯하여 예수를 메시아로 믿은 다른 사람들도 비유대인들의 입장에 대해 계속해서 논쟁을 벌였다. 이 논쟁은 특히 초기에는 그저 또 다른 유대인의 삶의 방식에 불과했던 예수 운동 안으로 점점 더 많은 수의 비유대인들이 유입되면서 더욱더 격렬해졌다.

고대 유대교를 율법주의적인 종교, 하나님의 은총을 얻어야만 하는 종교 또는 민족중심적이고 배타적인 종교로 간주하는 것은 지나친 단순화에 지나지 않을뿐더러, 역사적으로도 부정확하다. 더 이상 언급할 필요도 없겠지만, 만약 그리스도인들이 유대교(또는 다른 종교)를 나쁜 종교로 보이게 하고, 기독교를 자신과 타인에게 더 매력적으로 보이게 해야 한다고 느낀다면 그것은 기독교 신앙에 결코 좋은 징조가 아니다. 어떤 친구가 다른 친구를 계속 좋아하기 위해 그 친구를 끊임없이 모욕해야 한다고 느끼는 관계를 한번 상상해보라. 그러한 행동은 불행하고 미성숙할뿐더러, 궁극적으로는 자멸할 수 밖에 없다.

나는 이 작은 책에서 유대교를 기독교의 허울로 만들지 않고, 유대인, 유대 율법 또는 유대교를 폄하하여 바울을 영웅처럼 보이게 하지 않으면서 바울을 읽는 방법을 사람들에게 소개하고자 노력했다. 바울은 이방인들도 메시아의 성육신, 죽음, 부활을 통해 하나님의 종말론적인 구원에 편입되었다고 확신했다. 그의 메시지는 예수가 메시아이며, 이스라엘의 하나님이 그를 죽은 자 가운데서 살리셨다고 믿는 사람들을 위한 포용의 메시지였다. 하나님의 구원 행위는 아브라함과 아브라함의 후손에게 주신 다양한 약속과 관련이 있었다. 이 많은 약속을 얻기 위해 이방인들은 어떻게든 아브라함과 관계를 맺어야 했다. 이러한 믿음은 다른 유대인(예수를 메시아로 믿는 자와 믿지 않는 자 모두)의 믿음보다 덜 민족중심적이었다. 일부 이방인들은 아브라함과 관계를 맺는 것이 할례 의식과 그에 따른 유대 율법 준수를 통해서만 가능하다고 확신했다. 바울은 이방인을 아브라함의 자손으로 만드는 데 있어 지나치게 많은 무게를 이 율법의 행위 위에 올려놓았다고 믿었다. 이방인의 할례는 이방인이 실제로 아브라함에게 속하지도 않으면서 마치 아브라함에게 속한 것처럼 보이게 하는 성형 수술에 지나지 않았다. 더욱 심각한 것은, 이방인들은 그러한 행위에 의존함으로써(아마도 의도치 않게) 메시아 및 메시아의 **프뉴마**가 자신들을 아브라함과 실질적으로 연결해주지 못했다는 것을 은연중에 드러냈다는 점이다. 바울에 따르면 **프뉴마**를 주입하는 신적 행위는 아브라함과 진정한 관계를 맺는 결과를 가져다주었다. 하나님은 족보와는 관계 없이 무(無)에서 무언가 새로운 것을 창조하셨는데, 그것이 바로 메시아의 **프뉴마**를 소유한, 아브라함의 자손이자 하나님의 자녀인 혈과 육의 이방인이었다. 비유대인에게 초점을 맞췄음에도 불구하고 이스라엘, 이스라엘의 조상, 아브라함의 혈통은 바울에게 여전히 중요한 문제였다.

이제 아브라함과 연결되어 메시아이신 예수께 충성하는 이방인들은 도덕적으로 새로운 능력을 부여받아 메시아의 삶을 반영하는 거룩한 삶을 살 수 있게 되었다. 그들은 메시아의 현존을 세상에 계속해서 드러낼 수 있도록 도덕적으로 새롭게 소생되었다. 그들은 완전한 신적 존재가 되어 메시아와 함께 영원히 다스리게 될 최후의 부활을 기다린다.

"그 안에는 이해하기 어려운 것들이 더러 있는데, 무지하고 불안정한 사람들은 그것을 왜곡하여 스스로 멸망에 이른다"(벧후 3:16 NRSV). 바울에 관한 짧은 책의 집필을 막 끝낸 사람에게는 이것이 바울 서신에 대한 불변한 진실일 수 있지만, 이것을 나는 해방감을 느끼게 하는 말로 이해하기로 했다. 과연 나는 바울 서신의 모든 문장과 본문을 다 이해하고 있을까? 그렇지 않다. 나는 많은 본문을 완전히 이해하지 못하며, 그 본문들이 바울의 사상에 대한 나의 전반적인 이해와 어떻게 부합하는지, 그리고 과연 실제로 부합하는지 알지 못한다. 바울의 글은 쉽게 또는 완벽하게 범주화할 수 없다. 그리고 그의 글은 기록된 순간부터 지금까지 이해하기 어려웠다. 바울의 불규칙적이고 단편적인 문학적 유산을 바탕으로 그의 사상을 일관되게 설명하고자 쉬지 않고 씨름하고 고군분투하는 사람이 나 혼자만이 아니라는 사실은 나에게 해방감을 안겨준다.

성서학자들은 마치 상대방의 주장을 무효화하기라도 하듯이 "그렇다면 이 본문은, 또는 저 본문은?"이란 질문을 서로에게 던진다. 나는 많은 독자들이 이 책을 읽으면서도 바로 그런 질문을 적어도 한 번 이상 던졌을 것이라고 생각한다. "그렇다면 이 본문은, 또는 저 본문은, 혹은 저 진술은?" 이 책에서 나는 단순히 독자들에게 바울에 대한 특정한 접근법을 **소개하는** 것이지, 바울에 대한 확실한 변증을 제시하는 것이 아니라는 점을 스스로에게 되새기면서 그러한 질문에 대처하려는 유혹을 떨쳐냈다. 오히려 나는 이 작은 책을 읽으면서 여러분 가운데 일부가 던졌을 법한 질문, 우려, 궁금증이 기독교의 반유대주의와 대체주의를 타파하려는 접근법에 비추어 바울 서신을 더 깊이 상고하도록 자극하는 계기가 되기를 바란다.

참고문헌

Allison, Dale. *The Resurrection of Jesus: Apologetics, Polemics, History*. London: T&T Clark, 2021.

Ambrosiaster. *Commentaries on Romans and 1-2 Corinthians*. Translated and edited by Gerald L. Bray. Ancient Christian Texts. Downers Grove, IL: IVP Academic, 2009.

Athanasius. *Contra Gentes and De Incarnatione* [Against the pagans and on the incarnation]. Edited and translated by Robert W. Thomson. Oxford Early Christian Texts. Oxford: Clarendon, 1971.

Augustine. *Augustine on Romans: Propositions from the Epistle to the Romans, Unfinished Commentary on the Epistle to the Romans*. Translated by Paula Fredriksen Landes. Society of Biblical Literature Texts and Translations 23. Chico, CA: Scholars Press, 1982.

Aune, David. "Mastery of the Passions: Philo, 4 Maccabees and Earliest Christianity." Pages 125-58 in *Hellenization Revisited: Shaping a Christian Response within the Greco-Roman World*. Edited by Wendy E. Helleman. Lanham, MD: University Press of America, 1994.

Barclay, John M. G. *Paul and the Gift*. Grand Rapids: Eerdmans, 2015. 『바울과 선물』(새물결플러스 역간).

Baron, Lori, Jill Hicks-Keeton, and Matthew Thiessen, eds. *The Ways That Often Parted: Essays in Honor of Joel Marcus*. Early Christian Literature 24. Atlanta: SBL Press, 2018.

Barth, Karl. *Church Dogmatics*. 4 vols. Edinburgh: T&T Clark, 1956-75.

Bauckham, Richard. *Jesus and the God of Israel: God Crucified and Other Studies on the New Testament's Christology of Divine Identity*. Grand Rapids: Eerdmans,

2008. 『예수와 이스라엘의 하나님』(새물결플러스 역간).

Bauckham, Richard, James R. Davila, and Alexander Panayotov, eds. *Old Testament Pseudepigrapha: More Noncanonical Scriptures*. Grand Rapids: Eerdmans, 2013.

Bazzana, Giovanni B. *Having the Spirit of Christ: Spirit Possession and Exorcism in the Early Christ Groups*. Synkrisis. New Haven: Yale University Press, 2019.

Becker, Adam, and Annette Yoshiko Reed, eds. *The Ways That Never Parted: Jews and Christians in Late Antiquity and the Early Middle Ages*. Minneapolis: Fortress, 2007.

Berlin, Anne Deborah. "Shame of the Gentiles of Profiat Duran: A FourteenthCentury Jewish Polemic against Christianity." BA thesis, Harvard University, 1987.

Boakye, Andrew. *Death and Life: Resurrection, Restoration, and Rectification in Paul's Letter to the Galatians*. Eugene, OR: Wipf & Stock, 2017.

Boccaccini, Gabriele. *Paul's Three Paths to Salvation*. Grand Rapids: Eerdmans, 2020. 『바울이 전하는 세 가지 구원의 길』(도서출판 학영 역간).

Bos, Abraham P. *Aristotle on God's Life-Generating Power and on the* Pneuma *as Its Vehicle*. Albany, NY: SUNY, 2018.

Bos, Abraham P., and Rein Ferwerda. *Aristotle, On the Life-Bearing Spirit (De Spiritu): A Discussion with Plato and His Predecessors on* Pneuma *as the Instrumental Body of the Soul*. Leiden: Brill, 2008.

Bowens, Lisa. *African American Readings of Paul: Reception, Resistance, and Transformation*. Grand Rapids: Eerdmans, 2020.

Boyarin, Daniel. *A Radical Jew: Paul and the Politics of Identity*. Berkeley: University of California Press, 1997.

Brand, Miryam T. *Evil Within and Without: The Source of Sin and Its Nature as Portrayed in Second Temple Literature*. Journal of Ancient Judaism Supplements 9. Göttingen: Vandenhoeck & Ruprecht, 2013.

Braude, William G. *The Midrash on Psalms*. 2 vols. Yale Judaica Series 13. New Haven: Yale University Press, 1959.

Bynum, Caroline Walker. *The Resurrection of the Body in Western Christianity, 200-1336*. Lectures on the History of Religions 15. New York: Columbia University Press, 1995.

Campbell, Douglas. *The Deliverance of God: An Apocalyptic Rereading of Justification in Paul*. Grand Rapids: Eerdmans, 2009.

———. "Galatians 5.11: Evidence of an Early Law Observant Mission by Paul." *New Testament Studies* 57 (2011): 325-47.

———. "The Story of Jesus in Romans and Galatians." Pages 97-124 in *Narrative Dynamics in Paul: A Critical Assessment*. Edited by Bruce W. Longenecker. Louisville: Westminster John Knox, 2002.

Campbell, William. *Unity and Diversity in Christ: Interpreting Paul in Context; Collected Essays*. Eugene, OR: Cascade Books, 2013.

Charles, Ronald. *Paul and the Politics of Diaspora*. Minneapolis: Fortress, 2014.

Charlesworth, James H., ed. *The Old Testament Pseudepigrapha*. 2 vols. Garden City, NY: Doubleday, 1983-85.

Chin, C. M. "Marvelous Things Heard: On Finding Historical Radiance." *Massachusetts Review* 58 (2017): 478-91.

Cohen, Shaye J. D. "Respect for Judaism by Gentiles according to Josephus." *Harvard Theological Review* 80 (1987): 409-30.

Cohn-Sherbok, Dan. *Messianic Judaism*. London: Cassell, 2000.

Collman, Ryan. *The Apostle to the Foreskin: Circumcision in the Letters of Paul*. Beihefte zur Zeitschrift für die neutestamentliche Wissenschaft 259. Berlin: de Gruyter, 2023.

Cook, John Granger. *Crucifixion in the Mediterranean World*. 2nd ed. Wissenschaftliche Untersuchungen zum Neuen Testament 327. Tübingen: Mohr Siebeck, 2019.

de Bruyn, Theodore. *Pelagius' Commentary on St Paul's Epistle to the Romans: Translated with Introduction and Notes*. Oxford Early Christian Studies. Oxford: Clarendon, 1993.

Donaldson, Terence L. *Gentile Christian Identity from Cornelius to Constantine: The Nations, the Parting of the Ways, and Roman Imperial Ideology*. Grand Rapids: Eerdmans, 2020.

_____. *Judaism and the Gentiles: Jewish Patterns of Universalism (to 135 CE)*. Waco: Baylor University Press, 2007.

Dunn, James D. G. "The New Perspective on Paul." *Bulletin of the John Ryland's Library* 65 (1983): 95-122.

_____. *The New Perspective on Paul*. Rev. ed. Grand Rapids: Eerdmans, 2008.

_____. *The Theology of Paul the Apostle*. Grand Rapids: Eerdmans, 1997.

Eco, Umberto. "The Theory of Signs and the Role of the Reader." *Bulletin of the Midwest Modern Language Association* 14 (1981): 35-45.

Ehrensperger, Kathy. *Searching Paul: Conversations with the Jewish Apostle to the Nations*. Wissenschaftliche Untersuchungen zum Neuen Testament 429. Tübingen: Mohr Siebeck, 2019.

Ehrman, Bart. *Forgery and Counterforgery: The Use of Literary Deceit in Early Christian Polemics*. New York: Oxford University Press, 2012.

Eiseland, Nancy. *The Disabled God: Toward a Liberatory Theology of Disability*. Nashville: Abingdon, 1994.

Eisenbaum, Pamela. *Paul Was Not a Christian: The Original Message of a Misunderstood Apostle*. New York: HarperOne, 2009.

Engberg-Pedersen, Troels. *Cosmology and Self in the Apostle Paul: The Material Spirit*. Oxford: Oxford University Press, 2010.

_____, ed. *Paul Beyond the Judaism/Hellenism Divide*. Louisville: Westminster John Knox, 2001.

_____, ed. *Paul in His Hellenistic Context*. Minneapolis: Augsburg Fortress, 1995.

Eyl, Jennifer. "'I Myself Am an Israelite': Paul, Authenticity and Authority." *Journal for the Study of the New Testament* 40 (2017): 148-68.

―――. "Semantic Voids, New Testament Translation, and Anachronism: The Case of Paul's Use of *Ekklēsia*." *Method and Theory in the Study of Religion* 26 (2014): 315-39.

Fitzgerald, John T., ed. *Passions and Moral Progress in Greco-Roman Thought*. Routledge Monographs in Classical Studies. New York: Routledge, 2008.

Fletcher-Louis, Crispin. "'The Being That Is in a Manner Equal with God' (Phil. 2:6c): A Self-Transforming, Incarnational, Divine Ontology." *Journal of Theological Studies* 71 (2020): 581-627.

Fredriksen, Paula. "*Al Tirah* ('Fear Not!'): Jewish Apocalyptic Eschatology, from Schweitzer to Allison, and After." Pages 15-38 in *"To Recover What Has Been Lost": Essays on Eschatology, Intertextuality, and Reception History in Honor of Dale C. Allison Jr.* Edited by Tucker Ferda, Daniel Frayer-Griggs, and Nathan C. Johnson. Supplements to Novum Testamentum 183. Leiden: Brill, 2021.

―――. "Judaism, the Circumcision of Gentiles, and Apocalyptic Hope: Another Look at Galatians 1-2." *Journal of Theological Studies* 42 (1991): 532-64.

―――. *Paul: The Pagans' Apostle*. New Haven: Yale University Press, 2017. 『바울, 이교도의 사도』(도서출판 학영 역간).

―――. "Philo, Herod, Paul, and the Many Gods of Ancient Jewish 'Monotheism.'" *Harvard Theological Review* 115 (2022): 23-45.

―――. *Sin: The Early History of an Idea*. Princeton: Princeton University Press, 2012.

Gaca, Kathy. "Paul's Uncommon Declaration in Romans 1:18-32 and Its Problematic Legacy for Pagan and Christian Relations." *Harvard Theological Review* 92 (1999): 165-98.

Gaddis, John Lewis. *The Landscape of History: How Historians Map the Past*. Oxford: Oxford University Press, 2002.

Gager, John. *Reinventing Paul*. Oxford: Oxford University Press, 2000.

Gallagher, Edmon L., and John D. Meade. *The Biblical Canon Lists in Early Christianity: Texts and Analysis*. Oxford: Oxford University Press, 2017.

Garroway, Joshua. *The Beginning of the Gospel: Paul, Philippi, and the Origins of Christianity*. New York: Palgrave Macmillan, 2018.

Gaston, Lloyd. *Paul and the Torah*. Vancouver: University of British Columbia Press, 1987.

Gilliard, Frank. "The Problem of the Antisemitic Comma between 1 Thessalonians 2.14 and 15." *New Testament Studies* 35 (1989): 481-502.

Gil-White, Francisco J. "How Thin Is Blood? The Plot Thickens: If Ethnic Actors Are Primordialists, What Remains of the Circumstantialist/Primordialist Controversy?" *Ethnic and Racial Studies* 22 (1999): 789-820.

Goodman, Martin. *Mission and Conversion: Proselytizing in the Religious History of the Roman Empire*. Oxford: Clarendon, 1994.

Gupta, Nijay. "To Whom Was Christ a Slave (Phil 2:7)? Double Agency and the Specters of Sin and Death in Philippians." *Horizons in Biblical Theology* 32 (2010): 1-16.

Harrington, Hannah K. *The Purity and Sanctuary of the Body in Second Temple Judaism*. Journal of Ancient Judaism Supplement 33. Göttingen: Vandenhoeck & Ruprecht, 2019.

Hart, David Bentley. *That All Shall Be Saved: Heaven, Hell, and Universal Salvation*. New Haven: Yale University Press, 2019.

Hayes, Christine. "The Complicated Goy in Classical Rabbinic Sources." Pages 147-67 in *Perceiving the Other in Ancient Judaism and Early Christianity*. Edited by Michal Bar-Asher Siegal, Wolfgang Grünstäudl, and Matthew Thiessen. Wissenschaftliche Untersuchungen zum Neuen Testament 394. Tübingen: Mohr Siebeck, 2017.

―――. *What's Divine about Divine Law? Early Perspectives*. Princeton: Princeton

University Press, 2015.

Heim, Turid Karlsen. "In Heaven as on Earth? Resurrection, Body, Gender and Heavenly Rehearsals in Luke-Acts." Pages 17-42 in *Christian and Islamic Gender Models in Formative Traditions*. Edited by Kari Elisabeth Børresen. Rome: Herder, 2004.

Hengel, Martin. *Crucifixion in the Ancient World and the Folly of the Message of the Cross*. Translated by John Bowden. Philadelphia: Fortress, 1977.

Hengel, Martin, and Anna Maria Schwemer. *Paul between Damascus and Antioch: The Unknown Paul*. Translated by John Bowden. Louisville: Westminster John Knox, 1997.

Hewitt, J. Thomas. *Messiah and Scripture: Paul's "In Christ" Idiom in Its Ancient Jewish Context*. Wissenschaftliche Untersuchungen zum Neuen Testament 2/522. Tübingen: Mohr Siebeck, 2020.

Hodge, Caroline Johnson. *If Sons, Then Heirs: A Study of Kinship and Ethnicity in the Letters of Paul*. New York: Oxford University Press, 2007.

Horrell, David. *Ethnicity and Inclusion: Religion, Race, and Whiteness in Constructions of Jewish and Christian Identities*. Grand Rapids: Eerdmans, 2020.

Hurtado, Larry. *One God, One Lord: Early Christian Devotion and Ancient Jewish Monotheism*. 3rd ed. London: T&T Clark, 2015. 『주 예수 그리스도』(새물결플러스 역간).

Isaac, Benjamin. *The Invention of Racism in Classical Antiquity*. Princeton: Princeton University Press, 2002.

Jewett, Robert. "Romans as an Ambassadorial Letter." *Interpretation* 36 (1982): 5-20.

Jipp, Joshua. *Christ Is King: Paul's Royal Ideology*. Minneapolis: Fortress, 2015. 『예수의 왕권 사상과 바울신학』(새물결플러스 역간).

_____. *The Messianic Theology of the New Testament*. Grand Rapids: Eerdmans,

2020.

John Chrysostom. *Homilies on the Acts of the Apostles and the Epistle to the Romans.* Vol. 11 of *The Nicene and Post-Nicene Fathers,* Series 1. Edited by Philip Schaff. 1886-89. 14 vols. Reprint, Peabody, MA: Hendrickson, 1994.

Käsemann, Ernst. "The Beginnings of Christian Theology." Pages 82-107 in *New Testament Questions of Today.* Translated by W. J. Montague. Philadelphia: Fortress, 1969.

Kennedy, Rebecca F., C. Sydnor Roy, and Max L. Goldman, eds. *Race and Ethnicity in the Classical World: An Anthology of Primary Sources in Translation.* Indianapolis: Hackett, 2013.

Kim, Seyoon. *The Origins of Paul's Gospel.* Wissenschaftliche Untersuchungen zum Neuen Testament 2/4. Tübingen: Mohr Siebeck, 1984. 『바울 복음의 기원』 (엠마오 역간).

―――. "Paul as an Eschatological Herald." Pages 9-24 in *Paul as Missionary: Identity, Activity, Theology, and Practice.* Edited by Trevor J. Burke and Brian S. Rosner. Library of New Testament Studies 420. London: T&T Clark, 2011.

Kinzer, Mark. *Postmissionary Messianic Judaism: Redefining Christian Engagement with the Jewish People.* Grand Rapids: Brazos, 2015.

Kirk, J. R. Daniel. *Unlocking Romans: Resurrection and the Justification of God.* Grand Rapids: Eerdmans, 2008.

Klawans, Jonathan. *Josephus and the Theologies of Ancient Judaism.* Oxford: Oxford University Press, 2012.

Kloppenborg, John S. *Christ's Associations: Connecting and Belonging in the Ancient City.* New Haven: Yale University Press, 2019.

Korner, Ralph. *The Origin and Meaning of* Ekklēsia *in the Early Jesus Movement.* Ancient Judaism and Early Christianity 98. Leiden: Brill, 2017.

Kotrosits, Maia. *The Lives of Objects: Material Culture, Experience, and the Real in the History of Early Christianity.* Chicago: University of Chicago Press, 2020.

Langton, Daniel R. *The Apostle Paul in the Jewish Imagination: A Study in Modern Jewish-Christian Relations*. Cambridge: Cambridge University Press, 2010.

Lee, Max. *Moral Transformation in Greco-Roman Philosophy of Mind: Mapping the Moral Milieu of the Apostle Paul and His Diaspora Jewish Contemporaries*. Wissenschaftliche Untersuchungen zum Neuen Testament 2/515. Tübingen: Mohr Siebeck, 2020.

Lee, Michelle V. *Paul, the Stoics, and the Body of Christ*. Society for New Testament Studies Monograph Series 137. Cambridge: Cambridge University Press, 2006.

Litwa, M. David. *Iesus Deus: The Early Christian Depiction of Jesus as a Mediterranean God*. Minneapolis: Fortress, 2013.

Long, A. G., ed. *Immortality in Ancient Philosophy*. Cambridge: Cambridge University Press, 2021.

Lopez, Davina C. *Apostle to the Conquered: Reimagining Paul's Mission*. Paul in Critical Contexts. Minneapolis: Fortress, 2010.

Luther, Martin. *The Bondage of the Will*. Pages 158-258 in vol. 2 of *The Annotated Luther*. Edited by Hans J. Hillerbrand, Kirsi I. Stjerna, and Timothy J. Wengert. 6 vols. Minneapolis: Fortress, 2015-17.

Malcolm, Hannah. "Body without End: Biological Mutualism and the Body of Christ." *International Journal of Systematic Theology* (2022): 1-17.

Marcus, Joel. "The Circumcision and the Uncircumcision in Rome." *New Testament Studies* 35 (1989): 67-81.

Martyn, J. Louis. *Galatians: A New Translation with Introduction and Commentary*. Anchor Bible 33A. New York: Doubleday, 1997.

_____. *Theological Issues in the Letters of Paul*. Nashville: Abingdon, 1997.

Masuzawa, Tomoko. *The Invention of World Religions: Or, How European Universalism Was Preserved in the Language of Pluralism*. Chicago: University of Chicago Press, 2005.

McCaulley, Esau. *Sharing in the Son's Inheritance: Davidic Messianism and Paul's Worldwide Interpretation of the Abrahamic Land Promise in Galatians*. Library of New Testament Studies 608. London: T&T Clark, 2019.

McKnight, Scot, and B. J. Oropeza, eds. *Perspectives on Paul: Five Views*. Grand Rapids: Baker Academic, 2020.

Meyer, Anthony. *Naming God in Early Judaism: Aramaic, Hebrew, and Greek*. Studies in Cultural Contexts of the Bible 2. Leiden: Brill, 2022.

Meyer, Nicholas. *Adam's Dust and Adam's Glory in the Hodayot and the Letters of Paul: Rethinking Anthropogony and Theology*. Supplements to Novum Testamentum 168. Leiden: Brill, 2016.

Milgrom, Jacob. "The Dynamics of Purity in the Priestly System." Pages 29-32 in *Purity and Holiness: The Heritage of Leviticus*. Edited by Marcel J. H. M. Poorthuis and Joshua Schwartz. Jewish and Christian Perspectives Series 2. Leiden: Brill, 2000.

Mitchell, Margaret M. *The Heavenly Trumpet: John Chrysostom and the Art of Pauline Interpretation*. Louisville: Westminster John Knox, 2002.

Moffitt, David. *Rethinking the Atonement: New Perspectives on Jesus's Death, Resurrection, and Ascension*. Grand Rapids: Baker Academic, 2022.

Morgan, Teresa. *Being "in Christ" in the Letters of Paul: Saved through Christ and in His Hands*. Wissenschaftliche Untersuchungen zum Neuen Testament 449. Tübingen: Mohr Siebeck, 2020.

_____. *Roman Faith and Christian Faith:* Pistis *and* Fides *in the Early Roman Empire and Early Churches*. Oxford: Oxford University Press, 2015.

Moss, Candida. *Divine Bodies: Resurrecting Perfection in the New Testament and Early Christianity*. New Haven: Yale University Press, 2019.

Mussner, Franz. "'Christus (ist) des Gesetzes Ende zur Gerechtigkeit für jeden, der glaubt' (Rom 10,4)." Pages 31-44 in *Paulus—Apostat oder Apostel: Jüdische und christliche Antworten*. Edited by Markus Barth, Josef Blank, Jochanan Bloch, Franz Mussner, and R. J. Zwi Werblowky. Regensburg: Pustet, 1977.

Nanos, Mark. *Reading Paul within Judaism*. Eugene, OR: Cascade Books, 2017.

Nasrallah, Laura. *Archaeology and the Letters of Paul*. Oxford: Oxford University Press, 2019.

Neutel, Karin. "Circumcision Gone Wrong." *Neotestimentica* 50 (2016): 373-96.

———. "Restoring Abraham's Foreskin: The Significance of ἀκροβυστία for Paul's Argument about Circumcision in Romans 4:9-12." *Journal of the Jesus Movement in Its Jewish Setting* 8 (2021): 53-74.

Newman, Amy. "The Death of Judaism in German Protestant Thought from Luther to Hegel." *Journal of the American Academy of Religion* 61 (1993): 455-84.

Nienhuis, David. *Not by Paul Alone: The Formation of the Catholic Epistle Collection and the Christian Canon*. Waco: Baylor University Press, 2007.

Nienhuis, David, and Robert W. Wall. *Reading the Epistles of James, Peter, John and Jude as Scripture: The Shaping and Shape of a Canonical Collection*. Grand Rapids: Eerdmans, 2013.

Novak, David. *The Image of the Non-Jew in Judaism: An Historical and Constructive Study of the Noahide Laws*. Toronto Studies in Theology 14. Lewiston, NY: Mellen, 1983.

Novenson, Matthew V. *Christ among the Messiahs: Christ Language in Paul and Messiah Language in Ancient Judaism*. Oxford: Oxford University Press, 2012.

———. *The Grammar of Messianism: An Ancient Jewish Political Idiom and Its Users*. Oxford: Oxford University Press, 2017.

———. *The Last Man: Judaism and Immortality in the Letters of Paul*. New York: Cambridge University Press, forthcoming.

———, ed. *Monotheism and Christology in Greco-Roman Antiquity*. Supplements to Novum Testamentum 180. Leiden: Brill, 2020.

———. *Paul, Then and Now*. Grand Rapids: Eerdmans, 2022.

Nussbaum, Martha C. *The Therapy of Desire: Theory and Practice in Hellenistic Ethics*. Princeton: Princeton University Press, 1994.

Ophir, Adi, and Ishay Rosen-Zvi. *Goy: Israel's Multiple Others and the Birth of the Gentile*. Oxford: Oxford University Press, 2018.

Origen. *Commentary on the Epistle to the Romans: Books 1-5*. Translated by Thomas P. Scheck. Fathers of the Church 103. Washington, DC: Catholic University of America Press, 2001.

_____. *Commentary on the Gospel according to John: Books 13-32*. Translated by Ronald E. Heine. Fathers of the Church 89. Washington, DC: Catholic University of America Press, 1982.

_____. *Contra Celsum* [Against Celsus]. Translated by Henry Chadwick. Cambridge: Cambridge University Press, 1965.

_____. *Homilies on Genesis and Exodus*. Translated by Ronald E. Heine. Fathers of the Church 71. Washington, DC: Catholic University of America Press, 1993.

_____. *On First Principles*. Translated by G. W. Butterworth. New York: Harper & Row, 1966.

Padgett, Alan G. "The Body in Resurrection: Science and Scripture on the 'Spiritual Body' (1 Cor. 15:35-58)." *Word & World* 22 (2002): 155-63.

Parker, Angela. *If God Still Breathes, Why Can't I? Black Lives Matter and Biblical Authority*. Grand Rapids: Eerdmans, 2021.

Pennington, Jonathan. *Heaven and Earth in the Gospel of Matthew*. Grand Rapids: Baker Academic, 2009.

Rowe, C. Kavin. *World Upside Down: Reading Acts in the Graeco-Roman Age*. Oxford: Oxford University Press, 2009.

Russell, Donald A., and David Konstan, ed. and trans. *Heraclitus: Homeric Problems*. Writings from the Greco-Roman World 14. Atlanta: Society of Biblical Literature, 2005.

Sanders, E. P. *Judaism: Practice and Belief (63 BCE-66 CE)*. London: SCM, 1992.

_____. *Paul and Palestinian Judaism: A Comparison of Patterns of Religion*. Philadelphia: Fortress, 1977. 『바울과 팔레스타인 유대교』(알맹e 역간).

Sanfridson, Martin. "Are Circumcision and Foreskin *Really* Nothing? Re-reading 1 Cor. 7:19, Gal. 5:6, and 6:15." *Svensk Exegetisk Årsbok* 86 (2021): 130-47.

Schäfer, Peter. *Judeophobia: Attitudes toward the Jews in the Ancient World*. Cambridge, MA: Harvard University Press, 1997.

Schwartz, Daniel R. "God, Gentiles, and Jewish Law: On Acts 15 and Josephus' Adiabene Narrative." Pages 263-82 in vol. 1 of *Geschichte-Tradition-Reflexion: Festschrift für Martin Hengel zum 70. Geburtstag*. Edited by Peter Schäfer. 3 vols. Tübingen: Mohr Siebeck, 1996.

Schweitzer, Albert. *The Mysticism of Paul the Apostle*. Translated by William Montgomery. Baltimore: Johns Hopkins University Press, 1998.

Scott, Alan. *Origen and the Life of the Stars: A History of an Idea*. Oxford Early Christian Studies. Oxford: Clarendon, 1991.

Simkovich, Malka. *The Making of Jewish Universalism: From Exile to Alexandria*. Lanham, MD: Lexington, 2017.

Smit, Peter-Ben. *Felix Culpa: Ritual Failure and Theological Innovation in Early Christianity*. Supplements to Novum Testamentum 185. Leiden: Brill, 2021.

Smith, James K. A. *The Fall of Interpretation: Philosophical Foundations for a Creational Hermeneutic*. Downers Grove, IL: InterVarsity, 2006.

Smith, Jonathan Z. *Drudgery Divine: On the Comparison of Early Christianities and the Religions of Late Antiquity*. Chicago Studies in the History of Judaism 14. Chicago: University of Chicago Press, 1990.

Smith, Mark S. *The Origins of Biblical Monotheism: Israel's Polytheistic Background and the Ugaritic Texts*. Oxford: Oxford University Press, 2001.

Sommer, Benjamin. *The Bodies of God and the World of Ancient Israel*. Cambridge:

Cambridge University Press, 2011.

Stanley, Christopher D. "'Under a Curse': A Fresh Reading of Galatians 3.10-14." *New Testament Studies* 36 (1990): 481-511.

Staples, Jason. *The Idea of Israel in Second Temple Judaism: A New Theory of People, Exile, and Israelite Identity.* Cambridge: Cambridge University Press, 2021.

Stendahl, Krister. "The Apostle Paul and the Introspective Conscience of the West." *Harvard Theological Review* 55 (1962): 119-215.

Stowers, Stanley K. *A Rereading of Romans: Justice, Jews, and Gentiles.* New Haven: Yale University Press, 1994.

_____. "What Is 'Pauline Participation in Christ'?" Pages 352-71 in *Redefining First-Century Jewish and Christian Identities: Essays in Honor of Ed Parish Sanders.* Edited by Fabian E. Udoh, Susannah Heschel, Mark Chancey, and Gregory Tatum. Christianity and Judaism in Antiquity 16. Notre Dame: University of Notre Dame Press, 2008.

Tanner, Kathryn. *Christ the Key.* Current Issues in Theology. Cambridge: Cambridge University Press, 2010.

Tappenden, Fred. *Resurrection in Paul: Cognition, Metaphor, and Transformation.* Early Christian Literature 19. Atlanta: SBL Press, 2016.

Tertullian. *Against Praxeas.* Translated by Ernest Evans. London: SPCK, 1948.

Theodoret of Cyrus. *Commentary on the Letters of St. Paul.* Translated by Robert Charles Hill. 2 vols. Brookline, MA: Holy Cross Orthodox Press, 2001.

Thiessen, Matthew. *Contesting Conversion: Genealogy, Circumcision, and Identity in Ancient Judaism and Christianity.* New York: Oxford University Press, 2011.

_____. *Jesus and the Forces of Death: The Gospels' Portrayal of Ritual Impurity within First-Century Judaism.* Grand Rapids: Baker Academic, 2020. 『죽음의 세력과 싸우는 예수』(새물결플러스 역간).

_____. *Paul and the Gentile Problem.* New York: Oxford University Press, 2016.

_____. "'The Rock Was Christ': The Fluidity of Christ's Body in 1 Cor. 10.4."

Journal for the Study of the New Testament 36 (2013): 103-26.

Trobisch, David. *Paul's Letter Collection*. Minneapolis: Fortress, 1994.

VanderKam, James C., trans. *The Book of Jubilees: A Critical Edition*. Corpus Scriptorum Christianorum Orientalium 511. Leuven: Peeters, 1989.

van Kooten, George. *Cosmic Christology in Paul and the Pauline School: Colossians and Ephesians in the Context of Graeco-Roman Cosmology*. Wissenschaftliche Untersuchungen zum Neuen Testament 2/171. Tübingen: Mohr Siebeck, 2003.

Walsh, Matthew L. *Angels Associated with Israel in the Dead Sea Scrolls: Angelology and Sectarian Identity at Qumran*. Wissenschaftliche Untersuchungen zum Neuen Testament 2/509. Tübingen: Mohr Siebeck, 2019.

Watson, Francis. *Paul and the Hermeneutics of Faith*. London: T&T Clark, 2004.

Weiss, Daniel. "Bloodshed and the Ethics and Theopolitics of the Jewish Dietary Laws." Pages 288-304 in *Feasting and Fasting: The History and Ethics of Jewish Food*. Edited by Aaron S. Gross, Jody Myers, and Jordan D. Rosenblum. New York: New York University Press, 2020.

Wendt, Heidi. *At the Temple Gates: The Religion of Freelance Experts*. Oxford: Oxford University Press, 2016.

Westerholm, Stephen. *Perspectives Old and New on Paul: The "Lutheran" Paul and His Critics*. Grand Rapids: Eerdmans, 2004.

White, Benjamin L. *Remembering Paul: Ancient and Modern Contests over the Image of the Apostle*. Oxford: Oxford University Press, 2014.

Williams, Craig A. *Roman Homosexuality*. 2nd ed. Oxford: Oxford University Press, 2010.

Williams, David. *When the English Fall*. Chapel Hill, NC: Algonquin, 2017.

Wright, N. T. *The Climax of the Covenant: Christ and the Law in Pauline Theology*. Minneapolis: Fortress, 1992.

_____. "The Messiah and the People of God: A Study in Pauline Theology with

Particular Reference to the Argument of the Epistle to the Romans." PhD diss., University of Oxford, 1991.

_____. *Paul and the Faithfulness of God*. Minneapolis: Fortress, 2013. 『바울과 하나님의 신실하심』(CH북스 역간).

_____. *The Resurrection of the Son of God*. Minneapolis: Fortress, 2002. 『하나님의 아들의 부활』(CH북스 역간).

Wyschogrod, Michael. *The Body of Faith: God in the People Israel*. Northvale, NJ: Jason Aronson, 1996.

Young, Stephen L. "Ethnic Ethics: Paul's Eschatological Myth of Jewish Sin." *New Testament Studies*, forthcoming.

Zetterholm, Magnus. *Approaches to Paul: A Student's Guide to Recent Scholarship*. Minneapolis: Fortress, 2009.

유대인 신학자 바울
이방인에게 보냄을 받은 메시아의 사자

Copyright ⓒ 새물결플러스 2025

1쇄 발행 2025년 7월 23일

지은이	매튜 티센
옮긴이	이형일
펴낸이	김요한
펴낸곳	새물결플러스

편 집	왕희광 정인철 노재현 이형일 나유영 노동래
디자인	황진주 김은경
마케팅	박성민
총 무	김명화 이성순
영 상	최정호
아카데미	차상희

홈페이지	www.holywaveplus.com
이메일	hwpbooks@hwpbooks.com
출판등록	2008년 8월 21일 제2008-24호
주 소	(우) 04114 서울시 마포구 신촌로28가길 29
전 화	02) 2652-3161
팩 스	02) 2652-3191

ISBN 979-11-6129-303-5 93230

책값은 뒤표지에 있습니다.